Albert Millaire

Mes amours de personnages

C'est avec une modestie non feinte et une certaine appréhension que j'ai baladé mon crayon à mine sur la page blanche en demandant pardon, à chaque phrase, à mes quelques amis écrivains ; je devenais un auteur.

Mais ces mêmes amis ne m'ont-ils pas eux-mêmes poussé vers le « livre », en m'encourageant et en insistant gentiment pour que j'entreprenne ma tournée de personnages au gré des événements souvent cocasses et amusants qui ont agréablement jalonné ma vie de comédien ?

Merci à Louise Lambert-Lagacé et à Jacques Laurin, deux grands amis des livres. Merci à André Ricard, lui, l'authentique écrivain qui a toujours vanté les pirouettes de mes phrases au temps où nous échangions de courtes lettres. Merci à Jacques Boucher et à Hélène Panneton, mes deux beaux musiciens hyperlettrés.

Nous ferons doucement la lumière sur un écrit autobiographique qui ne commencera pas par : « Quand je suis né... » Non, je n'écrirai pas cela. J'écrirai : « Mes amours de personnages, c'est vous qui m'avez fait, c'est vous qui m'avez tout appris, c'est vous qui m'avez invité à découvrir votre âme, le tragique de votre vie et le monde que vous avez si intensément habité. »

Quand je plonge au plus profond de mes souvenirs d'enfance, je trouve des signes qui ne trompent pas et qui annoncent déjà les balises entre lesquelles je cheminerai, dès l'âge de 17 ans, vers mon beau métier de comédien.

Pour avoir accès un jour à l'émotion que procurent un quintette de Mozart, *Guernica* de Picasso, un poème de Roland Giguère ou la représentation d'une pièce de Shakespeare, encore faut-il avoir déjà été exposé à ce genre d'œuvres et avoir contracté la bienfaisante maladie de la curiosité.

Pour le petit garçon du sud-ouest de Montréal que j'étais, un peu trop châtain, un peu trop délicat, un peu trop rêveur et beaucoup trop dorloté par sa veuve de mère, l'avenir se devait d'être exceptionnellement fabuleux et ne devait absolument pas se résumer à une septième année au primaire, suivie de quelques années comme livreur d'épicerie pour se terminer par l'obtention d'un glorieux emploi à la Dominion Textile de la Côte-Saint-Paul.

J'avais huit ans quand, pour la première fois, je fus exposé au merveilleux phénomène du théâtre. Les très catholiques enseignants de mon école autorisèrent les élèves à assister à une pièce dont ils approuvaient le titre et le sujet : *Le secret de la confession*. Ce fut la première pièce de théâtre que je vis. Il est important de tout mettre dans son contexte ; à cette époque, il n'y avait pas de Maison Théâtre pour les enfants, il n'y avait rien.

Debouts dans notre salle de récréation poussiéreuse à l'école de Lévis, mes confrères étudiants et moi avons assisté à la mise à mort d'un courageux prêtre qui refusait de dévoiler ce qu'il avait entendu en confession.

Cette même année, à Noël, ma mère m'offrit trois grands livres pas très épais contenant quelques fables de La Fontaine illustrées et en couleurs. Celle intitulée *Le savetier et le financier* me bouleversait.

À l'été 1945, celui de la bombe atomique, j'avais à peine 10 ans, j'ai été placé à la campagne, dans la famille de Tit-Mond Bureau, dans le beau village de Lambton dans Frontenac, presque en Beauce. Quelques jours après mon arrivée, quelle ne fut pas ma surprise de découvrir une petite remise où il y avait un plan surélevé, comme une scène. Qu'est-ce que j'ai fait ? J'ai monté un spectacle. Qu'est-ce qu'on y présentait ? *Le secret de la confession* et *Le savetier et le financier*. Les auteurs ont dû se retourner dans leur tombe, car tout était évidemment improvisé et la « séance » ne dura qu'une vingtaine de minutes.

Pendant les 65 ans qui vont suivre, en incluant les quelques années de mon adolescence où, pour des raisons très théâtrales, j'ai rêvé à la prêtrise, je continuerai à faire des « séances » avec enthousiasme et un indéfectible bonheur.

Ma mémoire m'est en général assez fidèle ; si par hasard, en cours de route, elle me poussait vers de mauvaises pistes, soyez bons et veuillez l'excuser en vous disant : « Bof, c'est du roman... »

Mais éteignez vos téléphones cellulaires. Le rideau s'ouvre.

[PREMIER ACTE]

SCÈNE I

Les gentils personnages des débuts

L'Homme ♦ Le Provincial ♦ Lucentio ♦ Vladimir ♦ Polyeucte ♦ John

SCÈNE II

Trois années d'aventures en Nouvelle-France

Le courrier du roy

SCÈNE III

Trois jeunes premiers au Théâtre-Club

Bassanio ♦ Sir Ronald ♦ Monsieur F.

SCÈNE IV

Miller, Millaire et le studio 40

Kergentzef ♦ Le Premier Comédien

SCÈNE V

Dans les bras d'Yvette Brind'Amour

Stanislas ♦ Mesa

SCÈNE I

LES GENTILS PERSONNAGES DES DÉBUTS

L'HOMME

La pièce *Noé*, d'André Obey, mise en scène par René Charbonneau, a été présentée au Collège de l'Assomption au printemps 1952.

Le personnage de l'Homme dans la pièce *Noé*, d'André Obey, fut mon premier rôle sur la scène de la salle académique de mon *alma mater*, j'avais 17 ans. À la fin de la première partie, Noé s'apprête à monter à bord de l'arche avec sa famille et les animaux. L'Homme arrive alors, pour lui vociférer que son geste est ridicule. Noé l'assure qu'il va y avoir de grandes pluies et un déluge. Incrédule et satanique représentant de l'humanité réfractaire à l'autorité de Dieu, l'Homme ridiculise Noé.

Quand ce dernier annonçait que la pluie avait commencé à tomber, avec tout le cynisme dont mon jeune âge était capable, je répondais : « Bah ! c'est les oiseaux qui pissent. » Cette première fracassante réplique de ma carrière resta longtemps populaire auprès des 365 joyeux élèves du Collège de l'Assomption qui l'avaient entendue, tous au coude à coude au balcon de « la grange », nom très irrévérencieux que les anciens donnaient à notre noble salle académique, devenue plus tard le cinéma Le Carillon. Il y a quelques années, le feu a tout détruit, emportant en fumée les premières planches de scène qui m'avaient rendu si heureux.

Le décor et les costumes nous avaient été prêtés par la troupe des Compagnons de Saint-Laurent. Heureusement qu'on avait prévu un demi-masque pour donner un peu de poids à mon pâle visage d'adolescent romantique aux abois... Par contre, j'avais raté le maquillage du supermâle poilu en me collant sur les cuisses deux ridicules petites touffes de poils noirs.

Les garçons en jupes

À cette époque, on ne nous permettait pas de faire appel aux jeunes filles de nos rêves pour interpréter les rôles féminins. Les élèves les plus gracieux et, disons-le, les plus féminins, prenaient d'assaut robes de bal et talons aiguilles. Dans *Noé*, il y avait des personnages de filles, et un de mes confrères s'en était vu confier un. Pour son malheur, on lui avait fait la remarque qu'il avait un peu trop de poils aux pattes pour le rôle. Pris d'un excès de conscience professionnelle, mon « acteur-comédienne » entreprit de se raser les jambes avec blaireau, mousse savonneuse et rasoir à lames. Ce fut une boucherie. Notre metteur en scène, l'abbé René Charbonneau, découragé en voyant les jambes de notre fausse jeune fille, se résigna à lui faire porter de grands bas en fils de coton. L'histoire ne dit pas où Maman-Noé avait pu se les procurer. Peut-être grâce au catalogue de Dupuis Frères.

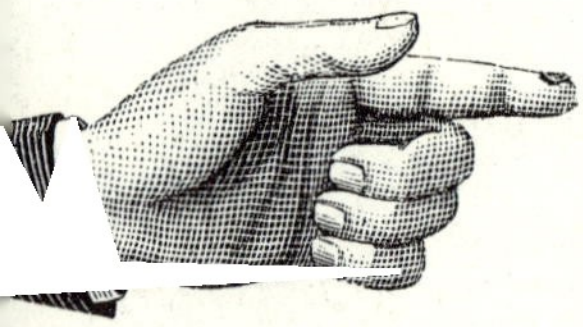

Sonnet XXII *

Mon miroir ne me persuadera pas que je suis vieux tant que
la jeunesse et toi vous serez du même âge ; mais lorsque sur toi
je remarquerai les sillons du temps, alors je songerai que la mort
doit achever mes jours.
Car toute cette beauté qui te recouvre n'est que le vêtement
apparent de mon cœur qui vit en ta poitrine comme ton cœur
en la mienne. Comment donc puis-je être plus âgé que toi ?
C'est pourquoi, mon ami, veille autant sur toi-même que moi
je veillerai sur toi, non pour moi-même, mais pour toi. Car
je porte ton cœur et veux le garder avec autant de soin qu'une
tendre nourrice garde son poupon du mal qui peut survenir.
Ne compte plus sur ton cœur quand le mien sera mort ; ton cœur,
tu me l'as donné, ce n'est pas pour le reprendre.

- Shakespeare

* Un des plus beaux sonnets de Shakespeare sur l'amitié, union et échange de deux cœurs. Traduction de Pierre Messiaen.

Il aura fallu quelques siècles avant que ces dames anglaises puissent monter sur scène. Au temps de Shakespeare et jusqu'au XIXe siècle, comme dans les collèges classiques de mon époque, de tout jeunes garçons jouaient les rôles féminins. Ils recevaient même de doux messages en cachette le lendemain des représentations. Shakespeare, lui, adressait à ses *boy actors* de bien beaux sonnets.

LE PROVINCIAL

La pièce *Sur la Terre comme au ciel*, de Fritz Hochwalder, mise en scène par René Charbonneau, a été présentée au Collège de l'Assomption au printemps 1953.

Je ferme les yeux quelques instants et je retrouve l'émoi qui s'est emparé de tout mon être quand le responsable des spectacles, l'abbé René Charbonneau, m'a convoqué à son bureau pour m'annoncer que j'allais jouer le rôle principal, soit le Provincial des jésuites dans la « séance » du supérieur, comme on disait. Il s'agissait de la pièce de Fritz Hochwalder, *Sur la Terre comme au ciel*. Je ne connaissais pas encore le rôle infâme que la Compagnie de Jésus avait joué, pour le plus grand malheur de certaines populations d'Amérique du Sud. Mon rôle était d'être un bon jésuite, convainquant et autoritaire, maniant bien le sabre et le goupillon dans une quelconque colonie sud-américaine.

L'année précédente, j'avais eu mon baptême de scène avec l'Homme, rôle qui ne comportait qu'une seule scène. Avec le Provincial, j'entrais avec tambour et trompette dans le grand club des premiers rôles, je les jouerai pendant les 55 années qui suivront.

Nous nous embarquions dans quelque 200 heures de répétition, volées à des périodes d'étude ou de récréation pendant les mois d'hiver, pour nous acheminer vers l'unique représentation, en mai, à la fête du supérieur du collège. Quel soir magique j'ai alors vécu !

Le metteur en scène, et je dirais même mon premier mentor au théâtre, l'abbé Charbonneau, était froid avec moi, même assez déplaisant. Il ne voulait pas que je m'enfle la tête, comme il disait, et se gardait bien, en m'initiant aux joies de la scène, de m'éloigner de ma vocation du moment, la prêtrise. Mais le mal était fait, et pour moi ce fut le plus grand bien de mon existence, car après cette fabuleuse unique représentation, mon avenir m'apparaissait clair, limpide et prometteur. J'osais me répéter : *Et si j'entrais dans la carrière théâtrale* ? Rêve totalement insensé pour l'époque.

Il me faudra faire ma première visite au Shakespeare Stratford Festival, en Ontario, pour recevoir la révélation décisive. En effet, l'été suivant, avec mon

Je regarde la photo du Provincial et ça m'amuse de voir que je m'étais mis du blanc dans les cheveux, sans doute pour donner un peu de poids à mes 17 ans. Aujourd'hui, dans ma 75e année, je dois toujours mettre du blanc ou porter une perruque pour jouer mon âge, car je n'ai toujours pas de cheveux blancs.

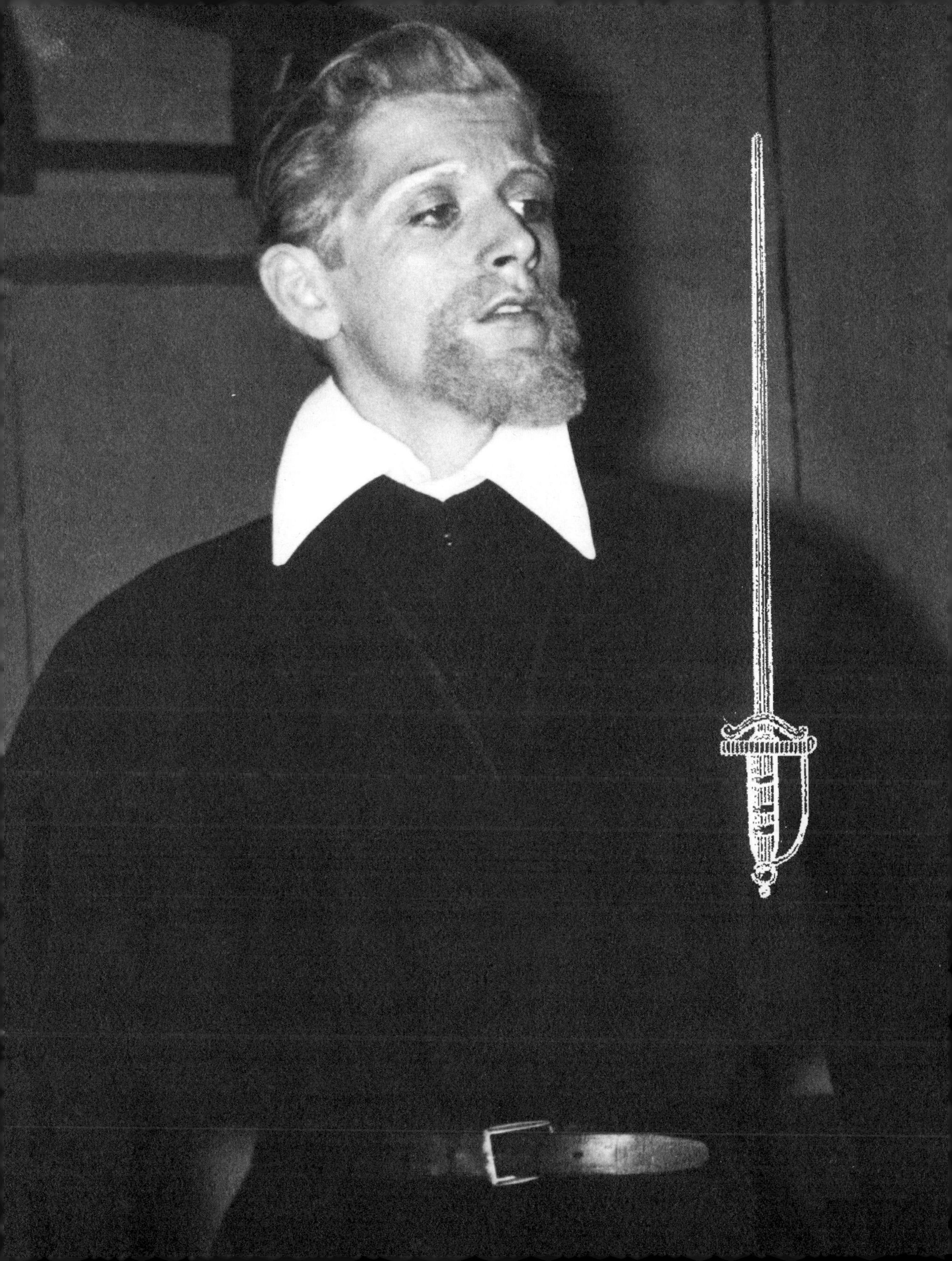

cousin Charles Rollet qui lui aussi songeait au théâtre, je me retrouvais tout ému sous la tente du merveilleux festival, qui en était à sa troisième saison. Au sortir d'une représentation de *Jules César*, ma décision était prise. Je serais comédien ; un homme de théâtre.

Un hommage bien mérité

Il m'est absolument impossible de revivre ces glorieuses années de ma jeunesse au Collège de l'Assomption sans clamer ma reconnaissance à tous ces jeunes hommes en soutane qui, nourris de leur foi si fragile, donnaient le meilleur d'eux-mêmes pour faire des petits cancres que nous étions des citoyens dégrossis et quelque peu civilisés.

Avec René Charbonneau, qui me dirigera dans quelques autres spectacles, j'étais dès le départ entre les mains d'un maître. Dès le début des années 1950, il avait séjourné à Paris et avait assisté à ce qui se faisait de mieux au théâtre. Diplômé de la Sorbonne, il avait fait des études en diction et en phonétique, et avait même déjà publié un livre traitant de ces sujets.

Nous avions au collège des saisons de 12 soirées de théâtre et de musique classique assurées par des comédiens et des musiciens parmi les meilleurs de cette époque. Dès l'âge de 13 ans, j'ai vu des spectacles exigeants et inspirés qui m'ont marqué pour la vie. Je pense au *Phèdre* de Madeleine Sicotte, aux premiers spectacles du Théâtre du Nouveau Monde (TNM), qui venaient nous visiter – avec les Rozet, Norbert et Gascon –, aux Compagnons de Saint-Laurent – avec Paul Dupuis et Jean Coutu –, et à la jeune Béatrice Picard qui animait sa propre compagnie de théâtre. Je m'en voudrais de laisser de côté le Théâtre-Club, avec Monique Lepage, Jacques Létourneau et le sympathique Jean-Paul Dugas.

Comme notre salle académique était devenue ma seconde salle d'étude, j'y régnais en directeur technique, ce qui me rapprochait délicieusement d'artistes comme le violoniste Arthur Leblanc, dont je retrouverai le stradivarius entre les mains d'Angèle Dubeau 55 ans plus tard, lors d'un spectacle que je ferai avec elle. J'y ai fait la connaissance du ténor André Turp qui, plus tard, me recevra à Covent Garden, à Londres, et le comédien Paul Hébert, qui viendra jouer *Le Cid* avec les Compagnons de Québec. Il sera le premier comédien professionnel à qui je pourrai confier mon ardent désir de suivre ses traces.

LUCENTIO

La pièce *La mégère apprivoisée*, de Shakespeare, mise en scène par Paul Hébert, a été présentée au Théâtre d'été Chantecler de Sainte-Adèle à l'été 1956.

Lucentio, c'est le tout jeune – très jeune – premier amoureux de Bianca dans la pièce de Shakespeare *La mégère apprivoisée*. Cette mégère a pour nom Kate et est la sœur de Bianca. À la douce beauté de sa sœur, Kate oppose un air effarouché, hirsute, buté. Elle est résolument indomptable. Petruchio, son téméraire prétendant, tentera de lui faire entendre raison pour la soumettre ensuite aux liens du mariage.

C'est une pièce résolument moderne qui peut très bien, comme dans une production que j'ai vue à Londres il y a plusieurs années, servir les aspirations féministes les plus légitimes.

Shakespeare titre sa pièce *The Taming of the Shrew.* Il semble bien qu'au temps du Barde, le mot *Shrew* s'appliquait à une femme qui jette des sorts. Nous ne sommes pas loin de la sorcière. Les traducteurs français ont toujours utilisé le mot « mégère », une appellation qui définit tout à fait bien le personnage de Kate.

À l'époque où Paul Hébert et moi avons mis à l'affiche *La mégère apprivoisée*, il faut croire que ce terme de mégère n'était guère utilisé du côté de Sainte-Adèle, où nous jouions, si on en juge par ce qu'un journaliste local a écrit dans son hebdo, désirant sans doute nous faire un peu de publicité : « Cet été, au Théâtre Chantecler, nous pourrons assister à la pièce de Shakespeare *La ménagère improvisée.* »

J'en ris encore mais au fond ce n'est pas si bête, puisque c'est exactement ce que Kate ne veut pas être : une ménagère improvisée.

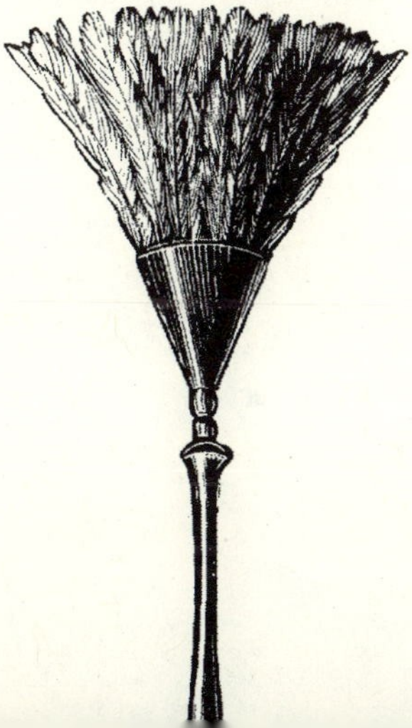

Stratford au Québec

Aujourd'hui, le fait d'avoir tenté, au milieu des années 1950, de jouer Shakespeare dans le deuxième théâtre d'été qui ouvrait ses portes au Québec, et ce pour un public qui, en majorité, n'avait jamais été exposé à la moindre représentation théâtrale m'apparaît comme un geste de pure démence. Il faut dire cependant que nous avions des comédiens de premier plan, dont plusieurs avaient déjà l'admiration du public grâce à notre toute jeune télévision. Je pense au merveilleux Jean Coutu, qui jouait Petruchio, mais qui était surtout connu pour son Survenant.

À Sun Valley, il y avait bien Jacques Normand, le grand animateur-humoriste de l'après-guerre, qui avait ouvert un petit théâtre, mais il y donnait des spectacles de comédie et des pièces de boulevard. À L'Ancienne-Lorette, près de Québec, Georges Delisle tenait à bout de bras le Théâtre La Fenière, mais il y présentait des spectacles très amateurs qui mirent quelques années avant d'être de niveau professionnel, et encore là ils étaient à mille lieues de Shakespeare.

Lors de son passage au Collège de l'Assomption, Paul Hébert, après s'être installé dans la loge un peu vétuste de notre salle académique, m'avait demandé de le conduire à un endroit convenable où il pourrait se raser. Je lui avais indiqué les lavabos des prêtres et j'étais resté là, assis sur un tabouret, observant, pétrifié, le premier acteur professionnel à m'adresser la parole – qui allait deux heures plus tard jouer *Le Cid* de Corneille – en train de se mousser les joues avec son blaireau, cérémonial masculin qui m'était encore étranger.

En quelques minutes, j'appris tout sur Paul : il avait étudié à Londres et il allait ouvrir un petit théâtre à Montréal au-dessus du restaurant Anjou. Puis, il commença un long monologue que j'écouterai avec intérêt pendant les années qui suivront – nous allions devenir inséparables –, me parlant du festival de Stratford, en Ontario, des accords de trompettes qui appelaient le public sous la tente et des fabuleuses représentations théâtrales qu'il lui faisait découvrir. Tous les acteurs de ma génération ont été sous le charme de l'événement Stratford, et plusieurs d'entre eux ont rêvé de reconstituer en français, chez nous, ce festival de rêve.

J'ai toujours trouvé que sur cette photo je ressemblais étrangement à Pierre Thériault dans son très sympathique rôle de Monsieur Surprise. C'est sans doute dû à mon étonnement d'avoir enfin un costume sur les épaules, quelques instants avant d'entrer en scène. La production était très en retard et il régnait en coulisses une indescriptible pagaille. Voilà ce qui arrive quand on veut tout faire avec rien.

C'est l'homme de théâtre britannique Tyrone Guthrie qui fut invité à donner le coup d'envoi du Shakespeare Stratford Festival – fondé par Tom Patterson, un citoyen de Stratford en Ontario –, pour lequel la scénographe britannique Tania Moiseiwitsch avait dessiné un extraordinaire dispositif scénique.

Instants de bonheur où on apprend tout du métier en posant tous les gestes indispensables pour la première fois, des éclairages aux décors, en passant par la régie en général. On fait aussi des relations publiques, de la publicité, on construit un programme et on vend des annonces.

Assurément, Paul était dans le premier peloton des rêveurs, et deux ans après la scène du rasage au collège, il vint au Conservatoire, où j'avais été admis, m'inviter à le suivre dans une folle aventure : ouvrir un théâtre d'été à Sainte-Adèle où on jouerait Shakespeare.

Avec rien dans les poches et tout dans la tête et le cœur, nous avons ouvert le Théâtre d'été Chantecler dans le Curling Club de l'hôtel du même nom. Dans ce Curling Club, il n'y avait rien. Des menuisiers ont construit des estrades pour poser les chaises, puis j'ai loué 18 projecteurs Lekos que j'ai fait installer sur un tuyau de deux pouces, et en avant le spectacle ! Avec mon brigadier de fortune, il ne me restait plus qu'à frapper les roulements et les trois coups, à l'ancienne. (Le roulement c'est 13 coups consécutifs et rapides, puis les trois coups se donnent comme ceci : on frappe un coup, on compte mentalement 1-2, on frappe le deuxième coup, on compte mentalement 1-2-3, puis on frappe le troisième et dernier coup.) Le roulement servait à inviter le public à entrer dans la salle, puis quand ce dernier était installé, on frappait les trois coups.

Nous avons fait deux saisons qui se sont évidemment soldées par un fracassant déficit, malgré une fréquentation fort honorable du public. Notre but était partiellement atteint, mais il aurait fallu beaucoup plus de courage de la part des investisseurs. Nous étions au milieu des années 1950 et, chez nous, on ignorait encore qu'un événement culturel de qualité pouvait être rentable.

Les quelques notables de Sainte-Adèle qui nous avaient épaulés ont exigé que Paul rembourse. Il lui faudra plusieurs années pour effacer cette dette. Quant à moi, j'ai dû remettre tous les maigres cachets que je m'étais accordés pour l'immense tâche que j'avais accomplie durant ces deux années. Ma carrière d'homme de théâtre déficitaire commençait.

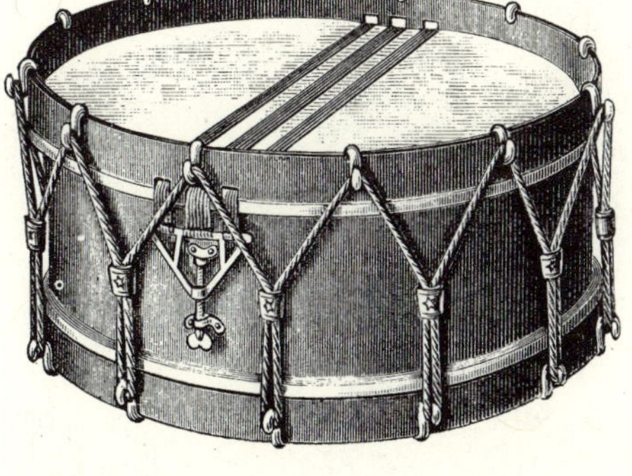

C'est la seule photo d'Andrée Saint-Laurent que j'ai. Elle jouait Calphurnia, la femme de César, et Jacques Galipeau jouait Jules César, dans le *Jules César* de Shakespeare que j'ai monté au TNM au début des années 1970.

Les deux Andrée

Paul m'annonça un jour qu'il avait trouvé la jeune comédienne idéale pour le rôle de Kate. Elle n'avait que 16 ou 17 ans. Elle était grande, avec des cheveux en bataille qui partaient dans tous les sens. Elle n'était pas jolie au sens où on l'entend habituellement, son visage était pourtant beau, long, avec des yeux qui témoignaient d'une intelligence féroce. Elle était enjouée, fébrile, prête à devenir follement amoureuse, et quand elle ouvrait la bouche, on restait abasourdi par la profondeur de sa magnifique voix. C'était Andrée Saint-Laurent. Nous serons amis pour la vie.

La jeune comédienne qui jouait Bianca, mon amoureuse, était aussi une précieuse trouvaille de Paul. Elle était originaire de Saint-Hyacinthe, où nous allions quelquefois la remettre entre les mains de ses parents, non sans que, pendant le trajet, je ne réussisse à lui prouver mon émoi par quelques petits becs passionnés.

Pendant les répétitions de *La mégère apprivoisée*, alors que nous étions déjà installés à Sainte-Adèle, notre jeune Bianca nous a demandé une journée de congé afin de pouvoir aller à Montréal pour un rendez-vous très important. Le lendemain, elle en est revenue toute joyeuse en dansant et en nous criant : « Je l'ai, j'ai le rôle ! » C'était évident, elle était allée auditionner.

C'était l'autre Andrée, qui porte le beau nom de Champagne. Elle venait de décrocher le rôle de Donalda, le rôle de sa vie. Son existence misérable auprès de son avare de Séraphin venait de commencer pour longtemps, et pour la plus grande gloire de sa carrière de comédienne.

Bianca était sûrement le premier rôle professionnel de cette chère Andrée et elle s'y donnait avec ferveur et sérieux. Je lui ai sans doute donné quelques sueurs froides quand un soir, perdu en coulisses, préoccupé par un imprévu quelconque, j'ai entendu mon copain Hubert Loiselle, qui jouait mon serviteur Tanio, dire sur scène à Bianca : « Allons, courons à la chapelle, Lucentio nous y rejoindra pour votre mariage. » Hubert improvisait, bien sûr, car je venais de rater mon entrée. C'était une petite scène à trois, où on apprenait que Bianca et moi allions nous marier dans une petite chapelle pas très éloignée. Il était tout de même assez important que je sois présent à mon mariage.

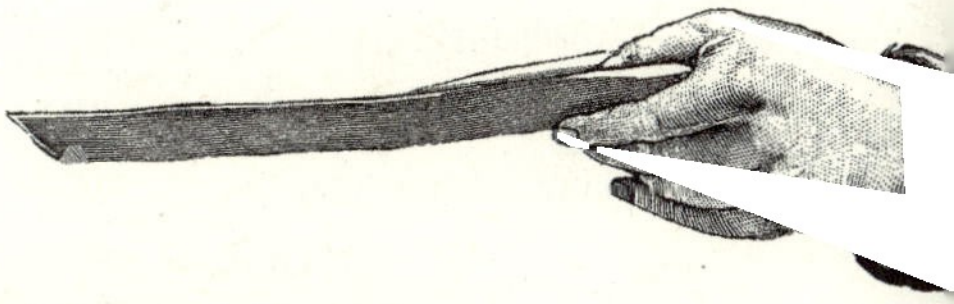

Méfiance et petit cachet

Paul adorait la pièce *Le printemps de la Saint-Martin* de Noël Coward. Nous l'avons mise à l'affiche. Un comédien français, monsieur Tarride, qui resta très peu de temps au Québec, faisait partie de la distribution. Très original, quelque peu inquiétant et très spirituel, il était le filleul de Sacha Guitry et portait évidemment le prénom de Sacha.

Nous avions très peu d'argent pour la publicité et ne connaissions pas encore le très efficace métier de relationniste de presse. De sorte que très peu de gens étaient au courant de l'existence de nos projets de théâtre.

Pendant les répétitions du Coward à Montréal, un quidam rencontra Sacha Tarride dans la rue et lui dit : « Sacha, il paraît que tu vas jouer à Sainte-Adèle l'été prochain ? » Sacha ne perdit pas une seconde, mit son doigt sur sa bouche et dit : « Surtout n'en parlez pas. »

Le même Sacha, moins drôle cette fois, m'a fait ce que j'ai baptisé : le coup de l'entracte. Une vieille tradition aujourd'hui disparue voulait que les comédiens en tournée soient payés en espèces, en général après la représentation. Mais cette pratique a engendré de la méfiance chez certains artistes qui, pour s'assurer de la solvabilité des producteurs exigeaient le plein cachet à l'entracte. S'ils ne recevaient pas leur enveloppe, ils ne revenaient pas en deuxième partie, ce qui risquait de provoquer une rébellion dans la salle.

Sacha Tarride se méfiait tellement de nous qu'il m'a fait le coup à la première du Coward. Comme je n'avais que deux trente sous dans ma poche, je suis allé voir le barman de l'hôtel et lui ai emprunté les quelques billets à verser à mon cher Sacha. Il m'avait tellement blessé par son manque de confiance et ses manières d'histrion moyenâgeux ! Le lendemain, quand j'ai rendu l'argent à notre généreux barman, celui-ci m'a offert un triple scotch pour me consoler.

Un personnage venu de nulle part

Paul Hébert est un grand artiste : talentueux, généreux, illuminé et exaspérant. Il mettait deux jours à régler un petit problème auquel je pouvais apporter une solution en quelques minutes. Il nous aurait fallu des journées de 36 heures, et toutes nos productions accusaient de sérieux retards. Dix jours avant la première de *Six personnages en quête d'auteur* de Pirandello, la distribution, avec en tête d'affiche Marthe Thierry, Gilles Pelletier, Dyne Mousso et Andrée Saint-Laurent, n'était pas encore complète. Il nous manquait les deux jeunes enfants de la famille des six personnages.

Le peintre Jean-Paul Mousseau s'occupait du décor, et quel décor ! Il avait tenu à le fabriquer de ses mains avec des monceaux de papier journal qu'il avait trempé dans l'eau pour ensuite l'appliquer au mur du fond et faire une toile sombre et mystérieusement en mouvement, où allaient apparaître les six personnages.

La répétition générale approchait. Paul jubilait. Il était six heures du matin et nous avions passé la nuit dans le théâtre à travailler, extrapoler, vociférer et picoler, comme il se doit. Dans notre dos, les deux grandes portes du Curling Club étaient ouvertes et les rayons du bas soleil d'après l'aurore entraient en force dans la pièce. Paul se retourna : par terre, une grande ombre nous conduisit à un tout petit garçon qui se tenait debout dans l'entrée, théâtralement à contre-jour. Paul lui dit : « Bonjour ». Le garçon ne broncha pas. Paul lui dit : « Veux-tu jouer avec nous ? » Le garçon dit oui. Il est devenu mon petit frère dans la pièce et a joué dans toutes les représentations. Il se suicidait tous les soirs. Cela ne l'a pas marqué puisque beaucoup plus tard, nous nous sommes retrouvés à Pigalle, à Paris, pour une série de pérégrinations toutes plus amusantes les unes que les autres.

Pour maintenir la tradition des arts dramatique et musical

Quand Paul Hébert a eu la bonne idée de me confronter pour la première fois aux exigences de notre métier en m'entraînant dans la folle aventure du Théâtre d'été Chantecler, je terminais ma première année d'étude au Conservatoire d'art dramatique du Québec à Montréal, cette nouvelle institution que le gouvernement du Québec, à l'instigation du musicien Wilfrid Pelletier, avait mise sur pied en 1942, en pleine guerre mondiale.

Plusieurs députés de l'époque, distingués membres de l'ex-Assemblée législative, ont dû avoir recours à leur dictionnaire pour se rassurer sur la sorte de produit qu'on devait bien mettre en boîte dans ce genre de conserverie. La blague n'est pas trop cruelle si l'on songe qu'une vingtaine d'années plus tard, après que le très éclairé homme politique Georges-Émile Lapalme eut convaincu le gouvernement de mettre en place un ministère de la Culture, d'autres députés moins éclairés, membres de la même noble assemblée, ne trouvèrent rien de mieux, dans leur volonté cynique de minimiser les arts et les artistes, que de baptiser ce nouveau ministère *la bébelle à Lapalme*.

Cela en a fait rire plus d'un à l'époque, mais quand on songe qu'aujourd'hui ce même ministère n'a pas encore un pour cent du budget, on doit malheureusement se rendre à l'évidence qu'il n'est resté pour tous les partis politiques et les gouvernements qu'une « bébelle » plus ou moins importante.

Avant 1942, nous n'avions donc aucune école gouvernementale d'enseignement de la musique et de l'art dramatique. Les jeunes artistes fréquentaient des professeurs privés et allaient poursuivre ou terminer leurs études en Europe.

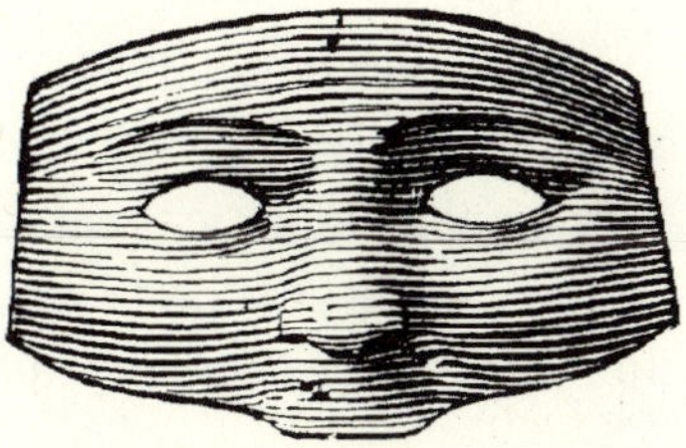

Le Théâtre du Nouveau Monde, par contre, avait ouvert son école et pendant quelques années, a offert des cours d'interprétation. Le Conservatoire Lasalle, fondé et dirigé par monsieur Georges Landreau, procurait quant à lui un précieux enseignement de la diction et du jeu. Des années plus tard, mon ami Jacques Laurin prendra la barre de cette noble institution qui a toujours sa place dans notre vie artistique.

Le chef d'orchestre Wilfrid Pelletier fut le premier directeur du Conservatoire de musique, installé à Montréal dans l'ancienne Bibliothèque nationale, qui était à l'époque la bibliothèque Saint-Sulpice, rue Saint-Denis, au sud de la rue Ontario.

En 1942, Il n'y avait pas de ministère de la Culture et c'est le Secrétariat de la Province qui avait la responsabilité de la nouvelle institution. Le Conservatoire ouvrit ses portes en 1943, mais pour la musique seulement, la section « art dramatique » demeurant inopérante. Il fallut dix ans avant qu'elle ne reçoive ses premiers élèves à Montréal.

Je ne crois pas que ce retard ait jamais été expliqué, si ce n'est par le fait qu'on ne semblait pas trouver, pour l'art dramatique, l'équivalent d'un Wilfrid Pelletier en musique. On était donc à la recherche d'un candidat de grand talent capable de donner un coup d'envoi magistral.

Bien qu'à Montréal les aspirants fussent assez nombreux, il n'était pas question qu'on fasse appel à quelqu'un d'ici ; à l'époque, l'oiseau rare devait venir de France. Il faut comprendre que jusqu'aux années 1960, presque toutes nos références dans le domaine des arts étaient françaises. Il ne faut surtout pas crier à la trahison, c'est l'histoire qui continuait de s'écrire. On a approché le grand Louis Jouvet, qui avait apparemment accepté de venir. Mais son décès, le 16 août 1951, a bouleversé le beau projet. Sans vouloir jouer avec les mots, je dirais que c'eut été un coup de maître.

Comédien et surtout metteur en scène, c'est Jan Doat, ancien élève du grand homme de théâtre français Charles Dullin, qui accepta les difficiles tâches d'organiser les auditions, de former un premier groupe convenable, la promotion Molière, d'établir la liste des disciplines enseignées, de trouver des professeurs compétents et de construire une grille horaire des cours, qui devaient également se donner à la bibliothèque Saint-Sulpice.

Monsieur Doat devint donc le premier directeur du Conservatoire d'art dramatique. Pour bien lui montrer qu'il n'était qu'en art – et dans une lointaine province d'Amérique –, on l'installa dans un placard sans lumière, sous les escaliers, à l'entrée de la bibliothèque. C'est là qu'il m'accorda une première entrevue et qu'il m'invita à passer l'examen d'entrée. J'ai été admis la deuxième année, dans la promotion Shakespeare.

SCÈNE I

Les premiers mois furent épiques. Nous n'avions rien ; nous devions attendre que les musiciens aient terminé leurs répétitions pour occuper les petits locaux où ils avaient passé des heures à souffler dans leurs différents instruments. Il n'y avait pas d'aération, pas de salle de repos, pas de cuisinette, pas de café, pas d'eau.

Quand nous voulions un meuble, des chaises ou un praticable quelconque, nous devions nous adresser au ministère de la Voirie, et l'attente était longue. Un jour, j'ai vu arriver une petite étagère de quatre rayons. Monsieur Doat avait décidé de mettre à notre disposition une bibliothèque. Avec son argent personnel, il a acheté quelques pièces d'Anouilh et de Giraudoux que nous aimions travailler.

Pendant des mois, ce furent les seuls livres à figurer avec fierté sur l'unique rayon de la bibliothèque du Conservatoire. Il fallait bien commencer quelque part, et chez nous surtout, en art, tout avait une odeur de Genèse.

Puis, il y eut le grand déménagement dans de belles salles tout en haut du Monument-National, boulevard Saint-Laurent, entre Sainte-Catherine et René-Lévesque. Quel bonheur ! Nous avions de la lumière, de l'espace et, à nos pieds, la *Main* avec le Montreal Pool Room et ses hot-dogs « steamés », sans oublier le Woolworth, au coin de Sainte-Catherine, au comptoir duquel on pouvait s'offrir un dîner à la dinde avec soupe et Jell-O pour 59 cents. Le festin !

Dans les bouis-bouis des alentours, les gangsters et les prostituées nous faisaient des confidences. Notre directeur nous avait ardemment recommandé de développer notre sens de l'observation. Nous n'avions pas le choix, les personnages les plus hétéroclites que nous aurions à interpréter nous prenaient d'assaut. Nous profitions de tout au maximum et nous étions heureux.

VLADIMIR

La pièce *En attendant Godot*, de Samuel Beckett, a été présentée au Conservatoire d'art dramatique du Québec à Montréal et en reprise au Théâtre de Dix Heures au printemps 1957.

Vladimir, Estragon, Pozzo et Lucky sont les quatre célèbres personnages de la pièce de Samuel Beckett *En attendant Godot*, devenue aujourd'hui un grand classique mondial. À l'époque où nous avons monté la pièce, elle était tout ce qu'il y avait de plus avant-gardiste. Ce théâtre de l'absurde avait déjà provoqué la colère du public parisien et annonçait une dramaturgie nouvelle. Monsieur Doat, notre directeur, avait fait venir le texte deux ans après la création de la pièce à Paris. Nous, les quatre interprètes, nous sommes mis d'accord sur la mise en scène sous l'œil de nos professeurs, et avons donné trois représentations de la pièce dans les studios du Conservatoire, comme exercice d'élèves. Comme nous n'avions aucun budget pour cette modeste production, nous avons mis la main dans nos poches percées et sommes allés à l'Armée du Salut acheter nos costumes et quelques accessoires. Je me souviens que la production nous a coûté 12 dollars. Je mets au défi le Cirque du Soleil d'en faire autant !

Si je ramène le souvenir de ces fabuleux instants de ma jeunesse, c'est que je veux me rappeler avec un bon sourire que nous vivions d'espoir, de piquette et de nos premières découvertes amoureuses. Nous étions bien jeunes pour nous attaquer à Godot, mais je crois que notre candeur et notre fraîche disponibilité nous ont donné raison.

L'action de la pièce se déroule ainsi : les deux clochards Estragon et Vladimir attendent monsieur Godot qui ne viendra pas. Seuls arrivent Pozzo, le puissant, le maître, l'ignoble, précédé de son esclave, demi-homme, demi-chien, une sorte de Caliban résigné qui n'émet que des sons. À quelques reprises, un enfant vient annoncer que monsieur Godot ne viendra pas. Beckett s'est toujours opposé à la proposition selon laquelle Godot serait Dieu. Il affirmait lui-même ne pas savoir qui est Godot.

Quand on est resté toute sa vie attaché aux grands textes classiques, il est immensément rassurant d'apprendre que Samuel Beckett, l'auteur le plus avant-gardiste de son siècle, était un inconditionnel admirateur du grand Jean Racine, qu'il relisait sans cesse.

« La jeunesse montre l'homme
comme le matin montre le jour. »
- Milton

Le Théâtre de Dix Heures

Jacques avait ouvert un petit théâtre, le Théâtre de Dix Heures, dans l'ancienne boîte à chansons de Jacques Normand, au troisième étage du grand café Continental, rue Sainte-Catherine, où se trouve maintenant le Complexe Desjardins. Languirand est venu nous voir, mes confrères et moi, au Conservatoire, il a aimé notre spectacle et nous a invités dans son théâtre pour un mois de représentations. C'est ainsi que nous sommes devenus les interprètes de la première production professionnelle d'*En attendant Godot* au Canada.

C'est la seule photo de nous quatre qui existe, je crois. Elle a été prise à Hull, où nous étions allés donner deux ou trois représentations dans un charmant petit théâtre de poche, sous la direction de Jean Belleau, un autre faiseur de miracles. Dans l'ordre habituel: Jacques Thibeault qui jouait Pozzo, son frère Claude qui jouait Lucky, un diplomate français qui venait d'assister au spectacle, moi en Vladimir et mon grand ami François Guillier qui jouait Estragon. Il faut bien regarder ce monsieur au centre qui se croise les bras. C'est un geste qu'il ne faut jamais faire en scène à moins que l'action ne l'exige de manière bien spécifique puisqu'il exprime une fin de non-recevoir totale. Il ferme le corps. Remarquez comme notre diplomate, en m'écoutant, a l'air de dire: « Cause toujours mon lapin, je n'en pense pas moins. »

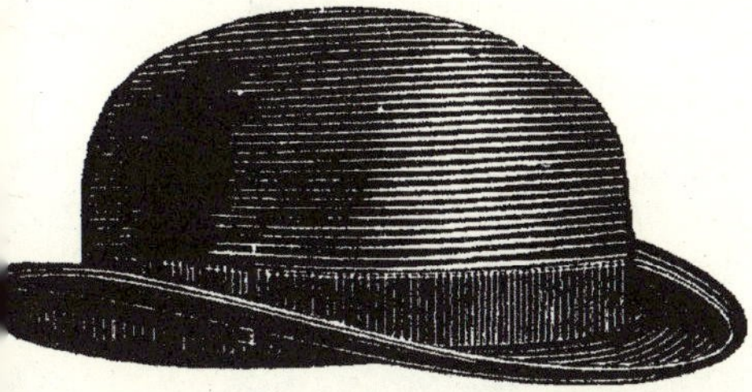

Jacques Languirand,
en très beau jeune premier.

Clémence

C'est dans ce même petit Théâtre de Dix Heures que Clémence Desrochers donna l'un de ses premiers spectacles, sinon le premier.

Clémence avait été acceptée au Conservatoire dans la première promotion, celle qui me précédait, la promotion Molière, et pendant les deux années de son stage dans la noble et jeune institution, elle s'était de bon gré prêtée à l'étude et à l'interprétation des grands textes classiques très sérieux et très tragiques qu'on lui proposait, et cela malgré l'irrésistible envie qu'elle avait de basculer dans la comédie, l'improvisation débridée et l'humour souvent narquois qui marqueront sa carrière. À son concours de sortie, notre directeur l'avait autorisée à présenter en tragédie *Le songe d'Esther,* dans la pièce du même nom de Jean Racine, un récit très sérieux qui exige de l'interprète toutes les qualités de jeu nécessaires à la tragédie.

Clémence a donné un numéro d'une irrésistible drôlerie. Elle était déchaînée, les membres du jury chargés de décider de son sort croulaient de rire, comme toute l'assistance d'ailleurs. Ce fut sa naissance, elle existait, sa carrière s'ouvrait devant elle.

Plus de 50 ans plus tard, j'ai eu l'immense plaisir, à titre de vice-président de la Fondation des Prix du Gouverneur général pour les arts du spectacle, de lui annoncer qu'elle était récipiendaire du prix et de tous les honneurs qu'il comporte.

Je ne sais pas si elle s'en souvient, mais quand Jacques Languirand lui a ouvert le Théâtre de Dix Heures, Clémence m'a invité à assister à sa répétition générale pour la conseiller. Sans avoir été son metteur en scène officiel, j'ai tout de même collaboré à sa première grande plongée dans le monde fabuleux du spectacle.

SCÈNE I

Pas des profs… des maîtres

Il m'est bien difficile d'évoquer les merveilleux moments d'*En attendant Godot* sans qu'une autre tranche importante de ma vie au Conservatoire ne s'impose allègrement. Mes maîtres…

Quand mademoiselle Cécile Grenier entrait dans la grande salle de cours, nous rigolions toujours, surtout les garçons, nous lui faisions quelques petites blagues sournoises qu'elle ignorait. Nous nous vengions d'avance de tous les efforts qu'elle allait exiger de nous dans les divers exercices physiques pour, disait-elle, assouplir nos corps et nous apprendre à respirer dans l'effort, ce qui n'était pas bête du tout et surtout très utile. Après la détente au sol, elle nous faisait danser ; son répertoire s'étendait de la Grèce antique au tango. « On ne sait jamais ce qu'on pourra vous demander de faire au cinéma ou sur scène », insistait-elle en faisant jouer une grande valse viennoise, celle que j'adorais.

Un jour, alors qu'elle nous avait bien épinglés aux barres suédoises le long d'un mur, et que nous nous retrouvions tous et toutes la tête en bas, les jambes en haut et les bras très occupés à nous maintenir dans cette position assez inusitée, le directeur, monsieur Doat, entra dans la salle. L'occasion était trop belle, il s'écria : « Lâchez tout ! » Le fou rire a eu raison de notre bonne volonté et nous nous sommes tous et toutes retrouvés au sol dans un mélange de léotards, de sueur, de foufounes et de petits seins.

Monsieur Gérard Vléminck avait pour tâche de nous faire faire un survol des techniques théâtrales : le son, la lumière, les décors, les effets spéciaux, enfin l'environnement matériel dans lequel nous allions vivre. Il poussait la conscience professionnelle jusqu'à nous apporter réflecteurs, herses, et tout un bagage de gadgets qu'il transportait lui-même, suant sang et eau en grimpant les innombrables marches qui l'amenaient à notre quatrième étage ; sa déception était donc grande quand, en branchant un de ces appareils magiques, il faisait sauter les fusibles ! Grâce à lui arriva un jour où les techniques de scène n'avaient plus de secrets pour nous.

Oui, j'ai aimé mon maître d'armes. J'ai connu maître Robert Desjarlais un an avant d'entrer au Conservatoire, alors que je faisais partie de son club, Les Mousquetaires, dans la classe d'escrime de la Palestre nationale qui est aujourd'hui devenue, rue Cherrier, l'Agora de la danse.

L'escrime, un sport d'élongation qui exige des réflexes rapides et une tenue impeccable, était indispensable à la formation de l'acteur. Cher Robert ! « Tenez-vous droit !... Allongez !... En garde !... Rompez !... Le torse en évidence et les fesses en dedans ! », disait-il. Et, poussé par la joie d'être en présence des jeunes escrimeuses, il y allait de ses mains agiles d'habile escrimeur : je te place la cuisse, je te rentre le bassin, je te tourne le torse... Il faut savoir que les filles portaient, à l'intérieur de leur plastron, deux coquilles en plastique qui protégeaient leurs précieux seins des coups, des mains baladeuses du maître et des suites fatales de la terrible « botte de Nevers ».

Monsieur Roger Citerne était réalisateur d'émissions dramatiques à la radio de Radio-Canada. Il nous enseignait l'histoire du théâtre. Non ce n'est pas ça... Il était l'histoire. Helléniste, il nous lisait Sophocle dans le texte pour bien nous en faire saisir le sens. Il était d'une culture extraordinairement vaste, dont il nous a fait profiter pendant deux années trop courtes. J'ai dû compléter son enseignement en fouillant dans l'histoire des théâtres britannique et états-unien, qui n'étaient pas « son fort », mais avec quelle fougue il nous a fait vivre les irrésistibles heures du Grand Siècle, le XVIIe, entre autres trésors ! Il n'était pas un bon interprète mais il jouait tous les rôles – Chimène, Rodrigue, Néron, Junie – avec une telle passion, tout en nous révélant avec brio la valeur incontestable des gigantesques auteurs du Grand Siècle. Je suis accroché à mes classiques Roger, j'en suis fier, et c'est grâce à vous.

Une ou deux fois par semaine, notre petit monde d'apprentis cabotins se transformait en conte de fées. La grande dame, précédée de son parfum exterminateur, gravissait les escaliers de notre palais de carton-pâte. Baguée à outrance, perdue dans ses châles multicolores qu'elle replaçait sans arrêt, cachée sous ses chapeaux à large bord et discourant déjà à haute et intelligible voix du cours qu'elle allait nous donner, notre grande prêtresse de la diction, de la phonétique et du savoir-vivre, la célèbre madame Jean-Louis Audet, faisait son entrée triomphale au centre du grandiose hémicycle formé par nos modestes chaises.

Chère, très chère madame Audet (Yvonne Duckett).

Madame Audet était en fin de carrière, et nous fûmes très chanceux qu'elle accepte ce nouveau défi de mettre de l'ordre dans nos « a », nos « in », nos « t », nos « d », enfin nos accents différents et toutes nos fautes de grammaire, à une époque où le respect de la langue était encore une priorité. Madame Audet est à l'origine de ma quête constante d'un parler français qui honore le précieux héritage que nous avons reçu.

Comme nous n'étions plus au XVIIe siècle, par contre, le « r » roulé était passé de mode et je devais m'en débarrasser. Pour éviter le grasseyement, madame m'a fait passer par le « r » anglais, le « r » soufflé disait-elle, qu'on obtient en le plaçant entre le dessus de la langue et le palais, comme dans *rather* ou *rover* ou *red*. C'est ce qu'on appelle donner un outil à un étudiant.

Un jour, elle m'a fait un cadeau : trois livres. Cette dame, avec ses airs de grande provinciale aux goûts surannés, m'offrait trois recueils des plus récentes pièces de Bertolt Brecht. Elle me faisait avancer, elle m'ouvrait le Rideau de fer et me plongeait dans ce qu'il y avait alors de plus actuel et de plus provocant comme écriture théâtrale.

Avec son nom majestueux, monsieur Royroyal n'avait rien d'un monarque arrogant et tout-puissant. Au contraire c'était un homme calme et gentil, un pédagogue délicat et patient. Il avait collaboré à la formation de centaines de chanteurs et pour nous, apprentis comédiens, il devenait un indispensable professeur de pose de voix, discipline dont nous n'avions jamais entendu parler.

Une fois par semaine il se mettait au piano et nous invitait un à un à faire nos gammes, à découvrir notre voix et à l'utiliser avec justesse. Il nous a donné des exercices de réchauffement qui nous ont servi toute notre vie. Aujourd'hui encore je n'entre pas en scène sans *ouvrir* ma voix, et chaque fois que je chante mes *ma-e-i-o-u-ou,* je pense à monsieur Royroyal.

Quant à notre mentor, monsieur Jan Doat, j'aurai l'occasion de parler de lui dans plusieurs scènes. Monsieur Doat avait été un élève du grand Charles Dullin et confrère de Jean Vilar, ce qui annonçait le genre d'approche que nous allions apprendre de notre métier. C'est une filiation dont j'ai toujours été très fier. C'était un homme chaleureux, proche de nous, de nos inquiétudes et de nos besoins. Au-delà du sérieux de ses obligations professionnelles, il aimait rire, chanter, et il nous concoctait une sangria à terrasser tous les guerriers Cid Campéador.

Je lève mon verre à mes maîtres.

POLYEUCTE

La pièce *Polyeucte*, de Pierre Corneille, mise en scène par Jean Valcourt, a été présentée en tournée au Québec, au Nouveau-Brunswick et en Ontario à l'hiver 1959-1960.

Polyeucte est le personnage central d'une pièce éponyme de Pierre Corneille, créée en 1640 à Paris. Très peu d'enfants de la francophonie ont eu le bonheur de recevoir à la naissance ce joli nom de Polyeucte. En effet, il semble bien que depuis l'an 250 apr. J.-C., peu de mères chrétiennes ont eu l'idée très originale d'affubler un de leurs fils de ce nom bizarre.

Polyeucte est devenu célèbre grâce à l'acharnement de l'empereur Decius envers une bande de nouveaux illuminés, les chrétiens, dont il faisait partie. Malgré son originalité et sa rareté, le nom de Polyeucte et le saint qui l'a rendu célèbre étaient très connus chez nous quand, au début de ma carrière, le directeur du Théâtre universitaire canadien, Jean Gaumont, m'a offert le rôle-titre, ouvrant ainsi la voie à ma première grande tournée en région. À l'époque, on disait « en province », et c'était un terme bien mérité tant les populations éloignées des grands centres étaient privées de toute manifestation artistique.

Lors de la représentation à Hearst, au nord de l'Ontario, alors que, après le dernier vers, nous attendions les applaudissements pour faire notre salut… rien. Un silence inquiétant nous laissa désemparés. Non, la pièce n'avait pas déplu, au contraire. Tout le monde dans la salle pleurait (on nous l'a confirmé après coup). C'était la première représentation professionnelle de théâtre à laquelle ce public assistait.

Si cette pièce de Corneille était si bien connue chez nous, c'est grâce surtout aux enseignants religieux des collèges classiques qui la vénéraient et la citaient en exemple. Et pour cause : saint Polyeucte fut parmi les premiers Romains convertis au christianisme. Et quelle conversion ! Il est le modèle idéal du soldat du Christ qui va refuser l'amour de sa païenne de femme, Pauline, massacrer des statuettes adorées par ses concitoyens et détruire en public les décrets de l'empereur qui mettent en danger la jeune chrétienté. Aujourd'hui, on nommerait ce genre d'exalté un terroriste intégriste. Évidemment, après ces coups d'éclat, il marchera tête haute au martyr.

Voyages interminables,
hiver sibérien et robe de soie.

Polyeucte est un héros cornélien de la trempe du Cid. Quel plaisir, à 25 ans, de jouer ces personnages qui nous permettent de claironner des répliques comme : « J'ai profané leur temple et brisé leurs autels ; je le ferais encore si j'avais à le faire » !

Quel alexandrin enthousiasmant quand on s'apprête à refaire le monde, qu'on a déjà pulvérisé quelques idées reçues et qu'on participe activement au renouveau de sa société au moyen d'une Révolution tranquille.

Les joies de la tragédie

Dans chacune de ses tragédies, Corneille qui, comme on nous l'enseignait, écrivait des vers frappés dans l'airain, réserve par contre aux comédiens des surprises un peu plus fantaisistes. Je pense à cet « Hélas ! » désespéré que Polyeucte va murmurer en réponse aux imprécations de sa femme amoureuse. Pauline conclura, pour la plus grande joie du public : « Que cet *hélas* a de peine à sortir ! »

Je me rappelle aussi avec un brin de compassion toute la sérénité qu'apportaient aux jeunes séminaristes, quelque peu perturbés par leur vœu de chasteté, les premiers vers des stances :

> « Source délicieuse, en misères féconde,
> Que voulez-vous de moi, flatteuses voluptés ?
> Honteux attachements de la chair et du monde,
> Que ne me quittez-vous quand je vous ai quittés ? »

Je m'en voudrais de ne pas souligner également ce très dangereux vers que les étudiants attendaient impatiemment pour pouvoir se taper sur les cuisses et chahuter les comédiens. Au premier acte, un personnage semble mettre en doute la foi de Polyeucte. Celui-ci lui répond : « Vous me connaissez mal : la même ardeur me brûle, et le désir s'accroît quand l'effet se recule. » À haute voix, ça donnait évidemment : *et le désir s'accroît quand les fesses reculent*. Soit Corneille l'a malicieusement voulu, soit il ne se relisait pas à haute voix.

Le metteur en scène, monsieur Jean Valcourt, qui avait succédé à Jan Doat à la direction du Conservatoire, m'avait très pudiquement suggéré de dire « lorsque l'effet recule ». Voilà, la versification était respectée, et les fesses de Polyeucte aussi !

SCÈNE I

Polyeucte *on the road*

J'ai fait plus d'une vingtaine de tournées en tout au Québec, dans le nord de l'Ontario et du Nouveau-Brunswick, sans oublier quelques tournées pancanadiennes et deux en Europe.

Le métier de comédien comporte cette obligation d'aller là où se trouve le public. De nos jours, avec les grandes populations des villes, il est tentant de s'embourgeoiser sur place en évitant les bus brinquebalants, les hôtels et les motels vétustes, les restos de *fast food* et les intempéries de toutes sortes s'abattant sur des centaines et des centaines de kilomètres d'épinettes toutes plus impassibles et ennuyantes les unes que les autres. Tout de même, ça s'est grandement amélioré ; on nous offre souvent l'avion, le service hôtelier et la restauration font maintenant la fierté des régions – nous devons cependant, pour en profiter, convaincre les chefs, dont les cuisines ferment en général à dix heures, de nous recevoir après le spectacle.

Ah ! les problèmes de tournée. Mais le noble ancêtre de tous les acteurs, ce bon Thespis, inventeur du théâtre moderne, n'allait-il pas de ville en ville quand, au VIe siècle av. J.-C., il promenait son fameux chariot et sa troupe d'acteurs ambulants ? Au Moyen Âge, les bateleurs et bateleuses ne voyageaient-ils pas ? Ces saltimbanques étaient tous des comédiens qui se déplaçaient de foire en foire, vendant médicaments et colifichets, en plus de dire la bonne aventure. Que faisaient-ils entre leurs tours d'acrobatie sinon jouer des scènes de théâtre qui appartenaient à la tradition orale et qui étaient le miroir de la vie quotidienne ?

Quant à Molière, il apprit son métier en tournée et la chaise où il s'installait chez le barbier pour observer ses semblables est toujours en place, à Pézenas, dans le sud de la France.

Enfin, que dire de Laurence Olivier qui, dans le train le transportant de Londres vers des représentations en Écosse, apprit avec surprise, en s'installant dans le wagon-restaurant, que les chemins de fer nationaux ne servaient plus de *kippers* au petit-déjeuner ? Une institution disparaissait. Sir Laurence fit un scandale national dans tous les journaux britanniques. Ah ! les surprises de la tournée. Il faut savoir que les *kippers* sont des harengs salés et fumés qu'on mange chauds le matin, au pays de Shakespeare. Très peu pour moi, mais sir Laurence a eu raison de s'accrocher à ses traditions.

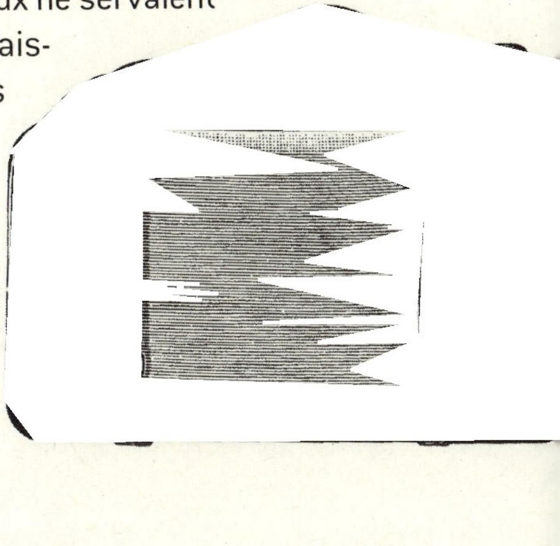

À l'époque de mes premières tournées, nous ne mangions pas de *kippers* ; la cuisine salvatrice c'était celle des restos barbecue et des bouis-bouis chinois. Nous savions exactement où trouver nos *egg rolls* dans chacune des municipalités visitées.

Edgar se fâche

Peu de temps après *Polyeucte,* je repartais avec la troupe du Théâtre universitaire canadien pour une longue tournée avec *Le légataire universel* de Regnard. Un soir, après la représentation, dans une petite ville perdue du Québec profond, nous nous sommes tous précipités au restaurant barbecue du coin.

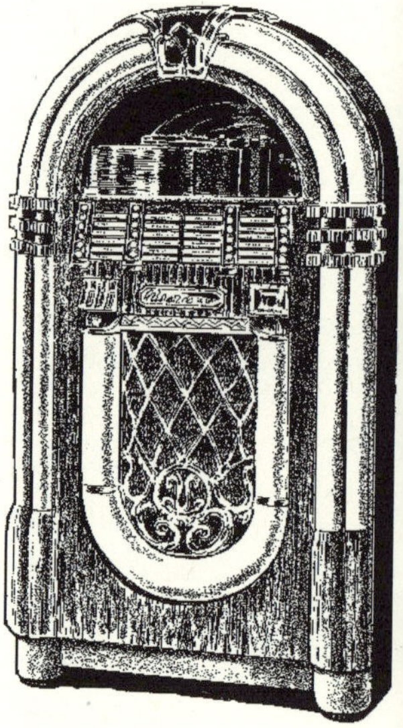

Edgar Fruitier faisait partie de la troupe et jouait un personnage de premier plan très drôle. Nous connaissons tous la passion d'Edgar pour la musique et sûrement qu'aujourd'hui, avec le temps, il accepte que ceux et celles qui écoutent de la musique n'aiment pas nécessairement celle qui le rend, lui, si mystiquement transporté. Mais nous étions jeunes et primesautiers, et Edgar souffrait dans ce restaurant ; un énorme *jukebox* à péage aux couleurs criardes et aux néons tremblotants laissait entendre, depuis notre arrivée, tout ce qui pouvait mettre Edgar en furie.

Il se leva soudain d'un bond, se précipita vers le *jukebox,* tira sur son fil et le débrancha. Le disque ralentit misérablement pendant qu'un moment de stupeur s'installait dans le restaurant. Quatre ou cinq beaux grands gaillards bien musclés vinrent nous demander s'il y avait un « problème ». Nous avons convaincu Edgar d'écouter un peu de yé-yé pour nous éviter un stage à l'hôpital et ainsi garder nos bras intacts pour la prochaine partie de quilles, sport assez calme que nous aimions pratiquer quand nous avions un après-midi morne à occuper avant la représentation.

Courants d'air et parcs nationaux

La plupart des grandes tournées auxquelles j'ai participé ont eu lieu l'hiver dans les pires conditions. Ma grande consolation, cependant, a toujours été de trouver le public au rendez-vous, quelle que soit la gravité des intempéries.

La tournée de *Polyeucte* a eu lieu à l'hiver 1959-1960. Dans ces années-là, quand nous ne jouions pas dans les plus ou moins confortables salles des collèges ou des couvents, nous nous retrouvions dans des cinémas délabrés dotés de scènes si petites que nous devions assez souvent laisser notre décor dans le camion.

Que dire du manque de chauffage et des courants d'air ? Un jour, dans une de ces salles exposées aux quatre vents, j'allais aborder les stances devant un public, disons-le, assez froid, quand tout à coup ma grande robe de soie blanche s'est mise à bouger de façon passablement indécente. J'étais complètement frigorifié, mes alexandrins avaient maintenant 24 pieds tellement mes dents claquaient. Avec ma robe, que je tentais de maintenir en place, je me dis aujourd'hui que je devais avoir l'air de Marilyn Monroe au-dessus de la grille de métro au coin de Lexington et de la 49e, à New York.

C'est à l'occasion de cette tournée que je visitai l'Abitibi pour la première fois. Quelle équipée ! Le producteur nous transportait dans une camionnette Volkswagen dont la vitesse maximale devait être d'environ 80 km/h. En plus, quand nous avons traversé le parc de La Vérendrye, perdus quelque part entre Mont-Laurier et l'Abitibi, il faisait environ 25 degrés sous zéro, de sorte que le système d'accélération, qui partait de l'avant du véhicule pour se rendre au moteur derrière, gelait et réduisait notre vitesse de 40 km. Inutile de dire que le chauffage de la *camionnette du peuple allemand* (*volks* pour peuple, *wagen* pour voiture), était inexistant.

Nous voyagions à quatre, les autres comédiens ayant décidé de prendre leurs véhicules. En avant, il y avait le couple Gaumont, les directeurs, et sur la dernière banquette arrière, la comédienne Nicole Goyette et moi. Tous les deux, nous tentions de nous réchauffer mutuellement, emmitouflés dans une grande couverture de laine. Il ne faudrait cependant pas présumer trop tôt des méthodes que nous utilisions pour nous garder en vie. J'avais eu la bonne idée de mettre dans mon bagage une bouteille de gin Bols.

Quand nous sommes sortis du parc national, l'Abitibi nous est apparu, à Nicole et moi, comme un pays de rêve. C'est peut-être ça le secret pour bien apprécier l'Abitibi : une bonne bouteille de gros gin.

Et en prime : une grève

La tournée de *Polyeucte* nous a sauvés financièrement, car au même moment se déclenchait, à Radio-Canada, la très inattendue et très funeste grève. La cause en était assez simple : les réalisateurs demandaient le droit de se syndiquer et on le leur refusait. Nous, les membres de l'Union des artistes, comédiens, danseurs, chanteurs, n'avions qu'à respecter les lignes de piquetage et à refuser, tout simplement, de travailler avec d'autres réalisateurs que les professionnels de Radio-Canada. Nous aurions sûrement, de cette façon, fait avancer les choses, mais l'Union des artistes en a décidé autrement et nous a déclarés en grève à notre tour sans avoir recours à l'assemblée générale. Le mal était fait. Les artistes ont souffert grandement de cette grève, et plusieurs en ont subi les conséquences pendant les quelques années qui ont suivi.

En plus du malaise économique qu'elle a provoqué, cette grève a fait s'opposer les uns aux autres des créateurs qui avaient marqué avec tant de talent et de générosité les premières années de notre télévision. Il y avait un esprit d'équipe et un enthousiasme rares à cette époque qui ne reviendront pas après cet arrêt, non pas de travail, mais de créativité.

Mais des salles combles de beaux étudiants bien disciplinés, de professeurs et de parents attendaient *Polyeucte* dans le Bas-du-Fleuve, au Saguenay – Lac-Saint-Jean, partout, au-delà des rafales de neige et des longues heures de route. Adieu lignes de piquetage, il fallait y aller ! Vive la tournée !

JOHN

La pièce *Été et fumée*, de Tennessee Williams, mise en scène par André Pagé, a été présentée au Théâtre de l'Égrégore en 1959.

Il y a beaucoup de John dans la littérature théâtrale mondiale, mais c'est à ma connaissance le seul que j'ai joué. Celui-ci appartient à la pièce *Été et fumée* (*Summer and Smoke*) de Tennessee Williams, cet auteur iconoclaste pour l'époque, peintre des démunis et des marginaux, qui nous comblait. C'était la grande époque d'un jeune Brando, de Paul Newman et de Geraldine Page, que j'étais allé voir jouer à New York dans *Sweet bird of youth*, toujours de Williams.

Je les avais attendus à l'entrée des artistes comme un groupie et j'avais été tellement récompensé ! Geraldine m'avait vanté les mérites de ma ville, Montréal, qu'elle aimait beaucoup, et Newman, très sympathique, avait sauté, après un brin de causette, sur son scooter, coiffé de sa petite casquette très anglaise. Je l'avais

Avec Kim Yarochesvkaya, dans l'une de nos nombreuses belles scènes. Nous avons repris la pièce l'été suivant dans le grand centre commercial du Baron-Empain à Sainte-Marguerite-du-Lac-Masson. Un soir, il y eut une coupure d'électricité pendant une de nos scènes. Deux spectateurs ont alors braqué leurs lampes de poche sur chacun de nos visages et, pendant un long moment, nous avons tout simplement continué à jouer comme si tout était normal. Ce fut l'un de ces moments magiques qui marquent.

regardé un bon moment se perdre dans les rues de la grande ville. C'est sûrement à partir de ce soir new-yorkais que j'ai adopté les irrésistibles casquettes que je collectionne à chaque passage en Angleterre ou en Irlande.

Bien au-delà de ça, j'ai toujours gardé une admiration bien justifiée pour Paul Newman et son épouse Joanne Woodward, qui ont eu de si belles carrières en restant un couple uni.

En 54 ans, 19 pièces de Tennessee Williams ont été créées à Broadway. *Été et fumée* y a été créée en 1948.

John fait bobo à Fanfreluche

Ce John d'*Été et fumée* est désinvolte et assez cruel, si ma mémoire est bonne. La merveilleuse comédienne qui jouait Alma, le personnage féminin que mon John malmenait, était nulle autre que la délicieuse Kim Yaroshevskaya. Quelle tendresse, quelle délicatesse, quelle noblesse se dégageaient subtilement de cette Kim qui, tous les soirs, me laissait l'humilier ! C'était une production du théâtre de Françoise Bert, l'Égrégore, qui cette fois avait déposé ses pénates dans l'ancien studio de cinéma de monsieur Réal Benoît, studio qui devint, après notre départ, le premier studio de son, Marko, de Jean-Marc Audet, le fils de la célèbre madame Audet qui avait été ma très indispensable professeure de diction au Conservatoire. Avant moi, elle avait formé des dizaines d'artistes, dont Monique Miller et plusieurs annonceurs de radio et de télévision de l'époque.

Ce studio se trouvait rue Sainte-Catherine juste à l'est du Forum, et son entrée longeait le théâtre Séville qui ouvrait sa scène à de grands *showmen* états-uniens. Il n'était pas loin le temps où j'allais au Séville entendre Johnny Ray, le grand père du King. Ray se couchait par terre avec son micro et la salle hurlait. Les Beatles n'étaient pas encore les Beatles, mais la voie s'ouvrait. J'y ai aussi entendu et surtout vu l'unique batteur Buddy Rich, dont j'utiliserai plus tard la musique dans une mise en scène très moderne du *Misanthrope* de Molière en anglais, à Toronto.

Il n'y a pas que dans le personnage de John que je faisais des misères à Kim. Nous étions à l'époque délicieuse de *La Boîte à Surprise*, cette grande émission de deux heures pour les jeunes qui occupait les ondes de la télévision de Radio-Canada de 16 heures à 18 heures cinq jours par semaine. Kim m'invitait souvent à venir jouer avec elle dans *Fanfreluche,* mais toujours des personnages de diables de tout acabit, sûrement à cause de ma voix.

Ici, le personnage de la photo me semble au contraire être un gentil jardinier qui a l'air de révéler à Fanfreluche un mystérieux secret, dont les grands enfants de 60 ans se souviennent peut-être encore aujourd'hui.

Saluons au passage Sol et Gobelet, le Pirate Maboule, Monsieur Surprise, et surtout Picolo, avec qui j'ai eu tant de plaisir à jouer Capitan et le Gabidaine de Bolice.

Guy Sanche, mon copain, avec qui j'étais assez proche quand nous étions jeunes, était annonceur à Radio-Canada. On lui demanda d'animer une nouvelle émission pour jeunes enfants baptisée *Bobino.* Un peu plus tard, on allait donner une charmante compagne à Bobino, une truculente poupée évidemment nommée Bobinette.

À la fin de la première saison, il m'a demandé mon avis en me disant : « Si je savais que l'émission *Bobino* revient l'an prochain, je prendrais mon statut de pigiste et je ferais ma carrière d'acteur au lieu de rester annonceur. » Je lui ai répondu que j'avais la conviction que l'émission serait à l'affiche encore au moins deux ans. Nous étions tous deux dans l'erreur, elle est restée en ondes pendant 28 ans !

La section jeunesse du réseau francophone de Radio-Canada faisait de telles merveilles à cette époque qu'une délégation de la BBC de Londres était venue en étudier le contenu et son fonctionnement. Pour nous, jeunes comédiens, jouer pour les enfants était une école qui ne trompait pas.

Pour en revenir à *Été et fumée,* John n'a pas eu le plaisir de faire souffrir Alma trop longtemps car suite à une délation dont l'auteur est toujours resté inconnu, le service des incendies de Montréal a fermé notre local. Ce fut une soirée funèbre et c'est moi qui suis allé chercher la caisse de grosses bouteilles de bière qui devaient noyer notre peine.

SCÈNE II

TROIS ANNÉES D'AVENTURES EN NOUVELLE-FRANCE

LE COURRIER DU ROY

La série *Le courrier du roy* a été présentée à la télévision de Radio-Canada pendant trois saisons au début des années 1960.

La majorité des gens au Québec qui portent le nom de Major trouveront probablement chez leurs ancêtres du Régime français un certain Michel Leneuf du Hérisson. Il aurait été, à l'époque, ce qu'on nommerait aujourd'hui un postier au service des quelques intrigantes hautes personnalités responsables de la survivance ou de la disparition de la colonie française en Amérique du Nord. Je pense aux deux marquis, de Vaudreuil et Montcalm, ainsi qu'à l'intendant Bigot, qui, si on regarde de plus près leur comportement vers 1750, ne semblent pas avoir tout fait pour que nous restions rattachés à la mère patrie.

L'auteur, Réginald Boisvert, s'est emparé de ce personnage, Michel Leneuf, pour en faire le héros de la deuxième grande série d'aventures produite pour la télévision par la section jeunesse de Radio-Canada.

En effet, quelques années auparavant, le comédien Jacques Godin avait hérité du rôle de Radisson dans la série éponyme qui fut un grand succès, mais dont la production sur pellicule avait quelque peu refroidi, par son coût, l'enthousiasme des dirigeants de la société d'État. Ils n'avaient pas l'habitude de gérer ce genre de budget, et la surprise fut grande.

Néanmoins, Radio-Canada, et c'est tout à son honneur, tenait à reprendre l'expérience, mais cette fois avec des moyens modestes, pour arriver, en quelque sorte, à un produit fini convenable à meilleur compte que l'expérience *Radisson*. C'est ainsi que j'obtins le rôle du courrier du roy.

Le courrier du roy avec son inséparable Kiwi, joué par Jean-Pierre Morel.

De la mémoire, de la santé et du culot

C'est ce qu'il fallait comme carburant, selon mon maître Jan Doat, pour faire le métier de comédien. Je n'ai jamais eu de problème avec ma mémoire, quoique étudier ait toujours été pour moi un pensum. Quant à la santé, une fois sorti des jupes de ma veuve de mère qui me tenait trop au chaud, j'ai pu exiger beaucoup de mon corps sans jamais entrer dans un hôpital pendant des années. Aujourd'hui encore ma femme se demande, à chacune de mes escapades de jet-set, si je ne suis pas un extraterrestre. Quant au culot, là, c'est une autre affaire. En tramway, jeune, je restais derrière. En bus je courrais m'asseoir au « salon », la dernière banquette au fond… J'étais timide. Ça partait mal. Surtout quand on aborde un métier où il faut constamment se vendre et faire valoir ses exceptionnelles et irrésistibles qualités.

Quand je suis entré dans le bureau de Pierre Desroches, qui allait réaliser *Le courrier du roy* et qui cherchait l'acteur né pour le rôle-titre, j'avais les cheveux longs, j'étais en jeans et de mauvais poil ; quémander un rôle m'a toujours déplu. L'entrevue ne dura que quelques instants. Son assistante Claire Paquin me dira plus tard qu'après mon départ Pierre lui a lancé : « Jamais, pas lui, je cherche un héros, quelqu'un qui se tient et qui sait parler, pas lui. »

La présence du public a toujours eu sur moi l'effet d'une drogue excitante et provocatrice. En public comme devant la caméra, un besoin de paraître, d'exister avec fébrilité s'empare de moi. C'est comme à la scène, plus le risque est grand plus grand est le plaisir, de sorte que quand je réussis ma prestation, j'ai la victoire glorieuse.

Claire Paquin, elle avait senti cela, je crois. Elle n'a pas pris la boutade de Pierre Desroches à la lettre, et quand est venu le temps des auditions devant caméras, elle m'a convoqué. Elle venait de me sauver la vie ; il allait y avoir des caméras, c'était comme si un public m'attendait.

De monsieur Godot à Kiwi

Première grande surprise qui contribua à me mettre tout à fait à l'aise. En entrant dans le studio des auditions, je tombai nez à nez avec le jeune garçon qui avait joué avec nous dans *En attendant Godot*, celui que sa maman, lors des représentations, devait sortir de son sommeil et pousser littéralement sur scène pour qu'il nous dise, à quelques reprises : « Monsieur Godot fait dire qu'il ne viendra pas. »

Pendant toutes ses pérégrinations, le courrier du roy allait être accompagné d'un jeune amérindien très futé qui l'assisterait et le sauverait même parfois de situations dangereuses. Le jeune Jean-Pierre Morel allait donc, pendant les trois années du tournage, se balader en pagne, et donc se faire maquiller le corps en entier tous les matins, afin de rapprocher sa couleur de peau de celle de ses ancêtres Aticamegues. Son personnage avait été baptisé Kiwi.

Après mes retrouvailles avec Jean-Pierre, on me remit donc un court texte, je pris Kiwi par la main et me positionnai devant la caméra. Dès que j'entendis « Allez-y » je pris vie et en une seconde je devins Michel Leneuf, le héros d'un autre siècle.

Toujours selon ma grande Claire Paquin, dans la cabine de réalisation, Pierre Desroches, après avoir écouté quelques instants de la scène, se serait écrié : « C'est lui, c'est tout à fait le personnage, nous avons un courrier du roy ! » Le tournage de près de 120 demi-heures d'une série d'aventures m'attendait.

La valeur n'attend pas…

Pierre Desroches, qui avait accepté de devenir le maître d'œuvre de la série, avait déjà à son crédit la réalisation de *Pépinot et Capucine,* la charmante émission de marionnettes qui a réjoui et ému tant de petits enfants.

Pierre, à l'instar de plusieurs pionniers de notre télévision, avait eu le privilège de goûter aux doctes enseignements des jésuites du Collège Sainte-Marie. C'était un homme joyeux, spirituel, pratique et quelque peu expéditif.

Nous étions tellement jeunes, lui 27 ans et moi 23. C'était ça les années 1960 : une foule de nouveaux métiers, et une jeunesse qui prenait ses distances avec les antiques interdits et s'inspirait de ce souffle de liberté qui allait donner un nouvel essor à une bonne partie de notre continent.

Pour Pierre et moi, notre envol nous allions le prendre avec une modeste caméra Oricon 16 mm et de la pellicule noir et blanc. Nous n'avions pas de projecteur, et le tournage extérieur sans son à l'Île-Perrot n'était éclairé que par deux réflecteurs couverts de papier d'aluminium – tous les dialogues devant être tournés en studio dans un minimum de décors.

Après le montage de quelques émissions qui n'offraient rien de bien réjouissant, Pierre, bien malgré lui, fit la preuve qu'avec de meilleurs moyens nous pouvions éviter la catastrophe et arriver à la mise en ondes d'émissions acceptables. Nous avons alors hérité

d'une équipe technique convenable qui nous permit de mieux éclairer, d'avoir des décors construits en extérieur et d'y jouer des scènes dialoguées.

Comme nos principaux lieux de tournage se trouvaient dans la région du mont Orford, nous demeurions au motel Cabana, sur les bords du magnifique lac Memphrémagog. Nous nous levions très tôt et faisions parfois des journées de 12 heures, au soleil, à nous bagarrer, à courir, à pagayer et à jouer à la guerre d'escarmouches avec des arcs, des flèches et des fusils rudimentaires.

Notre ami et notre ennemi c'était la météo. Pierre disait toujours – et il avait raison, les fermiers le savent – que le temps peut changer l'été vers 7 heures, 11 heures et 16 heures. La région du mont Orford est réputée pour ses petites pluies intermittentes. On dirait que les nuages font le tour de la montagne, qu'ils se fatiguent à la longue et finissent par tomber.

Beau temps, mauvais temps, tous les matins on nous habillait et on nous maquillait et, s'il pleuvait, nous devions attendre jusqu'à 11 heures et parfois midi avant qu'on nous libère pour le reste de la journée.

Le plus gros trou dans le budget et le plus dangereux risque de démence collective sont apparus quand nous avons eu, et ce fut terrible, 17 jours de pluie consécutifs. Plus personne ne se parlait, et pendant les deux dimanches de congé, je suis allé à la pêche sous des pluies diluviennes. Évidemment, aucun poisson n'a mordu à mon désespoir.

Les femmes coûtent cher à l'intendant Bigot

Les actions souvent héroïques de mon Michel Leneuf n'ont pas été uniquement présentées à l'occasion d'escarmouches avec les méchants Iroquois. L'auteur a situé l'action de toute la série vers les années 1750, alors qu'à Québec Pierre de Rigaud de Cavagnial, marquis de Vaudreuil, était gouverneur. Le « grand marquis », comme on l'appelait, se brouillait constamment avec le chef de l'armée, le marquis de Montcalm.

Puis il y a celui dont la tradition a fait un portrait si noir qu'elle l'a souvent rendu responsable de la perte du Canada, l'intendant François Bigot. Bigot aimait les femmes, le jeu et l'argent. Sa favorite était madame Péan qui tenait salon à Québec, et que Montcalm fréquentait volontiers. Bigot donnait des bals et des dîners fastueux. Tout cela exigeait beaucoup d'argent et l'intendant, qui évoluait dans un milieu assez pervers, se trouvait à la tête d'une organisation très mafieuse qui remplissait ses cassettes. Dix années plus tard, la France allait laisser derrière elle des souvenirs de corruption.

Le courrier du roy se retrouva donc, à l'occasion, sur les traces de quelques mercenaires à la solde de Bigot, et avec toute la droiture et l'ardeur du héros incorruptible, il devait compromettre et tenter de réduire à l'impuissance ces profiteurs de la colonie.

Il y a des coups de poing qui se perdent

Dans ces années-là, le comédien Lionel Villeneuve, qui était de dix ans mon aîné, était un gaillard solide qui laissait deviner une calme force herculéenne, sans doute héritée de ses ancêtres, gens de la terre à la conquête de la région du Lac-Saint-Jean.

Dans une des premières émissions du *Courrier du roy*, Lionel jouait un de ces louches coureurs des bois à la solde de l'intendant Bigot. Je tentais d'intercepter son commerce illicite jusqu'au moment où nous nous retrouvions près d'un lac, alors qu'il venait d'accoster au rivage avec son canoë. Une bagarre s'engageait alors et nous n'avions pas le choix d'en arriver à un corps à corps.

Pierre Desroches avait chorégraphié la bataille à mon avantage, bien sûr, et à un moment je devais terminer le tout en assénant à Lionel un formidable coup de poing à la mâchoire. Toutes les bagarres étaient « arrangées avec le gars des vues » comme on dit, et ici l'expression prenait tout son sens. Des plans rapprochés de coups qui portaient vraiment, tournés ultérieurement au ralenti, apportaient, après le montage, les effets de vérité nécessaires à nos numéros de pugilats. Convenons que je n'avais pas encore très bien maîtrisé l'aspect « arrangé » de l'affaire, et ce qui devait arriver arriva : j'envoyai sur la mâchoire de Lionel le plus formidable coup de poing.

J'ai alors voulu disparaître de cette Terre à tout jamais. Pendant que je balbutiais des « oh ! pardon », Lionel pâlit, blêmit puis rougit, respira du nez, ses mains se crispèrent et il me regarda avec des yeux exorbités. Je me suis dit : « Ça y est, je deviens bouillie pour les chats », puis il se détendit, se tourna et fit quelques pas pour se remettre et m'éviter une hospitalisation certaine. Je n'ai plus jamais, en sa présence, fait allusion à ce malheureux événement de peur que l'envie d'une juste vengeance ne réveillât son agressivité.

Plusieurs journées de tournage me réservaient deux bagarres de ce genre par jour, souvent une immédiatement après le lunch du midi, alors que j'aurais plutôt préféré profiter d'une bonne sieste.

Le coup à Lionel m'avait tellement marqué que j'ai pris l'habitude de passer à côté de façon si évidente qu'au montage on n'arrivait pas toujours à masquer l'inutilité des coups que je portais.

Un jour, dans la rue, un gamin qui m'a reconnu m'a lancé, gouailleur : « Hèye Leneuf, je t'ai vu l'autre jour avec l'Iroquois, t'es passé à côté. » J'étais loin de Stallone et compagnie...

Beaucoup de chefs, peu d'Indiens

Si Champlain n'avait pas utilisé son tromblon contre ceux qu'on appelait à l'époque les Iroquois, il est évident que l'histoire aurait été tout autre. Moralité : bien réfléchir avant de sortir son révolver.

Michel Leneuf avait de constants démêlés avec des tribus rébarbatives, et il était aidé dans ces escarmouches par de bons « Indiens », comme les Aticamegues et les Hurons, entre autres.

À la fin des années 1950, notre imagerie du monde amérindien se basait encore sur les publications et les récits très simplistes et très racistes du clergé, de sorte que nos démêlés avec les *peaux rouges* étaient assez violents.

Le budget de production permettait d'entretenir sur le plateau de tournage quelque six comédiens qui le matin représentaient les méchants, et l'après-midi les bons. Ils étaient donc maquillés en conséquence le matin, et le midi ils changeaient de vêtements et de maquillage.

Il y avait donc le matin des Indiens qui tiraient des flèches et d'autres qui en recevaient, et l'après-midi des Indiens d'une autre tribu qui tiraient des flèches et qui en recevaient. Jusqu'au jour où Pierre Desroches, au montage, se rendit compte que dans un plan, un comédien-Indien tirait sa flèche, et que dans l'autre plan celui qui la recevait était le même, avec un maquillage légèrement différent. Suicide inutile pour une si modeste distribution.

Jazz et voitures de sport

Le tournage du *Courrier du roy,* pendant trois années, n'était pas intensif et me permettait de faire du théâtre et d'accepter quelques rôles à la télévision. En plus, j'étais membre du conseil de l'Union des artistes. Ce furent des années fabuleuses pendant lesquelles j'ai trouvé le temps de me marier et de planifier un long voyage, du genre lune de miel très à retardement, vers l'Ouest canadien, le Pacifique, Los Angeles, le Grand Canyon, en remontant le long du Mississippi, à peu près le tiers de l'Amérique du Nord, rien de moins.

À l'été, alors que nous étions toujours au motel Cabana à Magog et que le tournage allait bon train, Pierre Desroches nous annonça qu'il y aurait un arrêt de cinq semaines. Ma femme et moi avons décidé que le temps d'entreprendre notre long périple vers l'ouest était venu.

Il fallait cependant que je change de bagnole. Je conduisais une petite anglaise usagée qui ne semblait absolument pas disposée à nous accompagner au long des quelque 10 000 milles qui se déroulaient devant nous.

Fou des voitures de sport j'avais, quelques années plus tôt, conduit une magnifique MG 1952 et une Triumph TR3 toute neuve. J'en ai laissé une derrière un camion et l'autre j'ai dû la retourner, incapable d'honorer mes paiements mensuels. Mais grâce au magnifique contrat du *Courrier du roy,* le bon temps de la Triumph était revenu.

Comme j'étais dans l'impossibilité de me rendre à Montréal acheter une nouvelle Triumph TR3, j'ai décroché le téléphone et ai candidement demandé qu'on ait la gentillesse de m'en livrer une à Magog. J'ai demandé quelles couleurs étaient disponibles, on m'a suggéré vert. J'ai donné mon accord.

Le lendemain, un vendeur me livrait ma nouvelle Triumph, je lui faisais un chèque personnel et lui remettais ma vieille voiture pour laquelle il m'avait accordé un certain crédit. Pour la première fois et très certainement la dernière de ma carrière, j'ai agi comme une vraie star de cinéma et j'ai acheté une auto neuve par téléphone. Quand on pense à la méfiance qui règne aujourd'hui, j'ai vraiment vécu alors un conte de fées.

J'ai toujours aimé le bon vieux jazz à papa, et les rares fois où mes horaires un peu chargés m'ont permis d'assister à des *jams* ou simplement à quelques frénétiques sessions, j'en suis toujours sorti tout joyeux et revivifié. Grand amoureux de Louis Armstrong et de ceux qu'il a influencés, j'allais quelques fois au restaurant Biddle's au centre-ville où, en mangeant un bon T-bone, on pouvait se laisser transporter par les acrobaties de Charlie Biddle et son groupe.

Il y a quelques années, quelque temps avant sa mort, j'assistais à une cérémonie où on honorait Charlie. Pendant la réception qui suivit, il s'approcha de moi et me dit : « Vous ne vous souvenez pas de moi ? » Comme j'hésitais, il continua : « Quand j'étais jeune musicien, pour faire vivre ma famille j'étais vendeur d'autos, c'est moi qui vous ai livré votre Triumph en 59 au motel Cabana à Magog. » *Thank you* Charlie !

Grandeur et solitude d'un vendredi soir

L'équipe de tournage était très fatiguée, la semaine achevait, c'était vendredi après-midi, et alors que nous croyions tous avoir tourné notre dernier plan, Pierre Desroches s'affairait encore autour d'un mât avec un drapeau fleurdelisé. Il donnait des ordres et tous se mettaient en place, à distance, avec caméra, micro, réflecteurs et tout. Il préparait un long plan qui servirait à présenter le générique à la fin de l'émission dont nous venions de terminer le tournage.

Pierre m'expliqua qu'on me filmerait de dos de trois quarts pendant que je hisserais le drapeau très lentement, en silence, en le fixant constamment. Je me mis en place. J'entendis : « Caméra !... Son !... Roulez !... Action ! » et je m'exécutai.

Avec quelle noblesse et quelle prestance héroïque je hissais et fixais ce drapeau qui n'en finissait plus de monter et de flotter au vent ! Une fois au faîte de son mât, comme il flottait, flottait, flottait, et le temps passait...

Dans l'attente du très libérateur « Coupez ! » je perdis patience, et en mettant de côté toutes mes prétentions de héros victorieux et de comédien consciencieux, je me tournai vers la caméra... plus personne.

Tout le monde était déjà en route vers le bar de l'hôtel, où le premier apéro du bienfaisant week-end de repos nous attendait déjà. Seul dans mon champ, avec mon satané drapeau et mon sens du ridicule, j'ai pensé que les héros vivent parfois des moments difficiles.

SCÈNE III

TROIS JEUNES PREMIERS AU THÉÂTRE-CLUB

BASSANIO

La pièce *Le marchand de Venise*, de Shakespeare, mise en scène par Jacques Létourneau, a été présentée par le Théâtre-Club à la Comédie canadienne en 1963.

Bassanio, ce jeune Vénitien très décontracté évolue gracieusement dans la tragicomédie de Shakespeare *Le marchand de Venise*. Voilà que le Barde, 350 ans avant le début du tournage de *I Vitelloni,* ce magnifique film de Fellini, écrit le premier scénario représentant une tranche de vie aventureuse de ces « jeunes veaux » italiens qui, à peine sortis des jupes de leurs *mammas* très protectrices, se regroupent pour faire la foire et s'amuser de leurs concitoyens avec désinvolture et parfois un brin de méchanceté. Ils sont jeunes, insouciants, dépensiers et surtout en quête d'aventures amoureuses à haut risque.

Les amis de Bassanio s'appellent Antonio, Lorenzo, Graziano, Salerio et Solanio. À la seule mention de leurs noms, l'un à la suite de l'autre, comme les paroles d'une ode au libertinage, on entre d'emblée dans une longue séquence de péripéties toutes plus croustillantes les unes que les autres.

Bassanio est amoureux de Portia, une riche héritière pas facile à conquérir. Lorenzo est amoureux de Jessica, la fille d'un juif usurier nommé Shylock. Antonio, lui, se trouve dans le besoin et emprunte de l'argent à Shylock, qui fait mettre au contrat qu'en cas de non-remboursement à la date prévue, il pourra en compensation prélever une livre de chair sur le corps de son débiteur. Chose qui évidemment fait rire tout le monde, et Antonio signe.

Pour compromettre encore plus notre jeune bande d'improvisateurs, Lorenzo va enlever la fille de Shylock, Jessica, avec l'accord de cette dernière et

Avec Monique Lepage, qui jouait Portia.
« Je tiens à vous du plus profond de mon cœur,
ainsi qu'à votre dot. »

non sans que la jeune fille ne soulage son père d'une grosse somme d'argent qu'elle ira voler dans ses coffres.

Il fallait s'y attendre, ce dernier ne sera pas tendre avec ces jeunes chrétiens dont il profite et qu'il déteste. Comme Antonio ne respecte pas l'échéance de sa dette, Shylock, pour se venger et aussi un peu venger sa race, exige devant le doge de Venise la livre de chair à laquelle il a droit.

Shylock, un homme comme les autres

Il devient de plus en plus difficile de mettre *Le marchand de Venise* à l'affiche. Les différents mouvements de pression du monde juif s'y opposent souvent, sans doute avec raison.

Dans l'Angleterre élisabéthaine de Shakespeare, l'antisémitisme est profondément ancré au cœur de la société. En plus, deux ans avant que Shakespeare ne présente sa pièce, un médecin portugais juif, Rodrigo Lopez, était accusé d'avoir tenté d'empoisonner la reine Élisabeth. Il fut pendu et écartelé.

Malgré tout, Shakespeare fit l'effort d'humaniser son personnage de juif usurier dans une société où on condamnait la pratique de l'usure. On la considérait comme une chose contre nature, bien qu'elle fût universellement pratiquée.

Pour aider Shylock à se défendre et gagner la sympathie de l'auditoire, Shakespeare a mis dans la bouche de son personnage des paroles qui ont traversé quelques siècles et que des millions d'hommes et de femmes pourraient encore aujourd'hui lancer à la face de leurs bourreaux. Celui-ci s'écrie : « Je suis un juif, mais un juif n'a-t-il pas des yeux ? Un juif n'a-t-il pas des mains, des organes, des proportions, des sens, des émotions, des passions ? N'est-il pas nourri de même nourriture, blessé des mêmes armes, sujet à mêmes maladies, guéri par mêmes moyens, réchauffé et refroidi par même été, même hiver, comme un chrétien* ? »

J'entends encore Henri Norbert. Quelle intensité il mettait à jouer notre Shylock ! Henri était un excellent comédien, un camarade joyeux, débonnaire et majestueusement homosexuel. J'ai l'impression aujourd'hui qu'il aurait aimé certains soirs changer le mot « juif » par le mot « gai » ! On peut faire l'exercice avec le texte ci-haut.

* Traduction de J.-F. V. Hugo.

Dans l'ordre habituel, Jean-Paul Dugas, Louise Latraverse, François Tassé, Lise Lasalle, Monique Lepage, Yves Létourneau, Albert Millaire, un page et Jean Brousseau.

Cher Henri, il était le roi du bafouillage et de l'inversion. Il me disait toujours : « Quand tu bafouilles, continue, les gens pensent qu'ils ont mal entendu. »

Dans une grande scène de groupe, en présence du doge qui avait les traits de mon ami le magnifique comédien Pierre Boucher, voilà que notre Shylock devait nous provoquer et nous lancer : « J'irai pisser dans vos chausses. » Mais Henri, avec son assurance habituelle, nous dit : « J'irai picher dans vos sauces. » C'était trop ! Quinze comédiens se sont tournés dos au public, face au doge. Mon cher Pierre est resté de glace, seul face à la salle, pendant que nos épaules trahissaient un frénétique fou rire. On a dû trouver ce jeu de scène un peu bizarre et je ne pense pas que cette fois-là nos spectateurs aient douté de leur système auditif.

Le Théâtre-Club

Jacques Létourneau, comédien, metteur en scène et cofondateur de cette compagnie, m'avait expliqué un jour, alors que je lui posais la question, que le mot « club » devait indiquer que cette jeune compagnie de théâtre proposerait un répertoire

plus modeste et plus exigeant que celui offert par le TNM et le Rideau Vert. Ce dernier existait déjà aussi, mais se produisait de façon très sporadique.

Le premier spectacle de Jacques fut *Le chandelier*, d'Alfred de Musset, que la compagnie jouait dans un endroit on ne peut plus insolite, l'école D'arcy McGee, en face de l'Hôtel-Dieu.

Quelle impressionnante découverte que ce spectacle ! J'étais encore étudiant et là, dans ce beau texte de Musset, je découvrais Gilles Pelletier, Jean-Paul Dugas et Monique Lepage, jeune, belle, vaporeuse, coquine et provocante. Elle était la cofondatrice de la nouvelle troupe.

Je la retrouverais au Gesù lors de mes émouvants débuts dans *La nuit des rois* de Shakespeare. Jacques Létourneau était en Europe, et il semblait bien que Monique désirait donner le coup de barre vers des textes épiques et des productions qui allaient se comparer à celles du TNM.

C'est avec le Théâtre-Club que, pendant les années qui suivront, je ferai la rencontre de mes premiers beaux personnages, rue Sainte-Catherine.

De Lili St. Cyr à Shakespeare

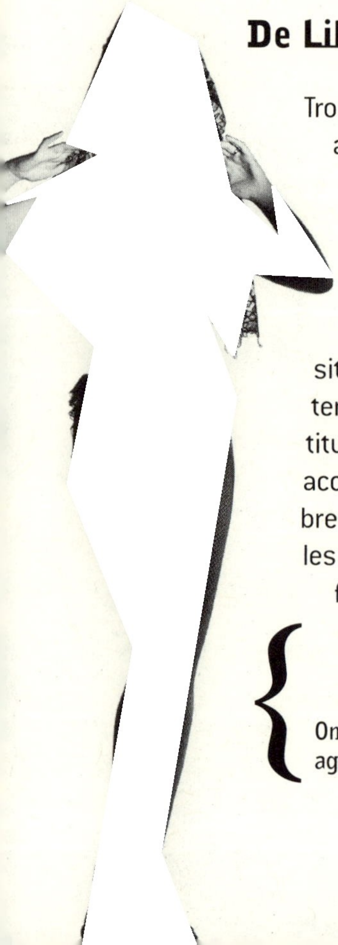

Trop de nos beaux théâtres des années 1920, destinés au vaudeville et au spectacle scénique en général, ont été transformés ou sont tout simplement tombés sous la masse de promoteurs vénaux dont les fortunes ont déjà été dilapidées par leurs enfants. Nous restons avec leurs édifices de carton-pâte sans goût et désespérément tristes.

Le Gayety a échappé à ce saccage. Ouvert en 1912, ce théâtre situé du côté sud de la rue Sainte-Catherine, coin Saint-Urbain, a longtemps ouvert sa scène aux chanteurs-danseurs-acrobates et à une multitude de numéros de vaudeville qui semblent avoir été totalement en accord avec le goût de l'époque ; des aînés me l'ont juré. Pendant de nombreuses années c'était la scène principale du burlesque à Montréal. Dans les années 1940, il accueillit Peaches, à la vie vaudevillesque, qui avait fait scandale à New York, et en mars 1944, la célèbre Lili St. Cyr y fit ses débuts dans *Carnival Time*.

On peut dire que Lili St. Cyr savait se mettre agréablement dans la peau de son personnage.

Le visage des gens de mon âge s'illumine au seul nom de Lili St. Cyr, la mythique effeuilleuse qui a fait les grands soirs de cette scène. Toutes ses grâces nous étaient dévoilées dans les délicieux instants qui précédaient son entrée dans la baignoire, les seins en liberté provisoire pour la plus grande joie des très catholiques étudiants qui décidaient alors de se diriger vers la gynécologie plutôt que la prêtrise.

Je ne sais pas si c'est l'enquête de moralité menée par Jean Drapeau qui a refroidi l'eau de sa baignoire, mais Lili a disparu et c'est à Gratien Gélinas qu'on attribua le théâtre qui prit le nom de Comédie canadienne. Paris avait sa maison de Molière, nous avions la maison de Fridolin.

C'est là que le Théâtre-Club présenta *Le marchand de Venise*. La salle et le hall avaient été passablement bien rénovés, mais les loges étaient restées vétustes. Après tout, elles ne seraient utilisées que par des acteurs, à quoi bon investir davantage ? Nous avons alors décidé, Jean Besré en tête, de les décorer. Chaque fois que nous jouions dans ce théâtre, nous apportions tout ce qui nous tombait sous la main pour en cacher les murs crasseux. Tissus, vieux rideaux, affiches aguichantes, décorations de Noël ; tout était bon pour offrir un épilogue hilarant à ceux et celles qui venaient nous rendre visite après les spectacles.

Bassanio va nager à Vancouver

J'avais quatre ans quand la locomotive qui traînait derrière elle le train royal de Georges VI à travers le Canada a failli me passer dessus. Nous étions, ma mère et moi, sur le quai de la gare de Rigaud avec une petite foule pour tenter d'apercevoir le couple royal dans son wagon, qui allait probablement passer à 60 milles à l'heure.

J'ai lâché la main de ma mère pour regarder de plus près le train qui venait vers nous, mais un homme s'est précipité pour me soulever et m'emporter loin de cette magnifique locomotive qui passa devant nous à ce moment précis. Ouf ! Après ce sauvetage inattendu et quelque peu troublant, personne n'avait réussi à voir le visage du roi et celui de la maman de la future Élisabeth II. Ma mère m'a dit : « Ils font bien de se cacher, parce que si le couple royal nous rend visite, c'est qu'il va y avoir une guerre. » Nous étions en 1939. Pas mal Maman ! Quand même, Je suis resté amoureux des locomotives à vapeur, surtout les plus grosses et les plus belles, comme celles des trains royaux.

Lors de mes fréquentes visites chez une tante à Dorion, combien d'heures n'ai-je pas passé aux deux gares qui se voisinaient gentiment pour ma plus grande joie, celle du Canadien Pacifique et celle du CN ? J'y jouais au cheminot, comptais les wagons et surtout, j'assistais aux arrivées et aux départs des trains, toujours précédés de leurs fantastiques machines à vapeur.

Un jour, un ingénieur qui m'avait remarqué et qui avait sûrement deviné ma passion pour sa grosse locomotive, m'a invité à y monter pour faire un tour. Ce fut le grand moment de mon enfance.

Aux gares de Dorion, je savais qu'à l'est c'était Montréal, mais à l'ouest c'était le lointain inconnu, Vancouver ! Vancouver… comme je rêvais de monter dans ce beau train qui, en cinq ou six jours, traversait les plaines et les Rocheuses pour atteindre cette ville au nom si exotique avec à ses pieds l'océan Pacifique.

Quand le Théâtre-Club m'annonça que nous allions jouer dans un festival à Vancouver, je faillis m'évanouir de joie… On me présenta alors un billet d'avion… Adieu mon beau grand train.

Voilà en effet que mon Bassanio allait découvrir Vancouver, où un festival francophone avait été organisé. Il y avait de France la compagnie de danse de Zizi Jeanmaire et nous, de Montréal, qui allions jouer Shakespeare en français devant un auditoire anglophone. Je n'ai jamais très bien compris, ça me semblait un peu absurde car en plus nous avons joué sans système de traduction simultanée, et vogue la galère !

Ce qui fut exceptionnel dans cette tournée, c'est l'accueil de ces riches Vancouverois, plus british que la reine, qui avaient fait leur fortune avec le bois des forêts de la côte Ouest.

Le métier d'acteur en est un qui peut vous sortir de votre modeste quartier ouvrier et en quelques années vous faire asseoir à la table des puissants et des riches. Notre séjour à Vancouver nous a permis d'être reçus dans des endroits de contes de fées. Des dîners, des réceptions, une promenade en mer sur un énorme yacht, toutes activités qui rivalisaient de faste.

Mon émerveillement fut à son comble lorsque, invités à un cocktail autour d'une immense piscine, nous nous sommes évidemment retrouvés dans l'eau, sous l'œil d'un *butler* très sérieux qui n'a pas apprécié que j'abandonne mon verre de scotch sur le bord de la piscine pendant mes ébats aquatiques. Il l'a alors déposé dans un petit plateau qu'il tenait à la main, et se déplaçait avec moi suivant mes pirouettes à la Esther Williams. Quand l'envie me prenait de tremper mes lèvres dans mon verre, il se penchait et me le tendait aimablement au-dessus de l'eau. *Cheers !*

Mon Vénitien Bassanio retrouvait sa vie insouciante et oisive, et les *Vitelloni* se laissaient glisser paresseusement dans la *Dolce Vita.*

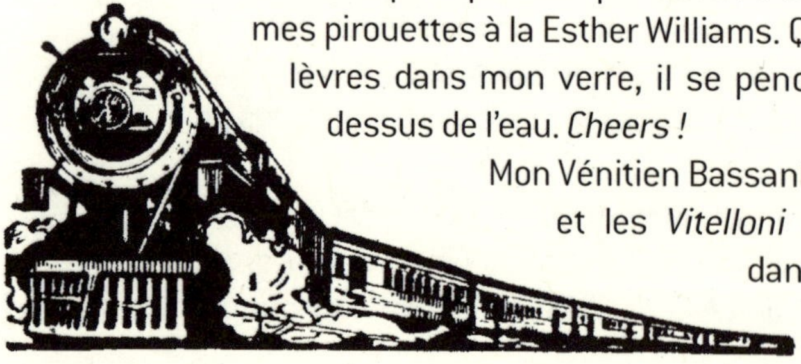

SIR RONALD

La pièce *L'heure éblouissante,* d'Anna Bonacci, mise en scène par Jacques Létourneau, a été présentée par le Théâtre-Club à la Comédie canadienne en 1962.

Voici un autre beau personnage aristocratique très sensible aux charmes des jolies jeunes femmes, qu'elles soient mariées ou non. La pièce, *L'heure éblouissante,* porte bien son nom. C'est un beau texte d'Anna Bonacci avec des dialogues de Janson, qui s'est surtout fait connaître au cinéma. Je me trouvais un peu jeune pour le rôle mais Jacques Létourneau y tenait, et voilà qu'il me remettait encore une fois entre les bras de sa conjointe et codirectrice, la belle Monique Lepage. Elle devrait cette fois me partager avec la personne la plus gentille au monde, qui me gratifia de son amitié, la magnifique comédienne Gisèle Schmidt.

Évidemment, mon Ronald n'était pas là pour rendre le mari très heureux, et celui qu'on allait peut-être tromper, c'était Gilles Pelletier. Gilles et moi ne nous lâchions plus. Il m'avait donné la réplique dans *Le Cid,* dans le personnage du roi d'Espagne, à ma sortie du Conservatoire. Puis, j'avais été son fils dans *Six personnages en quête d'auteur,* de Pirandello, au Théâtre d'été Chantecler. Nos rencontres sur scène se poursuivaient et allaient durer longtemps.

Un jour, un peu plus tard dans nos vies, nous échangerons quelques répliques sur la scène du théâtre Denise-Pelletier et nous nous réjouirons spontanément de nos 52 ans de collaboration. Comme avec Gilles, je me suis souvent retrouvé aux côtés de formidables aînés, et ceci pendant plusieurs années. Les Paul Hébert, Jean Coutu, Lionel Villeneuve et Jacques Létourneau ont été des modèles, de précieux compagnons de scène, des grands frères qui m'ont immédiatement laissé ma place, encouragé, corrigé et soutenu dans les grands rôles qu'on m'a confiés.

Mon sir Ronald m'a fait sensiblement passer d'un emploi de jeune premier à celui de beau grand rôle. Il sera en partie responsable de cette réputation de grand seigneur dont on me gratifiera de plus en plus et qui, en quelque sorte, m'isolera un peu, avec mes costumes princiers et mes aventures de cap et d'épée. La première de *L'heure éblouissante* à la Comédie canadienne avait été très bien organisée et le Tout-Montréal de l'époque était présent. C'est ce genre de soirées qui fera en sorte que, pendant des années, j'entendrai les gens me dire : « Oh ! toi on sait bien, tu joues les grands seigneurs, les classiques, monté sur tes grands chevaux » ou quelque remarque du genre, alors que j'aurais tellement aimé, par moments, jouer des rôles de composition, plus complexes et tout aussi exigeants. Mais je n'oserais jamais émettre une seule plainte, mes beaux grands rôles me comblaient et j'adorais le tourbillon de ces grandes premières

Un jour, devant un producteur de cinéma qui ne semblait pas s'imaginer que je puisse jouer autre chose que ce dont j'avais l'air, je n'ai pas pu résister et lui ai murmuré: « Vous savez, je peux jouer un bossu borgne avec un accent hongrois. » Il ne m'a pas engagé.

Sir Ronald, Bousille, Aznavour et les autres...

Avec *L'heure éblouissante*, le Théâtre-Club, qui n'avait toujours pas de maison de théâtre, se retrouvait de nouveau sur la scène de la Comédie canadienne. Le TNM, lui, était à ce moment à l'Orphéum, et l'itinérant Rideau Vert trouvait enfin son théâtre, rue Saint-Denis. Le jeune et très entreprenant nouveau maire de Montréal, Jean Drapeau, avait des projets et commandait à Dieu de les mener à terme. Une de ses visions était de faire de la rue Saint-Denis la rue des théâtres. La direction du Rideau Vert, ayant trouvé l'idée bonne, acceptait ainsi de s'installer définitivement dans l'ancien théâtre Stella.

Mesdames Yvette Brind'Amour et Mercedes Palomino, les codirectrices, reçurent donc un support financier d'importance et un lourd cahier de charge. Elles devaient produire, si ma mémoire est bonne, neuf spectacles par saison et jouer six jours par semaine. C'est la seule troupe qui accepta de s'installer rue Saint-Denis.

Rue Sainte-Catherine, pendant que la Place des Arts était en construction et qu'on élaborait les plans du futur Complexe Desjardins, monsieur Gratien Gélinas et son fils aîné étaient à la barre de la Comédie canadienne, qui allait prendre une place de plus en plus importante. Les grands soirs de première étaient nombreux et électrisants ; Gratien y créait ses pièces, dont *Bousille et les justes*, Marcel Dubé était au sommet de son art et y présentait ses meilleurs œuvres, des chanteurs populaires

Avec Gisèle Schmidt. « Je devins galant, avec réserve cependant, mais je lui montrai clairement que j'avais du goût pour elle. Elle marivauda, non sans grâce. » - Guy de Maupassant

de chez nous et de France et des troupes de théâtre françaises y étaient à l'affiche régulièrement.

Nous étions au cœur des années 1960, le réveil culturel du Québec, préparé par le courage et le talent des poètes et des artistes de toutes les disciplines au cours des années 1950, était irrésistible.

Emboîtant le pas aux événements mondiaux de chambardement culturel, de contestations et de manifestations de toutes sortes, cette scène centrale de Montréal était dans la mire des radicaux qui, pendant les spectacles, y montaient certains soirs pour manifester. Ils allèrent jusqu'à interrompre une représentation pour égorger, devant un public horrifié, une innocente colombe. Comment expliquer de tels gestes ? Quel était le but de telles manifestations ? Où étaient l'écœurement et la misère dans cette société qui sortait de la très opulente Expo 67 ? Faut-il toujours passer par ce genre d'actions brutales pour arriver à une entente cordiale ? Ne sommes-nous pas condamnés au départ à des relations humaines plutôt perturbantes, alors pourquoi s'énerver ?

Que dire de ce soir où j'avais obtenu deux places pour voir et entendre l'unique Charles Aznavour. Ma femme et moi causions avec des amis dans le hall avant le spectacle quand une bande de jeunes se précipita sur moi. Une jeune comédienne qui m'avait reconnu me dit : « Nous montons sur scène pendant le spectacle, nous avons un message, nous comptons sur vous, vous montez. » Je lui répondis que non, que je n'étais pas là pour ça, que jamais je ne ferais ça à un artiste et que c'était trop facile. Elle m'a regardé et, très excitée, m'a lancé : « Qui n'est pas avec nous est contre nous. » Rengaine connue qui m'a quand même fait un peu peur ! Ces jeunes sont effectivement montés sur scène. Ce qu'ils ont dit ou fait, je ne m'en souviens absolument pas, j'étais venu pour Aznavour. La jeune femme qui avait tenté de me compromettre est aujourd'hui une comédienne très dans le rang, ni à gauche ni à droite, elle attend que le téléphone sonne, comme tout le monde. Et la vie continue...

Une première et une dernière

Aux différentes manifestations artistiques qu'offrait la scène de la Comédie canadienne, il faut ajouter une émission de télé de Radio-Canada qui offrait aux téléspectateurs une soirée de théâtre en direct. La formule était fort discutable, et alors qu'elle devait rendre le théâtre accessible, elle finit par lui nuire d'une certaine façon.

Pour les fins de cette émission, les pièces étaient présentées devant public et filmées avec trois caméras très évidentes. La mise en scène était faite selon les exigences de la télé. Les comédiens, pour qui la représentation était une première, avaient un trac fou. Huit cents personnes étaient devant eux, ils avaient donc le réflexe de jouer « théâtre », c'est-à-dire en projetant la voix, ce qui, à la télévision, donnait un résultat catastrophique puisqu'ils avaient l'air de crier au milieu d'un stade olympique. Je comprenais la majorité des cinéastes qui n'étaient pas des habitués de théâtre et qui, les voyant dans ces émissions, en venaient à la conclusion que les acteurs de théâtre étaient incapables d'intériorité devant la caméra. Aussi, ils les boudaient et les ont boudés longtemps.

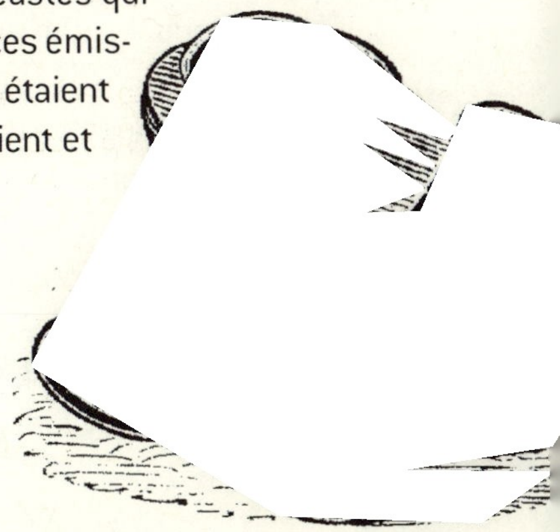

MONSIEUR F.

La pièce *Le mal court*, de Jacques Audiberti, mise en scène par Jacques Létourneau, a été présentée au Théâtre-Club en 1960.

Pourquoi F. ? Je ne l'ai jamais su. Il est assez probable que Jacques Audiberti, l'auteur de la pièce *Le mal court*, l'ignorait probablement lui aussi tant sa démarche dans l'écriture théâtrale est imprégnée des influences du surréalisme. Pour Audiberti, le mot compte plus que la logique de ses caractères, c'est un amoureux des mots qui s'amuse pour son plaisir et le nôtre.

Belle coïncidence, dans la distribution, un comédien à peine plus vieux que moi arrivait d'un long séjour en France, et il s'apprêtait lui aussi à bien installer sa carrière sur les mots, leur sonorité, leur variété et leur nouveauté. C'était Marc Favreau, qui venait de créer, à *La Boîte à Surprise,* son personnage de Sol, dans l'émission *Sol et Gobelet*, avec Luc Durand. Ils feront la joie de quelques générations d'enfants et Marc promènera toute sa vie son sympathique clochard à travers la francophonie mondiale, accompagnant à l'âge adulte les enfants qu'il avait tant réjouis.

Le Théâtre-Club s'était entre-temps trouvé un théâtre, rue Saint-Luc (aujourd'hui le boulevard De Maisonneuve), un peu à l'ouest de la rue Guy. Celui-ci comptait à peine 200 places – les subventions étaient rares – mais il avait l'avantage d'être situé dans un secteur où la vie culturelle francophone était en effervescence. En effet, Radio-Canada, installé dans l'ancien hôtel Ford sur Dorchester (aujourd'hui le boulevard René-Lévesque), imprégnait tout ce secteur d'un souffle de créativité dense et continu.

Des artistes et des créateurs de toutes disciplines bourdonnaient comme des abeilles autour des studios de radio et de télévision de Radio-Canada, qui nous procuraient enfin un point de rencontre où les discussions pouvaient avoir lieu, où les publications étrangères étaient lues et où, surtout, nous arrivaient des artistes de partout avec qui nous pouvions avoir des échanges vivifiants. La Révolution tranquille était en marche, et nous y étions pour beaucoup.

Entre le Théâtre-Club et Radio-Canada, il y avait, rue Guy, la Taverne Royale, l'un des valeureux bastions d'où sont partis les premiers coups de canon contre l'héritage de Duplessis et ses acolytes du clergé, et où commençaient à circuler, entre deux verres de bière, les premières cartes de membre du Rassemblement pour l'indépendance nationale (RIN).

Avec ses cuissardes et son tricorne, Monsieur F. prenait possession de la scène, jonglant avec les mots et courtisant inlassablement la jolie Alarica, interprétée par Monique Lepage.

Quelques fanfaronnades et le tour est joué… et le rôle aussi.

Monsieur F., corsetier

Dans *Le mal court,* une gouvernante aux chairs généreuses était jouée par une comédienne dont le bagout et l'expérience de la scène auraient pu faire rougir Sarah Bernhardt. C'était l'une des deux célèbres sœurs Giroux, Antoinette, éternelle jeune première qui avait fait les beaux soirs de l'Arcade avec sa sœur Germaine. Elles étaient les coqueluches d'un public qu'elles avaient comblé de leurs succès sur scène, à la radio, et à la télévision.

Antoinette m'avait adopté comme habilleur en titre. Nous avions de beaux costumes d'époque et celui d'Antoinette exigeait qu'elle soit corsetée. Dans les loges, avant le spectacle, j'entendais : « Albert, arrive ! » C'était le signal pour moi d'aller seconder Antoinette dans l'opération laçage. Le premier soir, je me plaçai derrière elle et, de toutes mes forces, fis de mon mieux pour lui redonner sa taille de guêpe. Elle m'arrêta brusquement et me dit : « Fais un bourrelet avec la peau. »

J'avais bien compris mais ne voulais pas le croire. Néanmoins, chaque soir, avec ma main droite je tirais sur les lacets alors qu'avec la gauche je formais un long bourrelet, repliant la chair de son dos, des omoplates aux reins, puis j'attachais. Elle souriait, elle avait retrouvé son corps… croyait-elle. Tant mieux, elle était heureuse et jouait avec ferveur.

À la fin du spectacle, quand je défaisais mon nœud, le corset s'ouvrait libérant une longue ecchymose bleue. Faust aurait dit que c'était le prix à payer pour retrouver un brin de jeunesse.

De l'importance d'une virgule

On peut se faire pendre pour une virgule mal placée ou tout simplement omise. De nos jours, à entendre certains commentateurs ou correspondants à la télé, on a souvent l'impression qu'ils sont fermement disposés à envoyer une partie de la population à l'échafaud. Nous, nous étions très respectueux du français, des auteurs et des textes magnifiques que nous jouions.

Avec Antoinette. Les sœurs Giroux, Antoinette et Germaine, étaient des comédiennes à panache et donnaient à leur public tout ce que celui-ci attendait d'une représentation théâtrale.

Jamais je n'oublierai une erreur de phrasé que j'ai répétée plusieurs fois pendant les répétitions du *Mal court*. Je ne me la suis jamais pardonnée. Je m'adressais à Alarica et, je ne sais plus à quel propos, je devais lui dire, avec assez de suffisance : « Mes membres ma cocotte, ont le poids ». Remarquons où est placée la virgule. Avec une belle assurance, moi, je disais : « Mes membres, ma cocotte ont le poids », en insistant beaucoup sur le mot « cocotte ».

Exaspéré, Jacques Létourneau, le metteur en scène, m'arrêta après quelques hésitations et me dit : « Qu'est-ce que tu racontes, à quoi penses-tu quand tu dis " ma cocotte " ? » Je lui répondis tout simplement que je pensais à mon sexe, comme si je disais : « Mes membres, ma quéquette ont le poids ». Jacques m'a crié très amicalement : « T'es con non ? » Ta cocotte c'est elle, Alarica, regarde où est la virgule ! Nous avons bien ri et j'ai beaucoup rougi.

Du Théâtre-Club au Centre-Théâtre

Jacques Létourneau m'avait expliqué la présence du mot « club » dans le nom de sa compagnie, mais je ne suis pas certain que le mot « centre » ait été bien compris quand les cinq jeunes comédiens dont j'étais ont fondé cette nouvelle compagnie, le Centre-Théâtre. Je crois que nous voulions nous mettre au centre, c'est-à-dire ni du côté des deux théâtres d'avant-garde qui existaient déjà, l'Égrégore et les Apprentis-Sorciers, ni de celui des trois compagnies à grand répertoire, le TNM, le Rideau Vert, et le Théâtre-Club.

Le mot « centre » tentait aussi d'exprimer notre volonté de faire office de centre culturel en offrant des récitals de poésie, de musique et des expositions de peinture. Ce genre de lieu de rencontre existait très peu à l'époque.

C'est Jacques Zouvi, mon camarade, le père d'Alain, qui m'avait mis ce projet en tête. Après avoir recruté Jean-Louis Millette, Hubert Loiselle et mon confrère du Conservatoire François Guillier, nous avons loué le Théâtre-Club et avons tenu le coup deux saisons en présentant Félicien Marceau, Ionesco, Dürrenmatt et l'Irlandais O'Casey. Nous avons également présenté un récital de guitare classique et une exposition de peinture.

Il était utopique de croire que sans aucun support financier nous pourrions aller au bout de notre rêve en comblant sans cesse nos déficits à l'aide de nos cachets de radio ou de télévision. En plus, nos revenus variaient de l'un à l'autre, de sorte qu'il devenait injuste de toujours faire payer les mêmes.

Enfin, quels idéalistes nous avions été de croire qu'à cinq directeurs nous pourrions obtenir un *modus vivendi* ! Nous avions été purs, généreux et trop téméraires. Nous nous sommes arrêtés à temps.

LA COMPAGNIE CANADIENNE DU THÉÂTRE - CLUB

Le Centre-Théâtre: François Guillier, Hubert Loiselle, Jean-Louis Millette, Albert Millaire et Jacques Zouvi.

C'est avec cette compagnie que je fis l'expérience du spectateur unique. Je crois que nous étions sept ou huit sur scène, prêts à jouer, et je l'espionnais, ce seul spectateur assis dans la première rangée. Nous avons trouvé la situation tellement absurde qu'il nous a été impossible de respecter le fameux *Show must go on !* Nous sommes allés le voir et lui avons proposé de revenir gratuitement le samedi suivant, alors qu'il y aurait sûrement des spectateurs pour l'entourer. Il a semblé trouver cela tout à fait normal et est resté causer avec les comédiens. Pour nous déculpabiliser totalement, nous l'avons emmené au restaurant pour qu'il puisse partager avec nous les plaisirs de l'après-spectacle, qui ce soir-là n'avait pas eu lieu.

Peu de temps après la disparition du Centre-Théâtre, Monique et Jacques mettaient la clé sous la porte de leur petit théâtre de la rue Saint-Luc, là aussi évidemment pour des raisons financières.

Leur présence dans la vie théâtrale de Montréal avait été d'importance, et j'ai toujours eu pour eux un fraternel attachement ; ils m'avaient donné des ailes dans les premières années de mon beau métier de comédien.

Monsieur F. au Forum, sans ses patins

Au moment où j'avais l'agréable responsabilité du corset d'Antoinette Giroux, le Québec traversait une crise marathonienne sans précédent. C'était à qui aurait le plus d'endurance, d'habileté, de souffle, de force physique. Soit on cherchait la gloire dans le *Livre Guinness des records,* soit on tentait de s'anesthésier pour échapper pour de bon à l'ignoble noirceur du duplessisme.

L'étroitesse d'esprit, toutes les formes de censure ainsi que des lois inspirées de politiques fascistes venaient nous perturber jusque dans l'intimité de nos vies personnelles. L'amour, le sexe, la contraception et l'homosexualité étaient des crimes. On fermait les bars à une heure du matin, et le dimanche, il fallait manger pour obtenir un verre de vin, de sorte que certains restaurateurs disposaient sur chaque table des sandwiches en plastique qui servaient d'alibi à tous les clients. D'autres restaurateurs servaient le vin rouge dans des tasses à café, avec une grosse fraise qui flottait, on appelait cela des fraises au vin rouge. La recette est facile. Ce ne sont que des anecdotes de jeune fêtard, mais des sociologues sérieux en ont écrit long sur le sujet.

Si un pape a enlevé les pénis aux statues romaines, que penser de notre dirigeant politique qui a distribué des soutiens-gorge aux magnifiques danseuses d'un ballet africain venues nous faire apprécier leur art et leurs corps de déesses ? Un journaliste futé avait demandé à l'hypocrite puritain où s'arrêtait l'art et où commençait l'obscénité. Le brillant habilleur de nus avait répondu, avec l'assurance du successeur de saint Pierre à Rome : « Quand ça bouge c'est obscène. »

Si on imagine qu'une telle bêtise infestait tous les niveaux des gouvernements civil et religieux, on peut avec raison parler de *noirceur*.

Toujours est-il que nous étions sollicités par des « bercethons », des « poteauthons », des « accordéothons », des « pianothons », des « hot-dogothons », des « radiothons » et surtout, des téléthons, qui eux nous sollicitent encore. Il y eut donc, vers 1959, au Forum, un événement incroyablement surréaliste, et peut-être involontairement très drôle, réunissant une bonne partie de la colonie artistique, quelques artistes français de passage et quelques tribuns politiques très éclairés. Ce fut le téléthon de la Place des Arts, qui avait pour but de recueillir des fonds pour aider la construction du temple tant attendu.

La soirée consistait en un énorme spectacle fourre-tout devant un public enthousiaste, le tout capté par les caméras de télévision de Radio-Canada, pendant que des estafettes bénévoles parcouraient Montréal pour recueillir les dons offerts par les gens qui téléphonaient.

Je revois la chanteuse Lucille Dumont, avec de la laque argent dans les cheveux (c'était la grande mode), Annie Cordy, Sacha Distel, la coqueluche, ex-mari de Brigitte Bardot, ainsi qu'Olivier Guimond et Denis Drouin, qui avaient terminé leur numéro en se tapant sur la gueule tellement ils n'arrivaient pas à trouver leur *punch* final. Nous, du Théâtre-Club, donnions un extrait du *Mal court* et l'histoire ne dit pas si mon Monsieur F. a réveillé pour la peine la générosité des téléspectateurs, mais une chose est sûre, ce soir-là, celui qui a remporté la médaille d'or c'est le représentant de l'administration municipale qui nous a tous rassurés en nous vantant les mérites des « arts artistiques ».

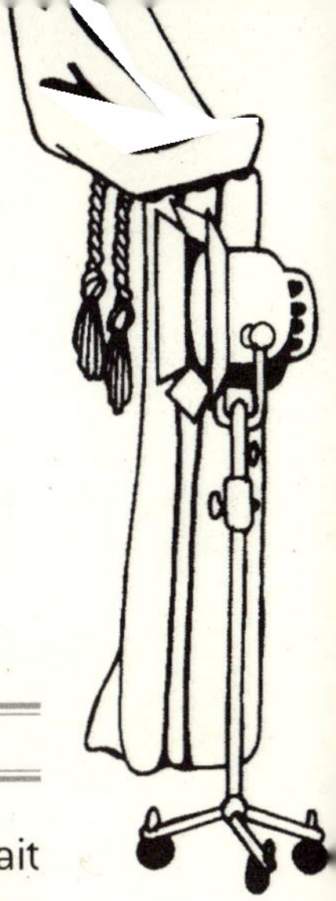

SCÈNE IV

MILLER, MILLAIRE ET LE STUDIO 40

KERGENTZEF

Le téléthéâtre *La Pensée*, réalisé par Paul Blouin, a été présenté à Radio-Canada en 1963.

Le bon vieux studio 40, premier témoin de ce qui fut « notre » télévision, était le premier et le seul studio assez grand pour permettre l'interprétation d'œuvres dramatiques. Très tôt, la Société Radio-Canada construira le grand 42, studio situé au coin des rues Mackay et Dorchester. Mais le 40 servira encore assez longtemps aux téléthéâtres du jeudi.

En salle de répétition, pendant les semaines qui précédaient, le réalisateur faisait non seulement la mise en place et la direction d'acteur, mais il nous indiquait de manière très précise où seraient les caméras et quelle serait la valeur des images (gros plan, plan moyen ou plan éloigné), de sorte que lorsqu'en studio nous procédions à notre première répétition avec les caméras (le *blocking*), il n'y avait pas de surprise. L'après-midi, nous faisions une générale (avec décor, costumes, maquillage et caméras), et le soir, à l'heure du spectacle, le décompte se faisait : 5-4-3-2 (silence)… en ondes ! Il ne restait plus qu'à jouer la pièce sans erreur car nous étions en direct.

Quel extraordinaire moment nous vivions ! Quoique terrorisés par le trac, nous nous sentions libres de toute attache puisque nous voguions sur les ondes comme des trapézistes sans filet condamnés à ne pas rater leur envol.

Un des personnages que j'ai joués dans ce studio 40 s'impose, bouscule les autres et s'avance vers moi, c'est Kergentzef. Il appartient à une nouvelle de l'auteur et dramaturge russe Leonid Andreïev intitulée *Raison*. Françoise Loranger en signait l'adaptation que nous avons jouée, dont le titre était *La pensée*.

Andreïev a principalement écrit au début du XXe siècle. Puis, en désaccord avec la révolution bolchevique de 1914, il a mis un terme à sa carrière d'écrivain.

La fin du XIXe et le début du XXe siècle nous proposent des personnages extrêmement ambivalents, tous plus secrets les uns que les autres, aux prises avec les grands déséquilibres de cette époque, la névrose et surtout l'angoisse, qu'on qualifiera de « mal du siècle ».

Kergentzef est un assassin, il tue l'homme qu'il y a entre lui et Tatiana, la femme qu'il aime. C'était Monique Miller, cette Tatiana. Monique et moi ne nous quittions plus. Je revois son beau regard un peu désespéré face au meurtrier que j'étais, qui jouait ou non la folie, qui jonglait avec l'innocence ou s'engouffrait misérablement dans la cruauté.

Avec Kergentzef, j'étais sans cesse sur la corde raide : une fausse intonation et l'intention était perdue, un regard de trop et il n'y avait plus de mystère. Paul Blouin, toujours précis, passionné, et respectueux du texte et des comédiens, nous avait dirigés de main de maître.

Je ne sais pas si c'est le fait d'être en direct, si c'est l'œuvre elle-même ou le résultat de notre jeu très intense, mais à la toute fin, quand nous avons quitté les ondes sur un dernier *fade out*, il y a eu un terrible silence en studio, puis ensemble, tous les participants se sont mis à applaudir. Il y avait des pleurs, des rires, des embrassades... nous venions de faire un éphémère petit chef-d'œuvre.

Comme le dit Romain Rolland : « Respectez les œuvres ! C'est le patrimoine du genre humain »

Une nuit, en France, souffrant du décalage horaire, je me suis réveillé à deux heures du matin. Je n'ai pas insisté, me suis levé et, comme je ne me sentais pas très bien, que je n'avais pas le goût de lire, d'écrire, ni de penser, j'ai allumé la télé.

Un vieux film en noir et blanc était à l'affiche, avec des décors en studio et des maisons peintes sur des toiles de fond qui avaient un peu l'aspect de nos anciens téléthéâtres. Il y avait des acteurs jeunes que j'avais connus vieux ; ils s'amusaient, les scènes étaient bonnes, la caméra assez souple. L'horaire télé indiquait : « *Le plaisir*, drame français de Max Ophuls, 1952. » J'ai dû regarder le film avec intérêt pendant une bonne demi-heure, puis je me suis mis à penser comme ils étaient heureux ces comédiens d'avoir le film comme support de leur œuvre. Voilà que leurs arrière-petits-enfants pouvaient profiter de leur jeu et que de nombreuses générations pourraient le faire aussi dans l'avenir.

Comme elle fut brève cette glorieuse période de notre télévision culturelle où les émissions de théâtre, de musique et de danse réalisées avec nos artistes entraient dans les salons des villes et des régions éloignées, exposant tout un peuple aux chefs-d'œuvre des plus grands auteurs et compositeurs. C'est ahurissant de penser qu'il ne reste pratiquement rien de toute cette créativité.

Tout ça ne reviendra pas et nous sommes presque dans l'obligation de trouver cette situation normale tellement elle laisse les gens indifférents.

Avec Monique Miller. En général, ce n'est pas dans un accès de raison qu'on tue son semblable.

LE PREMIER COMÉDIEN

La pièce *Pauvre assassin,* de Pavel Kohout, mise en scène par Hélène Loiselle, a été présentée à la Compagnie Jean-Duceppe à la fin des années 1970.

Un socialiste à Broadway et à la Compagnie Jean-Duceppe

L'auteur Pavel Kohout est né à Prague et a vécu à Vienne, il se défendait de faire de la politique et tout ce qu'il demandait aux personnages au pouvoir c'était qu'ils le laissent travailler et vivre normalement.

Kohout aussi a été attiré par *Raison* d'Andreïev et il en a fait une pièce de théâtre, *Pauvre assassin*, qui fut créée à Broadway en 1971. Quatre ans plus tard, la Compagnie Jean-Duceppe la mettait à l'affiche et en confiait la mise en scène à la comédienne Hélène Loiselle qui, comme elle le dit, « se trouvait pour la première fois de l'autre côté de la scène ».

Kim Yaroshevskaya et moi, qui avions joué ensemble dans *La pensée,* le téléthéâtre de Paul Blouin, nous retrouvions dans la distribution de *Pauvre assassin,* où je jouais le Premier Comédien.

Kim était mon épouse, et moi je jouais au directeur de théâtre. Car cette fois, c'est Marc Favreau qui quittait sa défroque de Sol pour être Anton Kergentzef, que j'avais joué jeune dans de tout autres circonstances.

Pauvre assassin, de Kohout, c'est du théâtre dans le théâtre. Anton Kergentzef est dans un hôpital psychiatrique où on va, à l'occasion de la préparation d'un spectacle, tenter de découvrir la vérité sur lui.

Ce fut une expérience fabuleuse de jouer la même nouvelle dans un contexte théâtral totalement différent. Nous étions encore aux prises avec les sentiments les plus violents, entre intelligence et folie. Après cette deuxième expérience, je me demande encore si Kergentzef était fou ou non.

Pavel Kohout m'a fait grand plaisir car il a mis en mots ce que j'ai toujours pensé. Quand on lui a demandé pourquoi il aimait le théâtre par-dessus tout, il a répondu : « C'est ce qui m'aide le mieux à vivre. Le théâtre est un moyen de chercher le sens de la vie et, en même temps, une manière de considérer la vie. »

Hélène Trépanier, Marc Favreau et moi, qui tient dans mes bras la belle Han Masson.

« L'homme est un loup
pour l'homme. »
- Plaute

SCÈNE V

DANS LES BRAS D'YVETTE BRIND'AMOUR

STANISLAS

La pièce *L'aigle à deux têtes*, de Jean Cocteau, mise en scène par Florent Forget, a été présentée au Théâtre du Rideau Vert en 1962.

Mon beau Stanislas, quelles brillantes soirées nous avons vécu ensemble ! Ce beau personnage représentait cependant un lourd héritage. Quand je jouais Lorenzaccio, je pensais à la grande Sarah Bernhardt qui avait créé le rôle ; Hamlet, à sir Laurence Olivier ; le Misanthrope, à Molière. Lorsque je jouais Stanislas, toutes mes pensées allaient vers l'unique Jean Marais, pour qui le rôle avait été écrit par celui qui l'aimerait jusqu'au tombeau, comme il l'avait annoncé, Jean Cocteau.

L'aigle à deux têtes est une histoire d'amour, de pouvoir, de noble reine et de fringant jeune homme en *lederhose,* la fameuse culotte de cuir bavaroise. Il me semble que j'apparaissais dans une fenêtre un soir d'orage, et alors tout s'enchaînait avec des rebondissements dramatiques qu'on suivait avec bonheur. Cocteau savait écrire, et surtout quand il prenait la plume pour faire plaisir à son grand Jean.

Marais aurait commandé la pièce en disant à son cher poète : « Je voudrais une pièce où je me taise au premier acte, où je pleure de joie au deuxième et où je tombe d'un escalier à la renverse au troisième. » Cocteau, avec la nostalgie de ceux qui avaient vu s'éteindre le souffle romantique, alla donc puiser dans le monde de Frédéric II de Bavière, de la reine Élisabeth d'Autriche (Sissi), et de tous les malheurs, suicides, meurtres, conspirations et déceptions amoureuses qui formaient presque le quotidien de ces malheureux couronnés.

De toute évidence, la grande Yvette Brind'Amour prend très au sérieux ce beau personnage de la reine, créé à Paris par la non moins grande Edwige Feuillère.

Le grand chien fou entre au Rideau Vert

Durant mes études, le Conservatoire d'art dramatique occupait trois grandes salles en haut du Monument-National, boulevard Saint-Laurent. Avec l'énergie inépuisable de nos 20 ans, mes confrères et consœurs et moi grimpions quatre à quatre les grandes marches de marbre du Monument en criant, en chantant et en nous chamaillant, ou nous les dévalions comme des ouragans, en route pour un hot-dog « steamé » au Montreal Pool Room.

Le Théâtre du Rideau Vert qui, à l'époque, était itinérant, présentait des spectacles au Monument-National. Je me souviens de *Sonnez les matines* de Félix Leclerc, et surtout d'*Anastasia*, avec dans le rôle-titre la grande dame qui présentait *Music Hall* les dimanches soirs à la télé, Michelle Tisseyre.

C'est pendant les répétitions d'*Anastasia* qu'Yvette Brind'Amour, m'observant faire ma haute voltige dans les escaliers, s'écria : « Tiens, v'la mon grand chien fou. » Quelques années plus tard, quand elle me confia le rôle de Stanislas, « le grand chien fou », ravi de jouer au Rideau Vert, surtout dans *L'aigle à deux têtes,* était rentré en grâce.

Le rôle de la reine avait été créé par la grande Edwidge Feuillère et Yvette Brind'Amour, qui adorait ce genre de personnage, s'y donnait à cœur joie, et sans vouloir juger ma camarade de scène, et surtout la directrice artistique du théâtre, je crois qu'elle était très bonne. Une seule chose m'agaçait chez Yvette : quand elle abordait un moment d'intériorité un peu intense, elle se passait délicatement la main droite dans les cheveux en y glissant les doigts, qui se mettaient en mouvement. Ça me faisait un peu décrocher, comme on dit dans le métier.

Deux têtes valent mieux qu'une

Cocteau a emprunté à l'histoire cette image de l'aigle à deux têtes qui figure sur bien des blasons et des étendards, tant en Occident qu'en Orient, depuis des siècles. Sur scène, Yvette et moi étions deux têtes, comme l'auteur et son amant avaient été les deux têtes qui avaient donné naissance à l'œuvre.

Deux autres têtes veillaient jalousement à la santé et à la survie du théâtre où je faisais mon entrée ; Yvette Brind'Amour et Mercedes Palomino (Metcha). Ensemble, au début des années 1950, elles avaient fondé le Théâtre du Rideau Vert, et pendant des années elles avaient produit quelques spectacles sur différentes scènes. Au moment où elles m'invitèrent, le Rideau Vert était déjà bien installé rue Saint-Denis, dans l'ancien théâtre Stella.

Au début, les directrices avaient favorisé la présentation de pièces de boulevard où on s'amusait ferme des femmes trompées et des cocus. Il fallait remplir les salles et surtout, construire une clientèle d'habitués. Puis, petit à petit, elles ont inséré dans leurs programmations des textes plus dramatiques, plus exigeants.

Chaque hiver, elles partaient à Paris, s'installaient dans un bel hôtel du 8e arrondissement et de là, courraient les spectacles et retenaient les droits d'auteur. Les saisons qu'elles devaient mettre sur pied étaient énormes. Elles ont longtemps eu le bonheur d'être à la tête du théâtre le mieux subventionné du Canada. Et c'était de l'argent bien investi puisqu'elles jouaient presque toujours à guichets fermés pour un public populaire à qui elles rendaient un service immense.

Apprendre, apprendre, apprendre...

Le chanteur Philippe Clay, qui faisait son tour de chant à Montréal, en a profité pour venir voir notre Cocteau. Nous avions causé après le spectacle et quelle n'a pas été sa surprise de découvrir le grand nombre de pièces produites par le Rideau Vert à chaque saison théâtrale. Pour lui c'était anormal, de la démence.

Il a bien fallu qu'il se rende à l'évidence que Montréal n'était pas Paris, que notre public était limité au Québec, et que les touristes francophones n'étaient pas nombreux en Amérique du Nord, si ce n'est inexistants. Ce phénomène du grand nombre de nos productions m'est apparu quelques années plus tard sous un tout autre aspect.

Un jour, à Paris, j'étais allé saluer dans sa loge le très gentil François Perrier. Nous avions tous les deux joué Salieri de la pièce *Amadeus*, et je savais qu'une certaine complicité nous unirait. J'avais raison, ce fut un moment charmant.

De retour au pays, je dévorai sa biographie. Quelle ne fut pas ma surprise de découvrir, à la fin du livre, que pendant sa longue carrière il avait joué à la scène à peine plus de 45 rôles. L'explication était simple : chaque pièce qu'il jouait restait à l'affiche des saisons entières, parfois pendant plusieurs années. Pour ma part, j'en étais rendu, après à peine 40 ans de carrière, à plus de 125 rôles à la scène, chacun n'ayant été à l'affiche que pendant les quatre semaines habituelles.

Cela signifiait que j'avais consacré pratiquement trois fois plus de temps à l'étude de textes que François Perrier. J'y ai quand même vu un avantage puisqu'en bout de ligne, ce sont mes personnages qui m'ont ouvert une fenêtre sur une modeste vie intellectuelle ; quand j'étudiais je me sentais coupable de ne pas lire, et quand je dévorais un livre, je me sentais coupable de ne pas étudier. C'est donc en étudiant que je lisais.

Un escalier en trompe-l'œil

Avec Stanislas, je faisais tous les soirs ce que Jean Marais avait demandé à Cocteau : au premier acte je me taisais, au deuxième je pleurais de joie, et au troisième je me lançais tête première dans un escalier.

Un peu comme Marais et Belmondo, j'ai toujours tenu, en autant que les assurances le permettaient, à faire mes cascades moi-même. Au cinéma, j'ai failli me noyer deux fois, me fendre le crâne en plongeant, mourir dans un ruisseau tiré par un cheval, et quoi encore ? Dans *L'aigle à deux têtes,* il y avait le fameux escalier à affronter tous les soirs.

L'ancien théâtre Stella avait été assez bien rénové, mais la scène est restée petite, sans profondeur, puisqu'une rue passe derrière le mur du fond. Notre escalier ne pouvait pas avoir le gigantisme architectural qu'un grand décor de château pouvait offrir. Il n'avait que six marches ridicules qu'à chaque représentation je redoutais quand même.

J'avais chorégraphié ma chute de façon à créer un émoi dans le public. Je croyais que des « oh ! » et des « ah ! » viendraient récompenser mon exploit casse-cou, mais rien ne se produisait. Un silence de mort saluait ma chute et je me sentais de plus en plus ridicule. On avait tellement vanté les mérites de Marais dans cette scène. J'avais l'impression que le Tout-Paris courait au théâtre pour le voir faire sa pirouette dans l'escalier. Moi… rien.

Un soir, je suis arrivé au théâtre par l'entrée du public et me suis installé dans la dernière rangée avant d'aller me maquiller. En observant le décor j'ai tout compris. C'était de la physique. L'angle de vision du public, la hauteur de la scène et un manque de perspective quelconque dans la construction du fameux escalier faisaient qu'il n'avait aucune hauteur, et donc pas le moins du monde l'air dangereux.

Alors que chaque soir, sur scène, j'avais l'impression d'accomplir l'exploit du siècle, de la salle c'était comme si je butais sur un tabouret. Je n'avais pas le choix, il fallait que je prenne ça avec un brin d'humour.

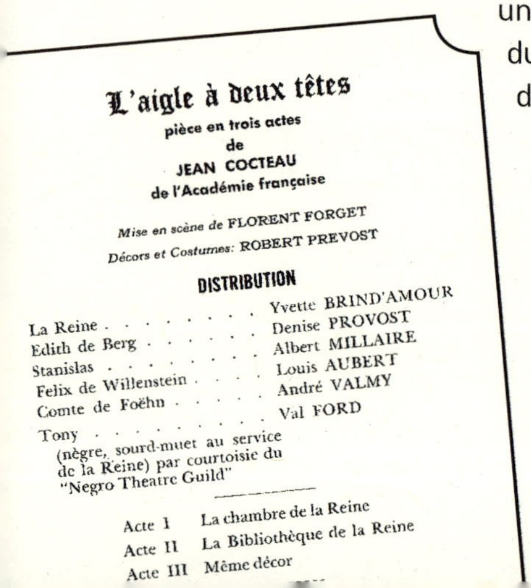

L'aigle à deux têtes

pièce en trois actes
de
JEAN COCTEAU
de l'Académie française

Mise en scène de FLORENT FORGET
Décors et Costumes: ROBERT PREVOST

DISTRIBUTION

La Reine	Yvette BRIND'AMOUR
Edith de Berg	Denise PROVOST
Stanislas	Albert MILLAIRE
Felix de Willenstein	Louis AUBERT
Comte de Foëhn	André VALMY
Tony (nègre, sourd-muet au service de la Reine) par courtoisie du "Negro Theatre Guild"	Val FORD

Acte I	La chambre de la Reine
Acte II	La Bibliothèque de la Reine
Acte III	Même décor

MESA

La pièce *Partage de midi*, de Paul Claudel, mise en scène par Jean Faucher, a été présentée au Théâtre du Rideau Vert en 1963.

Mesa s'offre une petite promenade sur le pont d'un navire qui a mis le cap vers l'Orient. Parmi les autres passagers, il y a Ysé, l'épouse de De Ciz. L'intimité de la vie à bord va précipiter Ysé dans les bras de Mesa. Cette rencontre suscite la passion la plus exaltée que deux personnes peuvent éprouver l'une pour l'autre. Mais Dieu et les lois humaines s'opposent à leur amour. La mort des deux amants sera la seule issue. Voilà, tout est en place. Celui qui tire les ficelles, c'est le puissant écrivain et dramaturge catholique Paul Claudel.

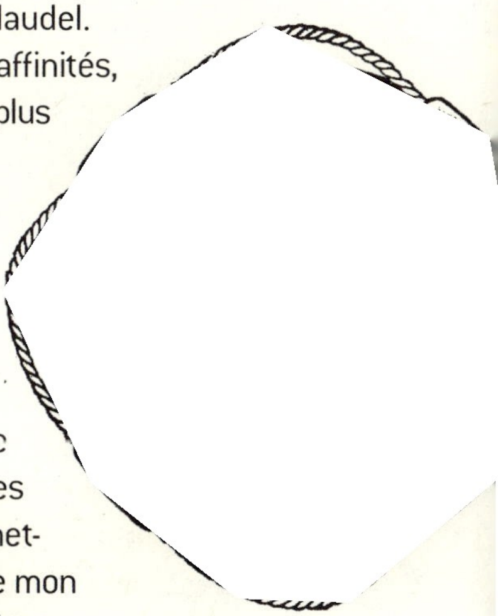

Ce gigantesque auteur, avec qui je n'ai jamais vraiment eu d'affinités, me mit en présence du personnage le plus complexe et sans doute le plus souffrant moralement avec lequel j'ai tenté de fraterniser.

Partage de midi est sans doute la plus grande œuvre de Claudel, mais au début des répétitions, j'avais beau lire et relire le texte, je n'arrivais pas à tout comprendre. Par chance, Gilles Pelletier, qui faisait partie de la distribution, possédait le livre miracle qui allait nous permettre d'accéder au monde complexe de Claudel. De jour en jour, ce bouquin de Jacques Madaule jetait une lumière bienfaisante sur les scènes abordées durant la journée. Gilles rentrait chez lui avec le livre, puis revenait en répétition et me le remettait, en m'indiquant quel passage je devais lire le soir pour sortir de mon désespoir. Le lendemain, c'était à moi de lui faire quelques suggestions.

Nous prenions cet exercice très au sérieux, car il m'apparaissait assez évident qu'un acteur qui ne comprend pas ce qu'il dit ne peut le faire comprendre au public.

Gilles et moi discutions beaucoup, ce qui exaspérait notre metteur en scène, Jean Faucher, qui voulait toujours enchaîner la répétition. Un soir, n'en pouvant plus, il nous a crié de la salle : « Pelletier cesse de discuter, et Millaire cesse d'imiter Pelletier. » Sacré Claudel, il m'en aura donné du fil à retordre !

Un premier trophée

S'il faut en croire la réaction du public et surtout celle des membres d'un jury au Congrès du spectacle de 1962, j'ai réussi à jouer mon Mesa avec une certaine vraisemblance, puisqu'on m'a remis cette année-là le trophée du meilleur interprète, *ex æquo* avec Monique Leyrac. On m'accordait cet honneur pour l'interprétation de deux personnages : sir Ronald au Théâtre-Club et Mesa au Rideau Vert.

Ce congrès du spectacle, qui n'a existé que pendant deux saisons, avait été mis sur pied par l'ensemble des syndicats du spectacle ; artistes, auteurs, techniciens et autres, tant de la scène que de la télévision. L'intention était fort louable. L'événement n'était pas télévisé et avait réuni toute la colonie artistique de Montréal, sans faste et sans paillettes, très démocratiquement, dans un grand hôtel du centre-ville.

Ce fut tellement démocratique que la pagaille s'est évidemment installée au sein du comité organisateur et que l'événement s'est volatilisé, tué dans l'œuf par les exigences enfantines de tout un chacun. C'était dommage car il nous fallait cette fête annuelle pour nous réunir, récompenser les meilleurs d'entre nous, et présenter au public un milieu uni et fier de ses réussites.

La reine n'était pas sur les billets de banque

Dans les années 1950, l'hebdomadaire *Radiomonde* organisait chaque année un grand gala couronnant la reine de la radio. Bien que cet événement ait servi les intérêts du journal, il réunissait tous les membres de la colonie artistique et il était pour le public la grande fête annuelle des artistes, avec robes longues, cravates noires, bijoux et champagne.

Quand ce fut au tour de Béatrice Picard de porter la couronne, elle eut droit à trois garçons d'honneur pour l'accompagner vers le trône tant convoité. J'ai eu le plaisir d'être un de ceux-là, avec Jean Coutu, immensément populaire grâce à son Survenant, à la télé, et le jeune et très gentil chanteur Hervé Brousseau, dont les 45 tours se vendaient par milliers.

Cette année-là, l'événement eut lieu à Québec, au Colisée. *Radiomonde* avait nolisé un train complet du Canadien Pacifique, qui faisait encore, avec ses beaux wagons aux intérieurs de bois verni, le trajet Montréal-Québec sur la rive nord. Des invités, une foule de comédiens et comédiennes, des journalistes, la reine, sa cour, tout ce beau monde était du voyage qui en fut un bien joyeux et très arrosé.

La jeune femme que j'aimais et que j'épouserais quelques mois plus tard, Rita, ma consœur du Conservatoire, n'avait pas été autorisée par ses parents à profiter du joyeux voyage en train avec moi. Des chaperons l'avaient accompagnée et surveillée de près à Québec. Paul Claudel aurait été d'accord avec les parents… Pauvre Mesa !

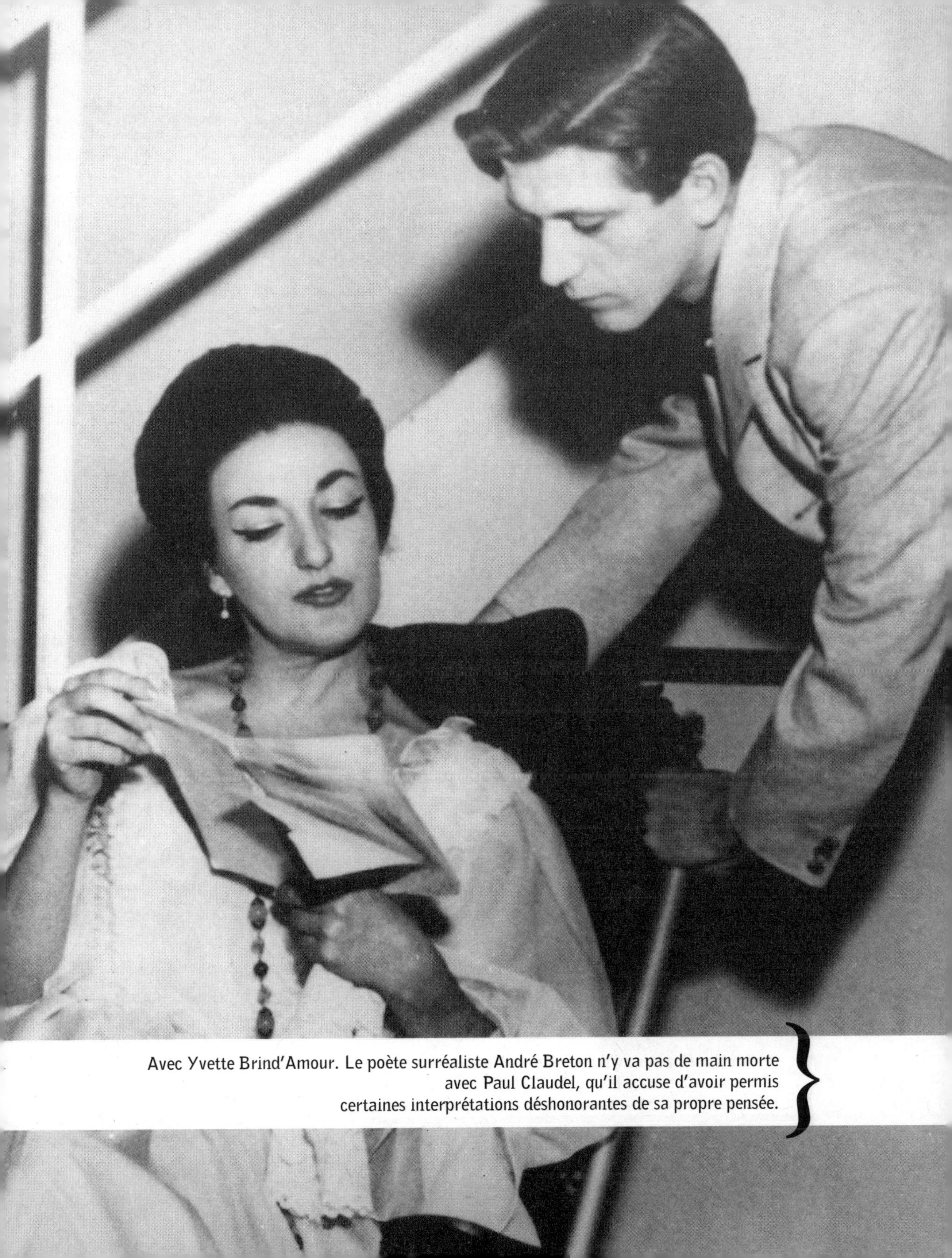

Avec Yvette Brind'Amour. Le poète surréaliste André Breton n'y va pas de main morte avec Paul Claudel, qu'il accuse d'avoir permis certaines interprétations déshonorantes de sa propre pensée.

PREMIER ENTRACTE

Et voilà qu'entre deux pirouettes et trois vols planés, je me suis retrouvé à l'aube des années 1960 après des débuts fulgurants et assez vertigineux. J'étais marié, nous avions deux petites filles. J'avais, depuis ma sortie du collège, foncé dans la vie et dans mon métier avec confiance et enthousiasme.

C'est alors qu'avec une petite bourse du Conseil des Arts du Canada, je pris *L'Homéric* dans le port de Montréal pour un séjour tant désiré d'un an en Europe avec ma petite famille.

Des années plus tard, un soir où j'avais engagé la conversation avec un jeune couple au bar d'un de mes restaurants préférés du Vieux-Québec, à propos de je-ne-sais-quoi la jeune femme me lança : « Vous faites sûrement partie de cette génération qui se croyait dans l'obligation d'aller étudier à Paris avant de pouvoir réussir quelque chose ici. » Comme toujours à l'occasion de telles apostrophes, je suis resté sans défense. C'était tellement étranger à ma démarche, et surtout extrêmement injuste.

À 27 ans, j'avais déjà tellement travaillé ; s'étaient ajoutées à mes horaires de comédien et de metteur en scène des activités syndicales, la mise sur pied d'une troupe et combien d'autres activités bénévoles en tout genre. Mon départ pour l'Europe fut ce qu'un jeune universitaire qualifierait aujourd'hui d'année sabbatique.

À Paris et dans plusieurs centres dramatiques de France, à Berlin et à Londres, j'ai rencontré des maîtres et assisté à plus de 100 spectacles. Mes œillères sont tombées, mon esprit s'est ouvert, je n'ai plus jamais été le même. Je suis revenu détenteur d'un bagage qui me sert encore aujourd'hui. Ce voyage ne m'a pas offert que des découvertes, il m'a donné confiance en ce que nous faisions au Québec, et ça, c'était important pour la suite.

Au retour, j'ai retrouvé rapidement ma place dans les salles de répétition, dans le hall de Radio-Canada, l'agora préférée des comédiens, où on pouvait faire un brin de causette avec chacun des membres de la colonie artistique, sans oublier le sympathique Café des Artistes. Là, la grande Élisabeth, qui nous connaissait tous et toutes, prenait soin de nous, et on pouvait vivre des instants uniques, comme causer avec Jacques Brel pendant plusieurs heures – ce qu'il m'est arrivé de faire.

Entre-temps, Françoise Bert m'avait offert de partager avec elle la direction artistique du Théâtre de l'Égrégore, et Yvette Brind'Amour m'avait écrit à Paris pour m'offrir d'entrer au Théâtre du Rideau Vert avec d'intéressantes responsabilités artistiques.

Je n'ai pas pu cependant refuser l'offre du Théâtre du Nouveau Monde où, pendant les quelque dix années qui ont suivi, avec Jean Gascon d'abord et Jean-Louis Roux par la suite, j'ai vécu un époustouflant chapitre de ma carrière.

Quand on est invité à faire les beaux jours de la plus importante troupe professionnelle du Canada, on ne songe plus à faire son petit Thespis avec sa charrette et ses éléments de décor. On se dit qu'au lieu de diviser les forces, on a tout avantage à les rassembler. J'ai mis de côté tout projet personnel. J'étais d'accord avec la politique du TNM et j'ai emboîté le pas.

Avant le début du tournage de la série *D'Iberville*, je m'étais offert mes premières petites vacances à la Martinique, où je lisais fébrilement *Iberville le conquérant,* de l'historien Guy Frégault. C'est là que j'ai reçu un télégramme de Montréal adressé à mon nom avec le titre de directeur artistique associé au TNM Si j'en juge par mon agréable surprise, l'expéditeur avait grandement réussi son effet. C'était Lucien Allen, le nouveau directeur administratif du TNM qui, au nom de Jean Gascon et Jacques Languirand, alors secrétaire général, m'invitait officiellement à me joindre à la troupe.

[DEUXIÈME ACTE]

SCÈNE I

Les troublants personnages de l'Orphéum

Fabrizzi • Eilif • Gildor • Le Preacher • Lorenzaccio

SCÈNE II

Le premier grand Montréalais

Pierre Le Moyne d'Iberville

SCÈNE III

Les années 1960 s'emballent

Rodrigue • Falcon • Hamlet • Le *Player King* • Tartuffe • Malvolio • Sauvageau • Figaro

SCÈNE I

LES TROUBLANTS PERSONNAGES DE L'ORPHÉUM

Ils sont cinq et ils ont en commun d'appartenir à trois saisons extraordinaires dans un beau grand théâtre de la rue Sainte-Catherine, l'Orphéum, où le Théâtre du Nouveau Monde s'est installé pendant quelques années.

Vers 1963, au TNM, on décida de faire appel à du sang neuf, de se donner de nouveaux moyens techniques et de revenir à un répertoire de grands textes tout en ouvrant la porte à deux dramaturges québécois.

Jean-Louis Roux, l'un des fondateurs, avait quitté la troupe pour des questions professionnelles et personnelles et Jean Gascon, un autre fondateur, riche de ses expériences de mise en scène à Stratford, voulut donner un nouveau souffle à sa compagnie montréalaise.

Le TNM décida de s'offrir les services d'un directeur technique, David Peacock, et Jacques Languirand devint secrétaire général et *dramaturg* – c'est le nom que les Allemands donnent à celui qu'on nomme aujourd'hui auteur en résidence. Enfin, c'est aussi le moment qu'on choisit pour m'inviter à faire partie de la troupe, occasion tant attendue que je n'allais pas rater.

Le théâtre Orphéum

Jean Gascon et Jean-Louis Roux ont fait leur cours classique au prestigieux Collège Sainte-Marie, et c'est sur la scène de cette institution, le théâtre du Gesù, qu'ils ont, étudiants, joué leurs premiers rôles. Tout comme l'avait fait une quarantaine d'années avant eux un autre Albert Millaire qui avait aussi été l'élève des jésuites du Collège Sainte-Marie et qui, m'a-t-on dit, aurait joué la comédie sur cette même scène. C'était mon père, Émilien-Albert.

Après sa fondation, le TNM s'est donc tout naturellement installé au Gesù, et c'est là que les jeunes comédiens de ma génération ont, dans les années 1950, assisté à des soirées de théâtre enthousiasmantes, d'un professionnalisme qui a fait école non seulement à Montréal mais au Canada tout entier. On nous ouvrait la voie et nous nous y sommes engagés.

Pendant les représentations de *Lorenzaccio,* j'allais dans les écoles parler aux étudiants et à leurs professeurs pour vanter les qualités du spectacle. Les jeunes se retrouvèrent nombreux au balcon du théâtre. Dans ces années-là, au Québec, il n'y avait pas beaucoup de caryatides aux seins dénudés. Celles de l'Orphéum devaient bien amuser les jeunes qui prirent le théâtre d'assaut. Le public adulte aussi fut au rendez-vous. Quel bonheur, l'Orphéum était plein !

Quand, en 1964, Jean Gascon m'invita à me joindre à sa troupe, le TNM avait quitté le Gesù depuis quelques années pour s'installer au théâtre Orphéum.

Premier théâtre à Montréal, construit pour le vaudeville, l'Orphéum était situé au coin des rues Sainte-Catherine et City Councillors, à l'est du magasin La Baie. Anciennement le chic Morgan, il a été nommé Orphéum en 1910 en l'honneur d'Orphée, époux d'Eurydice, un poète et musicien s'accompagnant à la lyre qui chantait d'une manière si suave que les montagnes se déplaçaient pour venir l'entendre.

C'est Gratien Gélinas qui, en 1956, fit revivre la scène de l'Orphéum devenu cinéma. En s'y installant espérait-il que le mont Royal se « déplace » pour venir l'entendre ? Il ne me l'a jamais avoué.

L'Orphéum et les *Fridolinades 1956*

À partir des années 1930 et pour les 50 autres qui suivront, Gratien Gélinas fut l'un des plus brillants artisans du spectacle à Montréal et dans tout le Canada francophone.

Son omniprésence sur les scènes montréalaises fut grandement redevable à son personnage de Fridolin, petit garçon de la rue, avec sa vieille casquette de tweed posée de travers sur la tête, son chandail du Canadien troué et son *slingshot*. Les *Fridolinades*, revues romantico-politico-humoristiques, étaient faites de saynètes, de danses et de chansons, le tout présenté entre les différents monologues du truculent Fridolin.

Pendant plusieurs années, monsieur Gélinas a réjoui son vaste public avec une nouvelle mouture des *Fridolinades* à chaque saison théâtrale. Puis, après celles de 1946, silence. Fridolin se tenait à l'écart, mais monsieur Gélinas surprit le Tout-Montréal avec la présentation de *Tit-Coq*. Ce fut un énorme succès et la pièce fut jouée pendant un an dans le même théâtre, je crois, ou tout au moins on y fêta la centième représentation.

À l'affiche rue Sainte-Catherine

En 1956, dix ans après les dernières *Fridolinades,* monsieur Gélinas décida de réveiller son Fridolin et de mettre en scène de nouvelles *Fridolinades*. Comme l'avait fait un an plus tôt Paul Hébert, pour m'enrôler dans la mise sur pied de son Théâtre Chantecler, Gratien se présenta au Conservatoire et demanda à mon directeur la permission de me prendre dans sa troupe des *Fridolinades 1956*.

Nous nous retrouvâmes donc à l'Orphéum, où il n'y avait eu que du cinéma depuis 25 ans. C'est ainsi qu'encore une fois je devins menuisier, peintre, électricien, assistant régisseur, danseur, chanteur et un peu comédien. Je donnais la réplique à trois magnifiques jeunes comédiennes : Ginette Letondal, Monique Lepage et la toute mignonne débutante Dominique Michel. Ce fut l'occasion de mon premier gros cachet : 100 dollars par semaine. J'étais entré dans le « grand club », merci monsieur Gélinas !

Les Fridolinades
avec Gratien Gélinas, Monique Lepage (en haut) et Ginette Letondal (en bas).

FABRIZZI

La pièce *Le système Fabrizzi*, d'Albert Husson, mise en scène par Gabriel Gascon, a été présentée au Théâtre du Nouveau Monde en 1964.

L'autre homme de théâtre de la famille Gascon, c'est Gabriel, à qui on a confié la mise en scène de la charmante pièce d'Albert Husson, *Le système Fabrizzi*. Husson est l'auteur à succès dont la pièce *La cuisine des anges* a tenu l'affiche à Paris pendant 3000 représentations, ce qui équivaut à 15 années de la carrière d'un comédien. Trois engagements comme celui-là et vous héritez d'un curriculum vitae assez court mais tout de même assez convaincant !

Quant à mon Fabrizzi, il nous fit valoir les mérites de son système sur la scène de l'Orphéum pendant les quatre semaines de représentations suffisantes au public montréalais.

Sacha Pitoëff avait créé le rôle à Paris. C'était un comédien hors du commun, imprévisible, d'une présence troublante, qualités que j'ai toujours admirées chez lui. Je ne l'ai pas vu jouer Fabrizzi, mais quand on m'a remis mon texte publié dans *Paris-Théâtre,* j'avais sous les yeux une douzaine de photos de la production parisienne, et surtout l'étrange tête de Pitoëff, à qui j'ai tout de suite voulu ressembler. Il me semblait impossible que le personnage se présente autrement. Avec l'accord du metteur en scène, je me suis donc fait dessiner et construire un postiche, quelque chose entre bouc et barbichette.

J'ai dû apprendre à jouer de la flûte, car Fabrizzi en joue, et en plus, il fut décidé que tout au long du spectacle j'aurais comme compagne une belle colombe blanche. Posée sur mon bras droit ou sur une épaule, elle semblait suivre avec beaucoup d'intérêt les péripéties amusantes de la pièce. Elle fut fidèle et attentive pendant toutes les représentations.

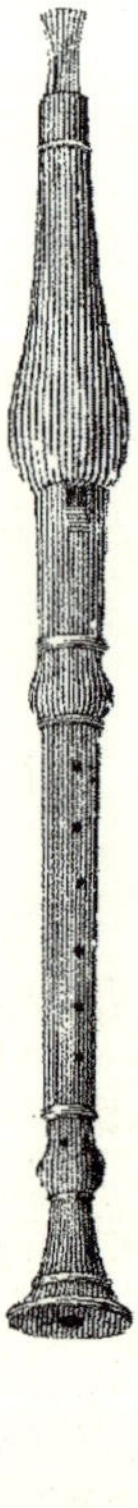

Est-ce la blanche colombe qui a eu un blanc ?

Si l'auteur Albert Husson avait connu la récente crise économique et les différents escrocs canadiens et états-uniens qui, en 2009, ont fait pleurer bien des spéculateurs, la pièce aurait pu être nommée *Le système Madoff*. Mais voilà que nous sommes à Rome, dans un autre temps, et que ce monsieur Fabrizzi emprunte à 30 pour cent et prête à trois pour cent. Qui est-il ? Un fou, un escroc, un ignorant qui ne sait pas compter, un milliardaire philanthrope ? Son système est classique ; en prêtant à faible intérêt il inspire confiance et reçoit de grosses sommes sur la

Avec Paul Berval et Georges Carrère. Nullement impressionnée par la présence du public, ma colombe, comédienne ailée et consciencieuse, a respecté l'ouverture de scène, le fameux quatrième mur, et a résisté à la tentation d'aller se faire caresser par un spectateur attendri.

promesse d'intérêts énormes... qu'il ne verse jamais. Fabrizzi est un personnage ratoureux et enjôleur que j'ai eu beaucoup de joie à découvrir de soir en soir avec ma colombe, qui semblait la seule dans le secret.

Comme pour tous les spectacles de théâtre, il a bien fallu qu'il y ait une première. De toutes mes apparitions sur scène, la première du *Système Fabrizzi* s'inscrit dans la case « grande panique ».

C'est évident, un soir de première, on a le trac. Le bon trac, que les comédiens entretiennent parce qu'ils y tiennent. C'est leur drogue qui va les faire passer de l'ordinaire à l'extraordinaire. Mais quand, en plus, on doit jouer de la flûte, se faire accompagner d'une colombe un peu fébrile et donner la réplique à une dizaine d'autres personnages qui viennent tour à tour vous compliquer l'existence, la peur du vide est grande. Car c'est ça, entrer en scène, c'est faire la pirouette au-dessus du vide. On joue sans filet, comme on dit dans le métier.

Il vaut mieux alors respirer profondément, demander à son cœur de battre le plus normalement possible, laisser le trac dans la loge et rester en contrôle. Mais quand arrive le « blanc », adieu contrôle !

Ce soir-là il y eut non pas le « blanc » de la décennie, mais le « blanc » du siècle. Ce n'était pas un trou de mémoire, c'était un cratère. Tous les comédiens étaient en scène et aucun ne semblait savoir qui devait parler. Nous étions tous et toutes sidérés, immobiles, pendant un temps tellement long que j'ai cru que le public allait tout simplement quitter la salle. J'aurais souhaité que la colombe se transforme en perroquet pour nous crier le texte avec un léger accent antillais.

Le comédien Georges Carrère, qui connaissait les vieux trucs d'acteur, s'est tourné vers moi dans cet indescriptible silence et a dit très fort : « Vous disiez ? » Comme disait la concierge du comédien Henri Norbert : « L'épée de madame Auclès était sur ma tête ! » C'était très vache ce que Georges venait de me faire ; maintenant tout le monde pensait : « Ah ! c'est Fabrizzi qui devait parler. »

Le cauchemar s'arrête ici, je ne me souviens absolument pas comment nous nous en sommes sortis, et ceci n'est pas un blanc, c'est un noir... total.

Pas de vacances pour Fabrizzi

Je ne sais pas si c'est encore vrai, mais on raconte que le nombre de longs-métrages tournés chaque année dans un pays équivaudrait au nombre de millions de citoyens. Comme les populations du Canada et surtout du Québec sont assez modestes, les longs-métrages ne se comptent pas par centaines, de sorte que si vous

La barbichette postiche de Fabrizzi n'était vraiment pas faite pour se balader en voiture décapotable…

n'êtes pas une des trois personnes présentes dans tous les films, vous risquez d'apparaître au cinéma à peu près à tous les 10 ans, ce qui est mon cas.

Lorsqu'on m'offrit de jouer un rôle assez important dans *Pas de vacances pour les idoles*, je n'ai donc pas hésité à m'embarquer avec candeur dans une aventure aussi imprévisible que le résultat fut catastrophique.

Le chanteur coqueluche immensément populaire Joël Denis en était la vedette et je devais être son genre de secrétaire très intellectuel aux prises avec les mésaventures de la star et de ses « groupies ».

Avant le début du tournage, je demandai qui allait m'aider à me faire une tête de circonstances. On m'apprit que l'infiniment maigre budget ne permettait pas la présence d'une maquilleuse. Ça commençait bien.

Je fouillai dans mon coffre à maquillage, trouvai une paire de lunettes en corne, que j'avais utilisée, étudiant, lorsque ma mère avait décidé que je devais porter des lunettes – le lieu commun exige qu'un intellectuel porte des lunettes – puis, ô merveille, qu'est-ce que j'ai trouvé ? La barbichette postiche de Fabrizzi que j'avais abandonnée entre deux bâtons de fard à la dernière représentation du *Système Fabrizzi*. Mon personnage de scribouilleur attardé était trouvé. Je savais qu'Antonio Fabrizzi avait un certain humour, mais de là à mettre sa tête en jeu dans *Pas de vacances pour les idoles*…

En 2000, la science et la médecine, grandement aidées par mon chirurgien, le docteur Richard Ratelle, m'ont sauvé d'un cancer de l'œsophage. Le lendemain de la très dangereuse et très longue intervention chirurgicale, étendu avec les 14 tubes qui me sortaient de partout, et suçant un morceau de glace, je regardais attentivement le plafond quand une infirmière a gentiment ouvert la télévision. Qui ai-je vu à l'écran ? Fabrizzi dans une décapotable blanche. Je me suis cru encore sous l'effet d'une drogue quelconque, mais non, c'était la réalité dans ce qu'elle peut avoir de plus déconcertant. J'assistais bien à une diffusion de l'un des plus mauvais films québécois, *Pas de vacances pour les idoles.* La vie m'avait déjà fait une méchante blague en m'envoyant sur le bloc opératoire, mais là elle se foutait carrément de ma gueule !

À la dernière du *Système Fabrizzi*, à un certain moment de la pièce, ma colombe s'est subitement envolée dans les cintres, au-delà des projecteurs, et je ne l'ai jamais revue. Elle a certainement eu un pressentiment et la panique s'est emparée d'elle à l'idée de devoir jouer à mes côtés dans le film *Pas de vacances pour les idoles.*

EILIF

La pièce *Mère Courage*, de Bertolt Brecht, mise en scène par John Hirsch, a été présentée au Théâtre du Nouveau Monde en 1965.

Mère Courage a deux fils et une fille muette, Catherine. Eilif est l'aîné et son jeune frère a pour nom Petitsuisse. Les trois sont évidemment nés de pères différents. La mère est cantinière et, avec sa charrette, elle déambule péniblement sur les routes encombrées de cette Europe centrale minée par le grand fléau que fut la guerre de Trente Ans, qui déchira l'Allemagne entre 1618 et 1648. L'action de la pièce se déroule en 1624, pendant une période de recrutement de troupes pour mener une campagne contre la Pologne.

Bertolt Brecht a fait de l'entrée en scène de la mère, Anna Fierling, tirant sa misérable charrette avec l'aide de ses fils, l'événement théâtral du XXe siècle. Ils chantent :

> « Le printemps vient, debout chrétiens !
> La neige a fondu sur les morts.
> Et tout ce qui se traîne encore
> Repart en guerre sur les grands chemins. »

La mère, c'était la grande Denise Pelletier, qui était magnifique, mais par moments, nos personnages s'effaçaient devant l'extraordinaire et si mémorable interprétation de Dyne Mousso dans son rôle de la sœur muette.

Une fois encore, elle faisait appel à son irrésistible présence scénique pour jouer le silence dans ce théâtre à texte très brechtien proposé avec constance aux acteurs et au public. Je la revois sur le toit d'une maisonnette avec un tambour, dont elle se servait pour nous avertir d'un danger imminent... scène électrisante.

Jean Gascon avait confié la mise en scène au fondateur du Manitoba Theatre Centre de Winnipeg, John Hirsch. John était originaire d'un pays d'Europe centrale et connaissait bien l'histoire en général, et le théâtre de Brecht en particulier. Pour quelques-uns d'entre nous, les répétitions prenaient un caractère tout à fait inusité ; John ne parlait pas français et Gascon traduisait à mesure. L'expérience était nouvelle et somme toute assez enrichissante puisque Jean, tout en traduisant, y mettait un peu du sien.

Quant au *look* de mon jeune mercenaire, ce fut sans doute la seule fois où je n'eus pas recours à un coiffeur pour dessiner la tête de mon personnage. J'ai appliqué la méthode « bol à salade ». Je m'en suis mis un sur la tête, et un copain a coupé ce qui dépassait.

Bertolt Brecht et notre temps

Que va-t-il arriver des fantastiques écrits de cet auteur qui avait choisi le communisme, le militantisme, ainsi que l'aveugle idéalisme et la paranoïa de l'Allemagne de l'Est ? C'est sans doute un peu facile aujourd'hui de jeter un œil critique sur ces prises de position très radicales, car à l'époque elles étaient tentantes. Tellement que je trouvai essentiel de me rendre sur place pour voir le phénomène brechtien de près.

C'est ainsi qu'en 1963, je fus reçu pour un court stage au Berliner Ensemble à Berlin-Est. C'est madame Weigel elle-même, la femme de Brecht, qui m'a accueilli et présenté à la troupe. J'y ai vu des spectacles dans les mises en scène de l'auteur, avec des comédiens qui m'initiaient enfin à la fameuse méthode brechtienne – ce *Verfremdungseffekt* (effet de distanciation) –, qui invite l'acteur à prendre ses distances avec le personnage ; un peu comme s'il jouait à côté de lui en le regardant, au lieu de se perdre dans le personnage et de le vivre. Ça m'a toujours semblé une attitude très objective mais extrêmement froide.

Je n'ai eu que de l'admiration pour ce jeu, incapable de mettre en doute les méthodes classiques que j'avais toujours adoptées pour aborder mon métier. Les méthodes, les politiques et les régimes ont passé, et il reste heureusement, de Bertolt Brecht, des œuvres d'une profonde universalité qui resteront sans doute d'actualité.

Mère Courage refuse de donner ses fils à l'armée mais elle profite de la guerre. Ça, c'est humain et universel, pas politique.

Vorwärts auf Berlin

J'ai fait ce premier voyage à Berlin à la fin de l'automne 1963. Même si les relations entre l'Est et l'Ouest étaient encore tendues, on pouvait, avec un passeport canadien, accéder assez facilement à Berlin-Ouest. Après m'être assuré que ma petite famille ne manquerait de rien à Paris pendant mon absence, je me suis donc installé dans un coin de compartiment d'un train de nuit avec un casse-croûte, et Henry Miller, que je découvrais à cette époque.

Comme il n'était pas question que je demeure à Berlin-Est, je fus accueilli dans une sympathique pension de Berlin-Ouest, dans la Kurfustendamstrasse qu'aujourd'hui les touristes fréquentent en découvrant un Berlin complètement transformé, avant-gardiste et démentiellement tourné vers l'avenir.

En 1963, il y avait encore des ruines sur lesquelles des fleurs poussaient. On reconstruisait sans cesse, et les alliés occidentaux investissaient des sommes faramineuses dans la survie de ce morceau d'Allemagne de l'Ouest isolé derrière le Rideau de fer et entouré d'un tristement célèbre mur.

Tous les jours, à Checkpoint Charlie, je traversais à l'Est pour me rendre à pied à la Bertholt-Brecht-Platz, où se trouvait le théâtre du Berliner Ensemble et où je passais la journée et souvent la soirée, quand je devais assister à une représentation théâtrale. Je me demande encore comment j'ai trouvé le courage de marcher la nuit dans ces rues désertes et sombres vers le mur, où m'attendaient de jeunes soldats est-allemands au regard froid, les mains soudées à leur mitrailleuse. J'avais l'impression qu'un faux pas pouvait m'expédier pour l'éternité dans quelque fausse commune soviétique.

Et que dire de la tristesse qui régnait à Berlin-Est, et de l'omniprésence soviétique, au point qu'un soir où j'assistais à un spectacle, toute l'assistance avait célébré la présence du célèbre monsieur Mikoyan. Je dois avouer que ma joie chaque soir de revenir à l'Ouest, de saluer les soldats britanniques qui veillaient sur moi, de sauter dans le joyeux tramway qui allait me ramener à ma doudoune occidentale prenait presque le dessus sur mes amours brechtiennes.

Ici, je sens le besoin de souligner que la ville de Berlin est au nord-est de l'Allemagne. Après la guerre, elle s'est donc retrouvée au centre d'un territoire totalement occupé par les Soviétiques. Dans ce Berlin, les forces alliées de l'Ouest, dont les Britanniques et les Américains, qui avaient collaboré à la prise de la ville, occupaient un certain territoire qu'on a nommé Berlin-Ouest. Cette enclave n'était pas très grande, et les Berlinois de l'Ouest y étaient confinés ; ils ne pouvaient pas en sortir et devaient organiser leur vie dans les limites de ce territoire.

Il m'offre sa femme et… sa fille

Il est venu vers moi à l'entrée du théâtre Schiller à Berlin-Ouest, où j'allais souvent assister à des spectacles. Il avait à peu près mon âge, gentil, curieux et surtout très disposé à établir entre nous un contact chaleureux qui lui permettrait enfin de m'inviter à sa table, ce qui évidemment arriva.

Nous avons parlé anglais tous les deux et sa femme unilingue a dû se contenter des rares traductions qu'il lui faisait et de mes quelques baragouinages en allemand. Elle était très jolie, avec sa peau très blanche, ses cheveux et ses yeux noirs, discrète et très douce. Leur petite fille d'environ trois ans, charmante, était une copie parfaite de sa maman.

À la fin du repas, alors que la conversation se dirigeait vers l'Expo 67, qui allait avoir lieu chez nous, il me dit que son vœu le plus cher serait que sa femme et sa fille sortent de Berlin-Ouest et viennent vivre au Canada, et à brûle-pourpoint, il me demanda de les prendre avec moi.

Au bout de son désespoir, prêt à renoncer à tout ce qui lui était le plus cher, et ignorant volontairement le fait que j'étais marié et père de deux enfants, il m'abandonnait sa femme et sa fille pourvu que je les fasse sortir de leur prison berlinoise.

Je n'ai pas rêvé cette scène, ce n'est pas de la fiction, je l'ai vécue, et ce jeune couple était vraiment emprisonné dans sa ville comme sa parenté dans Berlin-Est.

Il est bien évident qu'il n'y a pas eu de suite. Cette scène devait s'effacer d'elle-même, comme si elle n'avait jamais eu lieu, mais pour cette petite famille le cauchemar continuait. Quelques années plus tard on a adouci les règles de la prison dorée, et les Berlinois de l'Ouest ont pu se déplacer à leur guise.

Un train d'enfer

Puis vint ce jour où je dus quitter Berlin la coupable, la détruite, la divisée, pour regagner mes pénates parisiens. Ce voyage m'avait plongé au cœur de deux grands rêves qui s'étaient substitués l'un à l'autre dans le sang et la négation des droits fondamentaux de l'être humain : le nazisme et le communisme.

Avant de me rendre à la gare, je m'arrêtai dans un petit magasin d'alimentation et me composai un casse-croûte classique : jambon, fromage, pain et une bouteille de vin blanc. Dans le compartiment, il n'y avait que des Allemands, et la conversation consistait surtout en une gestuelle digne des plus avant-gardistes ballets modernes. Mes compagnons reluquaient ma bouteille de vin avec des sourires entendus qui m'invitaient à entrevoir en temps et lieu un certain partage.

Au moment où le plus affamé donna le signal du repas, saucissons, fromages, et chocolat noir se mirent à danser dans le compartiment. J'ouvris facilement ma bouteille de vin, qui n'était pas bouchée au liège, et sous les regards très attentifs de mes compagnons de voyage, m'envoyai une grande rasade de ce liquide.

Ce qui se passa à ce moment précis dans ma bouche et dans mon corps en général fut à peu près semblable à l'explosion d'une bombe. Courbé en deux j'étouffais, je pleurais, abandonné à mes voisins qui, croulant sous les fous rires, tentaient de me ramener à la vie en me gratifiant de grandes tapes dans le dos. Par mégarde j'avais acheté une bouteille de schnaps, ce terrible alcool de pommes de terre.

Les Allemands qui m'entouraient avaient bien vu l'étiquette, mais fins renards ils n'avaient rien dit, attendant l'instant prometteur où ils découvriraient enfin si je savais ou non. Les heures qui ont suivi ont été très joyeuses, il n'y avait pas de mur ni de Rideau de fer, seulement des rails et un joyeux wagon qui filait vers l'Occident.

Chanson de la femme et du soldat

Mère Courage, malgré son acharnement à protéger et à garder ses enfants, va perdre Eilif, son fils aîné. Devenu soldat, il ira apprendre à tuer les paysans pour se nourrir et ne se séparera plus de son grand sabre.

J'avais appris cette *Chanson de la femme et du soldat*, mais jusqu'aux répétitions générales dans le théâtre, je ne savais pas encore ce que John allait me proposer comme mise en place. Tout à coup, il me mit un grand sabre entre les mains et me dit : « Va dans le hall du théâtre, et comme tu es escrimeur, invente-toi une danse du sabre pour accompagner ta chanson. » Rien de moins. Je me retrouvais improvisateur en danse du sabre. Bien sûr, j'avais été escrimeur, mais mon arme c'était le fleuret et encore, à la française, discipline assez délicate si on la compare au hache-viande des flibustiers.

Chorégraphier cette danse fut long et pénible, car un sabre c'est lourd. Enfin, j'arrivai à mettre au point un numéro de foire légèrement japonisant qui eut l'air de plaire à tout le monde.

GILDOR

La pièce *La dalle des morts*, de Félix-Antoine Savard, mise en scène par Jean Gascon, a été présentée au Théâtre du Nouveau Monde en 1965.

Monseigneur Félix-Antoine Savard a fait comme la plupart des écrivains, il s'est projeté dans un beau personnage. Le sien c'est un jeune coureur de petits boisés qui chante et prend toute la nature dans ses bras en y gardant tout de même une belle place pour une jeune femme, car il est amoureux. Gildor c'est Ariel, ce léger personnage de *La tempête* de Shakespeare, aérien, insaisissable et charmant, aimant chanter des chansons pleines de poésie et de vastes espaces. C'est un oisillon qui veut quitter le nid et voler à la découverte de son grand pays.

Mais voilà que son amoureuse, interprétée par Michelle Rossignol, ne pense pas comme lui car elle ne veut pas se joindre aux femmes qui, entre quatre murs, attendent le retour de leur homme et qui à leur façon font leurs « voyages ». À ce sujet d'ailleurs, je me souviens de très belles scènes bien écrites qui donnaient la parole à ces femmes presque cloîtrées.

Aux débuts de la colonie, les hommes s'absentaient pendant de longs mois pour aller trapper, faire le commerce des fourrures ou tout simplement « voyager » afin de découvrir le pays. Plus tard, ils quitteront leur famille pendant les longs mois d'hiver pour aller bûcher dans les chantiers.

La pièce, intitulée *La dalle des morts*, est beaucoup plus joyeuse que son titre. Félix-Antoine nous y rappelle que ces coureurs des bois savaient chanter et raconter. La plupart étaient illettrés et s'appuyaient sur une solide tradition orale pour agrémenter les longues soirées dans les camps, les pieds bien au chaud près des « tortues », ces petits poêles à bois sur lesquels on faisait des toasts de pain de ménage le matin. Ce n'était pas le pain des femmes mais celui du brave cuisinier, qui ne pouvait malheureusement pas mettre autant d'amour à pétrir.

Nous chantions beaucoup dans ce spectacle où monseigneur Savard fait remonter, du fond des âges, de jolis textes sur des musiques joyeuses et entraînantes qui maintenaient la persévérance des voyageurs pagayeurs qui, dans leurs légères embarcations, sillonnaient le continent à la conquête de nouveaux pays, de nouveaux horizons, quand ce n'était pas de belles Amérindiennes. Mais de cela monseigneur n'en parlait pas.

Dans *La dalle des morts*, je chantais *La perdriole* à Michelle Rossignol pour la convaincre de me laisser voler vers l'inconnu.

« Au premier mois de l'année
Que donnerais-je à ma mie ?
Une perdriole
Qui va, qui vient, qui vole,
Une perdriole
Qui vole dans le bois. »

Félix-Antoine, maître papetier

Félix-Antoine, qui assistait souvent aux répétitions, m'avait adopté ; il l'aimait beaucoup son Gildor, et je pense que ce fut pour lui une rare joie d'assister à la représentation de son œuvre sur scène, avec son beau texte qui sortait du livre pour prendre vie. Et je ne veux pas m'amuser ici à faire une métaphore ennuyante. Le livre était en effet le seul refuge des écrivains québécois qui poussaient leur talent du côté de la dramaturgie.

Monter un auteur québécois, c'était lui faire un cadeau. Seuls les Dubé et Gélinas se faisaient entendre parce qu'ils se tenaient près du vrai monde, comme on dit, mais les autres, et surtout les Anne Hébert, Félix-Antoine Savard et Jacques Ferron, dont l'approche était plutôt poétique, dormaient doucement sur les rayons des bibliothèques.

L'auteur de *Menaud, maître-draveur* semblait s'y connaître en foresterie et en essences de toutes sortes si on considère ses écrits, ses personnages et la grande création de sa vie, la papeterie Saint-Gilles.

Après le bel événement de *La dalle des morts* nous sommes restés amis, mais je ne l'ai pas revu autant que je l'aurais souhaité, malgré mes nombreuses visites dans Charlevoix – car j'ai depuis longtemps le bonheur de visiter de grands amis à Cap-aux-Oies, un peu après Les Éboulements. Souvent, après avoir traversé la très touristique Baie-Saint-Paul, je descendais à Saint-Joseph-de-la-Rive faire acte de présence à la maison de Félix-Antoine et à la papeterie. À chaque visite, Gildor remontait en moi comme le tendre représentant d'une inspiration poétique pure.

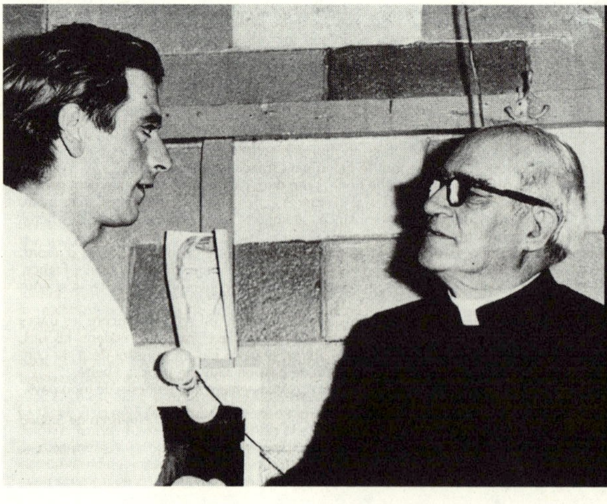

Gildor avec monseigneur Félix-Antoine Savard à l'issue de la première. Pour paraphraser Musset, je dirais : « Poète, prend ton luth et raconte-moi mon pays. »

SCÈNE I

LE PREACHER

La pièce *Klondike*, de Jacques Languirand, mise en scène par Jean Gascon, a été présentée au Théâtre du Nouveau Monde en 1964.

Un peu comme mon tout premier personnage, l'Homme dans la pièce *Noé*, le Preacher n'a qu'une scène à la fin de la première partie, juste avant l'entracte. Il est littéralement propulsé en scène comme une pièce de pyrotechnie qui explose en une multitude de mots qui, bien choisis et bien imbriqués les uns dans les autres, forment un long poème mis en musique à la manière d'un *sprechgesang* allemand. C'est-à-dire une sorte de chanson parlée en rythme. Il m'en revient ceci :

« L'épine de ma rose,
tu sens l'apothéose,
la fumée de ton feu... »

Et là je ne sais plus. Ce dont je me souviens c'est que ça ne durait que quelques minutes et que je sortais de là complètement épuisé après avoir fait un numéro quelque peu époustouflant. Le rideau tombait et le rôle du Preacher était terminé. Pendant la deuxième partie du spectacle, j'attendais le moment de me joindre à mes camarades pour les saluts.

Un *preacher* est un prédicateur qui a pour mission de répandre la « bonne nouvelle ». Le mien est sans doute issu de quelque secte religieuse qui n'a pas réussi à satisfaire les envies de conquêtes du jeune pasteur, et le voilà qui fait cavalier seul dans un bar enfumé, où une bande de chercheurs d'or plus ou moins ruinés et complètement désabusés tentent d'obtenir gratuitement au moins un sourire bienveillant des quelques déesses prostituées qui lèvent la jambe sans enthousiasme.

Tout est solitude et désespoir car nous sommes au Klondike. Tout est spectacle, humour et musique, car c'est Jacques Languirand qui signe ici une œuvre qui se situe entre la comédie musicale, le théâtre brechtien et la fresque historique. Le spectacle a tout simplement pour nom *Klondike*.

Il était aussi tentant, je pense, d'écrire à propos de la ruée vers l'or que de répondre à l'appel du veau d'or perdu au-delà des montagnes enneigées de l'Ouest canadien.

J'ai toujours pensé que Languirand avait concocté un texte dense et original permettant d'élaborer un grand spectacle épique.

Le seul *preacher* francophone de Londres

Klondike était un bien beau spectacle, avec une distribution de premier plan de comédiens, chanteurs, danseurs et musiciens. L'action se passait dans un dispositif scénique fait de plateaux plus ou moins hauts réunis par des passerelles, tout ceci construit à l'aide de bois naturel et de perches qui recréaient l'atmosphère oppressante de la forêt boréale. Au centre du décor, il y avait une scène tournante sur laquelle je revois encore un Gabriel Gascon qui, tout le monde le découvrait, chantait comme un dieu.

À cette époque, le Commonwealth existait toujours et réunissait dans une sorte de confédération commerciale la plupart des pays qui avaient jadis servi à former l'Empire britannique. Invité à participer à Londres au Commonwealth Art Festival, le TNM décida d'y présenter notre *Klondike* et *L'école des femmes* de Molière, qui mettait en vedette, à Montréal, Jean Gascon et Geneviève Bujold dans le rôle d'Agnès. Mais Geneviève était déjà très engagée dans sa jeune carrière cinématographique et elle ne pouvait pas nous accompagner à Londres. Jean fit donc appel à la toute jeune et toute mignonne Louise Marleau.

À Londres, lors d'une des premières magnifiques réceptions auxquelles nous avons été conviés, nous nous sommes rendu compte que parmi les 300 artistes présents non seulement nous étions les seuls francophones, mais en plus les seuls blancs. Louis XV, le lâcheur, eut été passablement étonné de nous voir là !

Dans l'avion qui allait nous permettre d'affronter les projecteurs du festival londonien, il y avait d'autres invités : l'Orchestre symphonique de Toronto et une troupe de danseurs et danseuses folkloriques de Montréal, les Feux Follets.

Nous étions tellement heureux de faire ce voyage, et surtout d'aller jouer à Londres sur la scène de sir Laurence Olivier, à l'Old Vic Theatre ! L'année précédente j'avais fait, à Londres, un stage de mise en scène d'opéra à la Royal Opera House de Covent Garden, et le fait de revoir cette ville avec laquelle j'étais tombé en amour m'excitait beaucoup.

À l'époque, dans les aéroports, les mesures de sécurité n'existaient pas. Nous étions libres de transporter ce que nous voulions dans nos bagages de cabine, y compris une bouteille de scotch.

Le groupe d'acteurs dont je faisais partie, c'est-à-dire le groupe des emmerdeurs, avait émis un dictat de la première importance : il fallait boire un premier

Avec son parapluie, dont il se sert comme de la baguette magique de quelque sorcière de foire, mon Preacher s'efforce de dénicher Satan dans tous les coins de l'estaminet, en prêchant davantage la crainte du Diable que celle de Dieu.
Me voici devant tout ce beau monde, en tête à tête avec l'adorable Guy Hoffman.

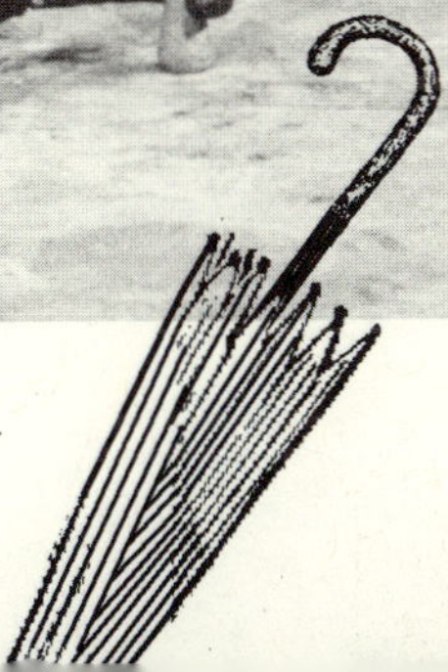

coup au moment du décollage et un dernier au moment précis de l'atterrissage. L'exploit fut réalisé facilement. Je me souviens du décollage mais pas de l'arrivée à Londres.

Pour ajouter à notre ferme intention d'encadrer ce vol de nos joyeuses libations et de nos très bruyantes manifestations vocales, qu'elles soient en chansons ou en vociférations de toutes sortes, nous avons appris que le directeur des Feux Follets avait interdit à ses danseuses d'adresser la parole aux comédiens du TNM. Nous n'avions vraiment pas besoin de cette provocation. Chères petites danseuses, nous ne les avons pas beaucoup laissé dormir. Nous avons été gentils mais insistants. Elles nous ont opposé le froid regard de la « vierge offensée. » Et si quelque neuf mois plus tard, comme c'était la mode à l'époque, le directeur des Feux Follets s'est retrouvé avec quelques marmots sur les bras, aucun acteur du TNM ne pouvait en revendiquer la paternité.

Pendant des années j'ai rencontré des gens au hasard qui, avec un petit air pincé, me disaient bonjour en ajoutant sournoisement : « J'étais du fameux vol de la BOAC* vers le festival du Commonwealth. » Je n'ai jamais trop su comment répondre… Peut-être quelque chose comme : « Eh bien ! Vous voyez, on s'en est sorti. »

Enfin dans les coulisses de l'Old Vic Theatre

Nous étions au théâtre de sir Laurence Olivier. Je ne pouvais pas le croire, j'allais jouer sur la scène où à l'année longue évoluait mon idole. En arrivant à Londres, nous avons fait nos derniers raccords dans la salle de répétition du maître. Là, rien pour s'émerveiller, toutes les salles de répétition du monde se ressemblent, mais j'étais quand même ému.

Une fois rendus au théâtre, nous avons remarqué que dans les loges, une porte restait barrée, ce qui m'a intrigué. C'était évidemment la loge très privée de sir Laurence. Au moment d'une pose, Jean Gascon et moi nous sommes retrouvés seuls dans le corridor qui menait à la célèbre loge. Au-dessus de la porte il y avait un vasistas vitré… Eh oui ! Comme deux gamins admiratifs et curieux, nous l'avons fait : Jean est monté sur mes épaules et à mon tour je me suis hissé sur les siennes. Nous avons vu l'intérieur de la loge du grand Larry, comme ses intimes l'appelaient.

Nous ne nous sommes jamais beaucoup vantés de ce petit exploit, mais pourtant, Jean Gascon sur mes épaules pour regarder dans la loge de sir Laurence Olivier, c'était un moment historique, non ?

* British Overseas Airways Corporation.

Du pub à la princesse

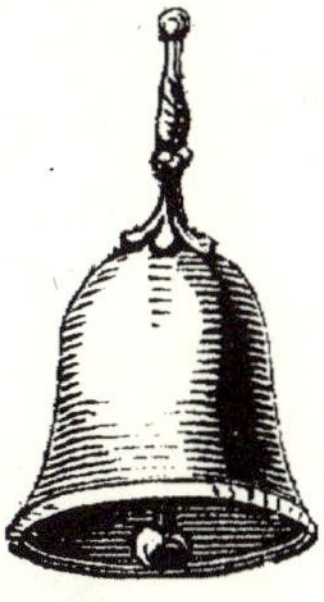

Il y a bien longtemps que je n'ai pas vérifié si la situation est toujours la même, mais l'Old Vic Theatre offrait un cadre idéal à tout acteur légèrement assoiffé par ses ébats scéniques. En effet, immédiatement voisine de l'entrée des artistes du théâtre, il y avait la porte d'un pub, les comédiens avaient donc accès très rapidement, une fois leur dernière scène jouée, à leur première pinte de Guinness en attendant calmement les saluts. Je dis calmement car, comble de raffinement, le directeur de plateau de l'Old Vic disposait du bouton d'une sonnette qui retentissait dans le pub, appelant les acteurs en scène pour les saluts.

Un soir, le patron du pub m'avait dit, en entendant la sonnette : « *Hurry mate, The Princess is waiting for you.* » C'était le soir où la très gentille et très non-conformiste princesse Margaret, sœur de la reine, avait assisté au spectacle et s'était donné la

peine de venir nous serrer la patte après la représentation. Accompagnée de son conjoint photographe, Lord Snowdon, elle avait sûrement deviné notre solitude dans le Commonwealth et nous avait adressé de bien beaux compliments dans la langue de Molière, qui, ce soir-là, pour nous, était celle non moins belle de mon ami Languirand.

Feu, feu, joli feu...

Pour des raisons techniques, politiques, pratiques ou autres, nous avons dû rapporter de Londres notre décor, même si les représentations étaient terminées.

Un beau grand jeune homme, qui désirait devenir comédien mais qui faisait partie de la distribution à titre de chanteur – il avait hérité d'une magnifique voix qu'on avait mise à profit dans le spectacle –, apprenant que la direction du théâtre devait se débarrasser de tout ce beau bois sec qui avait servi à notre dispositif scénique offrit d'en emmagasiner une bonne partie dans son sous-sol pour alimenter le foyer de son salon pendant les longs mois d'hiver. Personne ne passa de commentaire et le bois s'empila chez lui.

Un soir, alors que quelques copains et moi étions invités à prendre un verre chez lui, il se mit à s'activer avec une certaine solennité pour allumer un feu dans son foyer. Après deux ou trois efforts infructueux qui commençaient à nous amuser, il mit brusquement un terme à nos rires et nos sarcasmes et nous dit d'un air maussade : « Il y en a sûrement au moins un parmi vous qui aurait pu me prévenir, je ne la trouve pas drôle. »

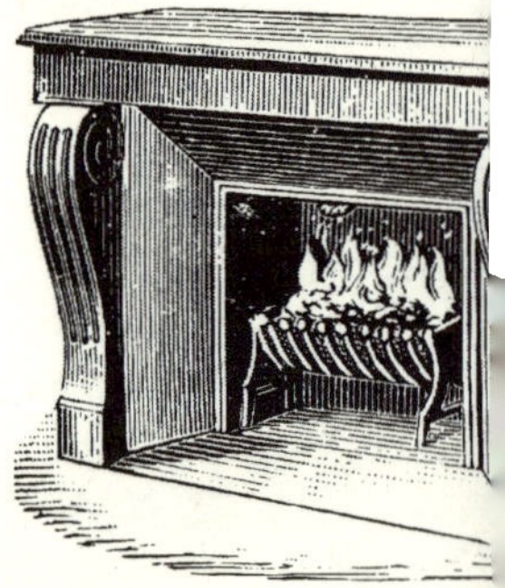

Tous les matériaux qui vont sur une scène, toile, bois, tapis et autres doivent être totalement ignifugés... c'est le règlement.

Pauvre garçon, on lui avait joué un bien mauvais tour...

Quelque chose ne tourne pas rond en Grande-Bretagne

L'Old Vic Theatre, à Londres, est un vrai théâtre à l'italienne avec une scène dotée, comme il se doit, d'une pente assez prononcée. Cette pente va en montant de l'avant-scène jusqu'au fond du théâtre. Quand notre directeur technique, le seul technicien que nous avions dans nos bagages, demanda aux machinistes du théâtre de procéder à l'installation de notre scène tournante, ce fut la catastrophe, à un point tel que la première représentation en fut compromise.

Puis, comme cela arrive toujours au théâtre, il y eut un miracle, et ce ne sont pas les anges du ciel britannique qui l'opérèrent mais bien les machinistes de l'Old Vic qui, vainqueurs, en profitèrent pour se moquer allégrement de nous en insistant sur notre manque d'efficacité technique. Ils étaient tellement heureux de nous répéter que la troupe qui nous avait précédés à l'Old Vic, venue de Moscou, avait à son service une équipe de 65 machinistes. J'aurais pu leur opposer que ces travailleurs soviétiques étaient tous des docteurs en philosophie dissidents qui avaient eu à choisir entre le goulag et la machine théâtrale...

Elle est quelque peu obsédante, cette pente, car il faut rappeler qu'elle fut le sujet de sourdes convoitises et de guerres internes féroces dans certains théâtres européens aux XVIIIe et XIXe siècles. À la Comédie-Française, avant l'arrivée des mises en scène du théâtre réaliste au début du XXe siècle, plus les comédiens et les comédiennes avançaient en âge et en notoriété, plus on les autorisait à jouer au fond, c'est-à-dire en haut de la pente.

Ils étaient alors toujours de face et bien vus du public. Les comédiens plus jeunes jouaient de côté, un peu plus bas, et les débutants, quand ils devaient s'adresser à leurs aînés, devaient tout bonnement tourner le dos au public.

Il y a une expression anglaise dont on se sert encore dans toutes sortes de circonstances quand on veut exprimer que quelqu'un vole la vedette à quelqu'un d'autre : *To upstage someone.* Cela signifie être plus haut qu'un autre sur la scène.

Avec les metteurs en scène intransigeants et souvent vedettes d'aujourd'hui, les mises en scène sont strictement réglées et inchangeables, mais au temps où on pouvait se permettre un peu d'improvisation, il n'était pas rare qu'à l'occasion d'un dialogue entre deux comédiens au premier plan, l'un ne puisse résister à l'envie de se placer légèrement plus haut que son partenaire, grâce à un jeu de jambes subtil, et cela tout en parlant. L'autre, vexé d'avoir à jouer de côté, mâtait sa frustration en procédant évidemment au même petit jeu, toujours aussi subtil. De sorte que de petite montée en petite montée, ils risquaient tous les deux de se retrouver adossés au rideau de fond.

Cela n'est pas du cabotinage, c'est tout simplement un manque d'estime pour celui qu'on cherche à « upstager ». Comme dans la vraie vie.

Londres sur pointes

Paul Hébert a fait ses études de théâtre à l'école de l'Old Vic, à Londres, et alors que je n'étais encore qu'un tout jeune comédien, il me racontait sa vie en Angleterre et insistait sur les curiosités et les richesses que recelait la très attirante capitale du monde britannique, dont on a toujours célébré la grande qualité des spectacles et l'exceptionnelle et riche tradition théâtrale.

Un important événement avait également attiré mon attention vers Londres. Nous avions déjà dans la famille une artiste qui, dès le début des années 1950, s'imposait de plus en plus. Andrée Millaire, ma cousine germaine, était danseuse, et son talent lui valut d'être engagée par le London Festival Ballet pour les saisons 1952, 1953 et 1954, pendant lesquelles elle a eu l'immense privilège de partager la scène avec le magnifique danseur et chorégraphe Anton Dolin.

Cet important tournant de la carrière d'Andrée m'impressionnait beaucoup et Londres s'inscrivait de plus en plus dans mes projets, étape majeure d'un périple européen que je ferai enfin dix ans plus tard.

La carrière d'Andrée est très impressionnante. Elle fut la première danseuse canadienne francophone à évoluer comme interprète au niveau international. Avant ses années londoniennes, elle avait dansé avec les Ballets Ruth-Sorel et participé à des festivals à Montréal, Winnipeg et Toronto. Elle alla se perfectionner à Cannes, Paris et New York. Puis, on la retrouva à Montréal, soliste aux Grands Ballets canadiens, avec madame Ludmilla Chiriaeff. Plus tard, elle fut directrice adjointe de l'École supérieure de danse du Québec, et jusqu'à sa retraite, elle enseigna à l'école Pierre-Laporte.

Je voudrais saluer fraternellement cette belle artiste, son grand talent d'interprète et d'indispensable pédagogue. Et puisque nous sommes dans l'atmosphère des chaussons, entrechats et pas de deux, gardons le rythme. C'est à Londres également que j'ai rencontré une autre danseuse, Renée Moreau, au nom français mais au minois très britannique. Elle faisait partie de la troupe de ballet du Royal Opera House de Covent Garden, où je fus stagiaire un certain temps et où mon ami la basse Joseph Rouleau chantait saison après saison. Je fus présenté à la belle Renée par Joseph et je compris vite que ces deux-là filaient un amour passionné qui devait les unir pour la vie.

Renée m'a gratifié d'un souvenir de table exceptionnel en m'invitant à dîner un soir chez ses parents. J'y fis la découverte d'un grand plat classique très britannique : le curry, évidemment très inspiré par la cuisine indienne avec ses différentes sauces, ses goûts variés et tout son décorum.

J'ai toujours aimé Londres et ses spectacles. Pendant 25 ans, j'y suis allé presque chaque année, même pour une petite semaine où j'emmagasinais tout ce que les théâtres du West End avaient à offrir : des classiques, de folles nouveautés, des opéras, d'enlevantes comédies musicales et, par-dessus tout, le jeu des comédiens et le galbe des danseuses.

Andrée Millaire aux Grands Ballets canadiens avec Lawrence Haider. Elle a eu, entre autres, comme partenaire, Eric Hyrst, Roger Rochon et Vincent Warren.

LORENZACCIO

La pièce *Lorenzaccio*, d'Alfred de Musset, mise en scène par Jean Gascon, a été présentée au Théâtre du Nouveau Monde en 1965.

Lorenzaccio est le personnage central éponyme d'une pièce dont Alfred de Musset a emprunté l'ébauche à la romancière George Sand, vers 1834, alors qu'il était son amant. La pièce de George Sand aurait pu s'appeler *Une conspiration en 1537*. Nous y assistons, en effet, au meurtre d'Alexandre de Médicis, duc tyrannique de Florence, par son cousin Lorenzo, surnommé Lorenzaccio (le mauvais Laurent).

Lorenzo va agir seul, et pour arriver à ses fins, ce beau jeune homme jadis honnête et vertueux gagnera la confiance du duc en devenant son compagnon de débauche. Il le suivra ensuite dans sa chambre pour être certain d'avoir bien en main la cotte de maille du tyran et ainsi pouvoir sans obstacles enfoncer sa dague dans le cœur de sa victime. Sous la plume de Musset, toute la fougue romantique du personnage se mêle aux accents shakespeariens du désespoir et de la fatalité meurtrière.

J'avais 30 ans quand j'ai chaussé les escarpins de ce délicat et à la fois monstrueux personnage florentin. Ce Lorenzaccio vibre encore en moi 45 ans plus tard, et trône au sommet de toute ma carrière de comédien. Aujourd'hui encore, je rencontre régulièrement des gens qui, les yeux brillants, me disent avec empressement avoir vu mon Lorenzaccio. Chacun de ces témoignages me comble d'une incommensurable joie.

George Sand semblait bien connaître le théâtre de Shakespeare et devait en admirer les thèmes et les structures si on en juge par l'architecture de la pièce *Lorenzaccio.* Les traditions anglaise et française de la représentation scénique obéissent aux mêmes impulsions qui ont, pendant des siècles, fait évoluer la France et l'Angleterre dans des voies totalement opposées.

En effet, pendant que le théâtre anglais ouvrait à son public une scène où tout peut arriver, en de multiples lieux et au cours de périodes de temps très variées, la scène classique française, pendant deux siècles, exigeait au contraire de

Une pièce française shakespearienne. « Y être » signifie, pour un comédien, être tout entier à son rôle et le rendre avec justesse et contrôle. Lorsque je jouais *Lorenzaccio,* « j'y étais » tous les soirs, quel bonheur ! Quel souvenir !

ses dramaturges qu'ils se soumettent à la dure loi des trois unités : lieu, temps et action. Il fallut Victor Hugo et son *Hernani* pour mettre fin à cette contrainte d'une action unique qui devait se dérouler en 24 heures dans un même lieu.

Dans la pièce de Musset et de Sand, Lorenzo assassine le duc de Florence sur scène, devant les spectateurs. Dans le théâtre classique français, ces actes de violence se faisaient en coulisses et on se contentait d'en raconter les péripéties sur scène. Les Français qualifiaient de barbares les violences du théâtre shakespearien et ont mis presque trois siècles avant d'en reconnaître les qualités et d'en donner des représentations rendant justice au Barde.

Lorenzaccio est sans conteste la seule pièce classique française à caractère shakespearien. C'est une grande œuvre qui devra attendre 62 ans avant d'être créée avec, dans le rôle-titre, la grande Sarah Bernhardt.

À sa suite, plusieurs comédiennes seront tentées par le rôle. Ma grande amie la comédienne Pat Galloway, qui depuis plusieurs années faisait les grands soirs du festival de Stratford en Ontario, m'invita au restaurant quelques années après mes représentations de *Lorenzaccio,* et m'annonça que Jean Gascon allait monter la pièce à Stratford – en anglais, bien sûr – et qu'elle serait Lorenzo. Elle voulait que je lui parle du personnage, de mon expérience et tout et tout... J'étais tellement interloqué, je balbutiais, je ne savais pas comment aborder la question, elle était une fille...

Je n'oublierai jamais ce moment, nous étions à table dans un petit coin du restaurant Da Giuseppe, que les acteurs animaient joyeusement au début des années 1970 jusqu'aux petites heures du matin. J'ai longuement écouté Pat, et j'ai fini par y voir un peu plus clair. Nous avons donc sérieusement abordé la question et parlé de Lorenzo et des différentes façons de le jouer, en laissant de côté mes restrictions légèrement macho.

L'été suivant, j'ai été très peiné que mes engagements ne me permettent pas de me rendre à Stratford voir jouer celle qui était devenue ma grande amie et qui le restera pour la vie.

Ma grande amie Pat Galloway dans le rôle de Lorenzaccio, dans une mise en scène de Jean Gascon à Stratford.

SCÈNE II

LE PREMIER GRAND MONTRÉALAIS

PIERRE LE MOYNE D'IBERVILLE

La série *D'Iberville* a été présentée à la télévision de Radio-Canada ainsi que dans les pays francophones d'Europe à la fin des années 1960.

Les artistes, créateurs ou interprètes, qui ont une certaine popularité sont souvent marqués pour la vie par une œuvre maîtresse ou par un de leurs personnages qui s'incruste dans l'imaginaire du public. Orson Welles devint « le gars de *Citizen Kane* »; Pétula Clark « *Downtown* », et ainsi de suite pour Séraphin, Lawrence d'Arabie, la Cousine du Pot-au-beurre, etc. Conséquemment, on entendra : « Tiens, la Souris verte joue au théâtre du Rideau Vert » ou encore : « D'Iberville a écrit un livre ».

Eh oui ! Quarante ans plus tard, les gens dans la rue me disent encore : « Bonjour D'Iberville ». Ça me fait toujours plaisir, car Pierre Le Moyne a été un grand héros canadien qu'on n'a pas célébré comme il le méritait. Notre clergé protecteur ayant cru plus catholique de nous donner Dollard Des Ormeaux et son suicide involontaire comme héros exemplaire plutôt que de mettre sur les autels un jeune Montréalais fougueux devenu maître des mers du nord et du sud, un grand conquérant pour le compte de la France et de la Nouvelle-France car – oh honte ! – avant d'embrasser sa vie aventureuse, il a donné un petit bec à une jeune et jolie « Ville-Marienne », lui a fait un bébé, a reconnu ce dernier mais a refusé d'épouser la maman.

Un beau présage

J'ai vécu une partie de mon enfance à Ville-Émard, un quartier ouvrier paisible du sud-ouest de Montréal, où plusieurs rues portaient les noms des héros de la Nouvelle-France. La mienne c'était la rue De Biencourt, et avec ma bande de copains, j'allais souvent jouer dans la rue voisine nommée De Maricourt. Je trouvais ce nom bien joli et il m'intriguait. J'étais loin de me douter qu'un jour je deviendrais le grand frère Pierre Le Moyne de ce De Maricourt, joué dans la série par mon ami l'excellent comédien Jean Besré.

Né à Ville-Marie

Notre héros n'a évidemment pas bonne réputation auprès des Anglais d'ici ou ceux des îles britanniques, et surtout auprès de certaines populations des Caraïbes, où il aurait été assez féroce et intraitable. Les lois sauvages de la guerre des mers prévalaient à l'époque, et loin des capitales européennes, on était sans merci pour l'ennemi.

Pierre Le Moyne sera navigateur, commerçant, militaire et explorateur. Sur son bateau *Le Pélican,* il a remporté une victoire éclatante à la baie d'Hudson, bataille navale qui rappelle de façon très amusante le combat des Horace et des Curiace.

Le ministre de la Marine de Louis XIV, monsieur De Pontchartrain, le nommera chef d'une expédition dans le golfe du Mexique afin de découvrir pour le compte de la France l'embouchure du Mississippi, ce qu'il fera avec ses frères Sainte-Hélène et De Maricourt. Il y fondera la Nouvelle-Orléans.

La Havane

Son bateau, *Le Juste,* n'a pas été détourné vers Cuba. Notre héros, lors d'un ultime voyage dans le sud, s'est trouvé près de La Havane lorsqu'il a été terrassé par une terrible fièvre. C'est pour cette raison que sa dépouille y a été inhumée et s'y trouve encore.

Il y a quelques années, mon ami l'écrivain et grand serviteur de l'État Henri Dorion m'invitait à faire partie d'une délégation commerciale du gouvernement du Québec à La Havane. Je représentais, en quelque sorte, le volet culturel, et mon agréable rôle fut de réciter un poème sur la tombe de Pierre Le Moyne d'Iberville, en présence de Raul Castro, sur la place de la cathédrale. J'avais choisi *Le vaisseau d'or* d'Émile Nelligan. J'étais tellement fier de profiter de cette extraordinaire occasion de réunir ces deux icônes montréalaises.

« Rien ne paraît difficile aux personnes qui entreprennent sans s'embarrasser trop de réussir, mais une personne qui se fait un point d'honneur de venir à bout de ce qu'elle entreprend fait en sorte de prendre les mesures les plus justes. »
- Pierre Le Moyne d'Iberville

« Je n'expose rien que je ne veuille exécuter. »
- Pierre Le Moyne d'Iberville

On maquille un acteur, mais un bateau…

Le comédien Lionel Villeneuve était originaire du Lac-Saint-Jean et aimait la mer. Gilles Pelletier, de son côté, avait fait ses classes dans la marine française et, au début de sa carrière à la télé, il s'était imposé dans le rôle du capitaine Aubert, figure centrale de la série *Cap-aux-Sorciers.* C'est sans doute pour toutes ces raisons que Lionel et Gilles sont allés au bout de leur rêve et qu'ils ont entrepris de se faire construire chacun un beau voilier ; des bateaux jumeaux d'une grande noblesse. Plus tard, je ferai Percé-Gaspé dans celui de Gilles, j'ai eu un peu peur – je n'ai rien d'un loup de mer –, mais ce court voyage m'a permis de comprendre leur engouement.

L'idée est née à la fin des années 1950 quelque part dans une salle de répétition, Lionel, plans en main, nous a fait part d'un projet d'émission qu'il avait imaginé pour la télé de Radio-Canada. Évidemment, une des grandes vedettes de la série était son bateau, qu'il avait en tête de maquiller pour en faire un bâtiment de style XVIIe siècle, afin de tourner en mer les aventures de notre héros national Pierre Le Moyne d'Iberville.

L'idée fait son chemin

La grève à Radio-Canada, en 1959, fut meurtrière pour plusieurs membres de l'Union des artistes. Lionel Villeneuve, pour sa part, y perdit son bateau et son beau projet de série tomba à l'eau. Mais il m'a toujours semblé évident qu'il avait déjà soumis son projet à Radio-Canada.

Quelques années plus tard, je reçus un coup de fil de la section jeunesse de la télévision d'État. On m'offrait de jouer le rôle-titre dans une nouvelle série filmée qui mettrait en lumière la vie et les aventures de Pierre Le Moyne d'Iberville. La série de 39 épisodes de 30 minutes, en couleurs, allait être réalisée en coproduction avec les pays francophones d'Europe, une nouveauté.

Voilà que nous allions enfin rendre à notre grand Montréalais les honneurs qui lui étaient dus, et ce, auprès d'une grande partie de la francophonie. Évidemment, c'est de la « p'tite bière » comparé aux récentes prouesses internationales de nos Céline, Garou, Yves Jacques et compagnie, mais il y a de cela 40 ans, et c'était alors nos premiers et timides échanges avec l'Europe.

Après la diffusion là-bas, je reçus quelques lettres de téléspectateurs de France, de Belgique et de Suisse qui me touchèrent beaucoup, et qui, évidemment parlaient toutes de nos grands espaces. Cette belle aventure s'est faite sous la très talentueuse direction du réalisateur, peintre, auteur et gentilhomme Pierre Gauvreau.

Hollywood à l'île d'Orléans

Ce fut sûrement à l'époque, et pour plusieurs années, la plus importante série filmée produite par la télévision de la Société Radio-Canada. Les centres de Montréal et de Québec de la fin du XVIIe siècle ont été reproduits en décor à Saint-Laurent-de-l'Île-d'Orléans, où nous profitions également du fleuve pour tourner les scènes de « voyagement » dans de grands rabaskas pouvant contenir jusqu'à sept pagayeurs.

Sur un grand quai aux Méchins, en Gaspésie, on pouvait admirer, grandeur nature, une bonne partie du *Pélican*, le célèbre bateau de notre héros, mais nos quartiers généraux étaient à l'hôtel Victoria dans le Vieux-Québec.

Tous les jours, une quinzaine de premiers rôles se retrouvaient sur le plateau au milieu d'une centaine de figurants. Si on ajoute à ceux-ci une cinquantaine de techniciens de toutes disciplines, on peut dire que nous étions une véritable armée en campagne.

À l'hôtel Victoria, on commençait les séances de maquillage à quatre heures du matin. Les rôles d'Amérindiens étaient colorés les premiers. Comme leurs tenues vestimentaires étaient assez réduites, on mettait les comédiens dans une douche et on les aspergeait carrément au fusil à l'aide de maquillage liquide. Une fois secs, nos nouveaux autochtones s'installaient dans les divans du hall de l'hôtel et finissaient leur nuit de sommeil.

Combien de touristes états-uniens se sont levés à l'aube pour venir photographier nos figurants, croyant avoir découvert d'authentiques Québécois des Premières Nations perdus dans la grande ville et dormant paisiblement à l'hôtel, faute d'avoir pu ériger leurs *wigwams* dans la rue Saint-Jean ?

La mouche et le héros

Le tournage de cette série, fait principalement à l'extérieur, était physiquement très exigeant. Il fallait se lever à l'aube, se rendre aux quartiers généraux, se costumer, passer au maquillage, puis se laisser conduire à l'île d'Orléans, où les premières mises en place se faisaient à compter de huit heures, en attendant pour faire tourner les caméras que le soleil soit assez haut dans le ciel.

Nous étions toujours dans la lumière, qu'elle provienne de l'Astre ou des projecteurs, transpirant allègrement, bien au chaud dans nos habits de style XVIIe siècle français et nos perruques à la Louis XIV.

Comme l'avaient été les véritables aventuriers que nous représentions, nous étions la cible de milliards d'insectes de tout calibre. On nous mettait nos

perruques dès sept heures pour ne nous les retirer qu'à 19 heures, à la fin de la journée. Le plus grand supplice était d'être horriblement chatouillé lorsqu'une mouche réussissait à se glisser entre le filet de la perruque et nos vrais cheveux. Comment écraser cette intruse sous l'œil vigilant des coiffeuses qui nous voulaient toujours parfaitement perruqués, même si nous étions en pleine forêt, à quelque 5000 kilomètres de Versailles ?

Comme celle du Coche de Jean de La Fontaine, la mouche avait raison du grand héros, qui basculait dans l'hystérie.

L'habilleur habillé

Dans son beau livre *Mémoires cavalières,* le comédien Philippe Noiret prend plaisir à nous présenter son habilleuse. Il en vante, sans doute avec raison, tous les mérites, et reconnaît avec une grande tendresse le rôle important que cette précieuse personne a joué tout au long de ses nombreux tournages. Il a bien raison de rendre hommage à une telle collaboratrice. De la même manière, j'avais beaucoup de respect pour le jeune habilleur qui fut à mes côtés pendant l'année et demie que dura le tournage de la série *D'Iberville*.

Votre habilleur connaît votre vie privée parce que vous la lui avez racontée… Il connaît vos joies et vos peines parce que vous les lui avez racontées… Il connaît votre corps parce que vous le lui avez montré au moins deux fois par jour. Il célèbre vos qualités et reste muet sur vos éventuels défauts. Mon habilleur s'occupait exclusivement de moi et nous faisions bien des jaloux.

A la fin du tournage, nous avons tous et toutes été conviés au bar de l'hôtel pour une petite célébration avec hors-d'œuvre, bar ouvert, orchestre, petites allocutions, quelques larmes et un gros cadeau. En effet, il y avait sur une table une énorme boîte-cadeau toute fleurie surmontée d'une éclatante boucle de ruban rouge.

Avec sourires entendus et propos humoristiques, un petit groupe de comédiens m'offrit ce cadeau. Très surpris et quelque peu sceptique, j'entrepris le déballage de la grosse boîte, et tout à coup, paf ! Comme un *Jack in the box,* mon habilleur, magnifiquement maquillé en courtisane et vêtu d'une superbe robe de cour en satin empruntée au costumier, surgit de la boîte, me sourit, et me tendit les bras sous les applaudissements. J'hésitai, puis compris. J'acceptai et fis signe à l'orchestre : nous allions ouvrir la danse.

Je n'ai pas apporté mon cadeau à la maison, ma femme se serait posé des questions.

SCÈNE III

LES ANNÉES 1960 S'EMBALLENT

RODRIGUE

La pièce *Le soulier de satin*, de Paul Claudel, mise en scène par Jean-Louis Roux, a été présentée au Théâtre du Nouveau Monde en 1967.

La vengeance de Paul Claudel

Quand monsieur le diplomate, auteur dramatique et catholique inspiré a su avec quelle ardeur j'avais pesté contre lui au moment de ma rencontre avec Mesa, amoureux sacrifié de sa pièce *Partage de midi*, il a décidé, pour m'exaspérer davantage, de me mettre de nouveau à l'épreuve. Il a bondi comme un polichinelle de derrière un pendrillon, m'a fait un clin d'œil malicieux et a déposé dans mes mains le texte du *Soulier de satin*.

Le personnage que me proposait cette fois-ci mon Claudel tortionnaire avait pour nom Rodrigue. Il y a un autre Rodrigue que j'aurais bien voulu jouer, celui de Corneille, le Cid, mais celui-là ne m'était pas destiné. Moi, je me retrouvais seul aux prises avec une autre pièce de Claudel, car Gilles Pelletier n'était pas là cette fois pour diriger ma lecture de Jacques Madaule. Jean-Louis Roux cependant, le metteur en scène, savait très bien où il allait et je lui emboîtai le pas !

Nous nous attaquions à une œuvre monumentale, moins complexe que *Partage de midi* mais plus dense, et exigeant un souffle à la fois épique et poétique hors du commun. Le spectacle allait durer plus de quatre heures, et nous nous apprêtions à relever le défi avec enthousiasme puisque cette production exceptionnelle faisait à la fois partie des événements culturels qui annonçaient l'Expo 67, et de ceux célébrant les nombreuses années d'existence du théâtre du Gesù.

Peut-on imaginer que Paul Claudel aurait écrit : « La parole n'est qu'un bruit » ? S'il en est ainsi, il a dû se rendre à l'évidence qu'avec son *Soulier de satin*, il faisait beaucoup de bruit.

S'il y a des romans-fleuves, *Le soulier de satin* est une pièce « Voie lactée »

Claudel publia sa pièce en 1929 et elle ne fut créée à la Comédie-Française qu'en 1943, dans une mise en scène du courageux Jean-Louis Barrault, qui aura le génie de faire connaître cette autre grande œuvre mystique où Claudel encore une fois opposera à deux amants, Dona Prouhèse et le capitaine Rodrigue, les horreurs du péché et les glorieux bienfaits de la rédemption.

L'action de la pièce se situe à l'époque des conquistadors, et elle s'étend sur dix ans dans différents pays. Je crois que j'avais sept changements de costumes assez rapides. Je devais tenir compte du fait que les années passaient et que mon Rodrigue vieillissait, ce que je tentais de marquer plus par mon maintien corporel et le rythme de mon discours que par des pirouettes de maquillage.

Encore une fois, comme dans *Partage de midi,* le croyant Claudel va frustrer deux amants de leur amour, et comme il le dit lui-même, Rodrigue et Prouhèse resteront à tout jamais séparés par la Voie lactée.

Pendant nos sérieuses et longues répétitions, de courts moments d'incertitude s'emparaient de nous lorsque, le sourire aux lèvres, nous nous remémorions cette terrible et très amusante boutade de l'irrésistible Sacha Guitry qui, au sortir de la première du *Soulier de satin* à la Comédie-Française aurait dit : « Heureusement qu'il n'y avait pas la paire. »

Au diable Jean Gascon ! Le TNM à la rue...

Après mon arrivée au TNM et les belles saisons de théâtre qui ont suivi à l'Orphéum, ce qui devait arriver arriva ; les personnages politiques au pouvoir et les décideurs de tout acabit, trop préoccupés par la frénétique mise en place de l'Expo 67, n'ont pas entendu, dans le désert de leur vie culturelle, l'appel assez désespéré de Jean Gascon.

Depuis plusieurs années, le TNM avait fait ses preuves et il représentait, avec le festival de Stratford, ce qui se faisait de mieux non seulement au Québec mais au Canada tout entier. Jean demandait un théâtre et les moyens de le faire fonctionner décemment.

Ses espoirs montréalais déçus, Jean s'exila définitivement au festival de Stratford, dont il allait assumer la direction artistique quelques années plus tard. Du même coup, nous perdions Jean et l'Orphéum ; le TNM n'avait plus de théâtre et pas de directeur artistique. Resté seul dans les bureaux de la rue Sanguinet, où se trouvait également notre salle de répétition, avec un nouvel administrateur, Lucien Allen, j'assurai une brève continuité en créant la pièce *Le temps sauvage,* d'Anne Hébert.

Entre-temps, Jean-Louis Roux avait accepté de revenir à ses anciennes amours et de succéder à Jean Gascon à la direction artistique. J'acceptai moi aussi son invitation à rester comme adjoint, metteur en scène et comédien. Nous avons transporté nos pénates du Gesù à la Comédie canadienne, en attendant l'ouverture des théâtres Port-Royal et Maisonneuve à la Place des Arts. C'est pendant ces deux saisons d'errance que mon cœur balança entre deux grands héros, le Rodrigue du *Soulier de satin*, et Pierre Le Moyne d'Iberville, dont je tournais la série au même moment à Québec.

Mi-sœur, mi-épouse, mi-cousine, mi-maîtresse

Hommages courtois à Monique Miller.

Ce ne sont pas nos deux noms qui nous ont rapprochés, mais les réalisateurs et les metteurs en scène qui adoraient nous voir ensemble. Dès mes débuts, il ne s'est pas passé une saison sans qu'on nous confie un ou quelquefois plusieurs duos d'époux, d'amants, enfin de couples en tous genres, de Lorca à Oscar Wilde, en passant par une foule d'auteurs montréalais heureux de voir leurs textes créés à la télévision de Radio-Canada, qui était à cette époque une véritable diffuseuse de culture. On peut dire qu'avec *Le soulier de satin* nous fêtions modestement les dix ans de ce que nous pourrions nommer « notre jeu commun ».

Monique était Prouhèse, quel beau nom ! Il faut lui rendre cela, Claudel a donné des noms fabuleux à ses personnages.

Depuis un bon moment étaient nées, entre Monique et moi, des relations fraternelles qui, avec le couple de Prouhèse et Rodrigue, allaient prendre racine pour le restant de nos vies. Nous ne nous sommes jamais rien caché, comme nous nous sommes toujours tout dit, le tendre comme le grinçant. De sorte que nos illustres et occasionnelles disputes publiques sont devenues très populaires et très recherchées.

Il est arrivé souvent, à l'occasion de réunions ou de repas entre comédiens, qu'on entende, dans des moments d'accalmie : « Dites donc, il ne se passe rien ici. Monique et Albert, chicanez-vous un peu qu'on s'amuse ! » Il ne fallait pas nous le dire deux fois, il y avait tellement de sujets sur lesquels nous n'étions pas d'accord qu'une seule étincelle allumait le divertissement. Je dois admettre qu'elle avait toujours raison et que la prise de bec me servait invariablement de leçon. Ce sont les femmes qui m'ont fait, et Monique occupe une place prépondérante dans le peloton.

En 2000, durant les trois ou quatre premiers mois de ma convalescence, après qu'on m'eut sauvé d'un cancer de l'œsophage, Monique me donnait un coup de fil d'encouragement tous les trois jours. La vie qui revenait doucement en moi avait parfois la voix et le visage de ma grande amie

FALCON

La pièce *Bois-Brulés*, écrite et mise en scène par Jean-Louis Roux, a été jouée au Théâtre du Nouveau Monde en 1968.

Il ne lui manquait qu'une paire d'ailes à ce Falcon lorsque pour la première fois il traversa en diagonale la scène du théâtre Port-Royal, du fond côté jardin à l'avant-scène côté cour, en scandant avec lyrisme, comme un ange annonciateur : « Nous les Métis, les Bois-Brûlés… » Il donnait alors le ton à la nouvelle pièce de Jean-Louis Roux que le TNM présentait en première sur une scène toute neuve qu'on inaugurait du même coup, et qui aujourd'hui porte le nom de Jean-Duceppe.

Jean-Louis refusait qu'on parle de « pièce » à propos de ses *Bois-Brûlés*. Il voulait que ce soit simplement une chronique dramatisée à propos de certains moments forts de la vie du très controversé et très inspiré fondateur du Manitoba, Louis Riel.

Falcon c'est le poète, le chantre des Métis. Il sait lire et écrire, c'est un penseur, un conseiller. Il accompagnera Riel et les siens dans leur longue et périlleuse guérilla pour obtenir de l'occupant canado-britannique la reconnaissance du peuple métis.

Un avenir enthousiasmant s'ouvrait devant moi. Le tournage de *D'Iberville* allait bientôt être complété et j'avais la ferme intention d'accorder la priorité à

Falcon me permit d'être le premier comédien à prendre la parole sur la scène du tout nouveau théâtre Port-Royal, le nouveau gîte du TNM.

l'énorme tâche qui m'attendait au TNM. Il fallait en effet que je réduise mes trop nombreuses responsabilités, et un événement majeur m'invita à le faire.

Douloureuse parenthèse

L'Expo 67, avec tout ce qu'elle avait demandé de préparatifs, de risques et d'espoirs de toutes sortes était déjà passée à l'histoire. Je n'en avais rien vu, car à l'été 1967, en plus de tourner des épisodes de la série *D'Iberville* à Québec, j'avais accepté la direction artistique du Théâtre de Repentigny, que je tentais de faire revivre en y produisant un spectacle.

Après plusieurs pressions politiques, quelques chicanes de clochers et beaucoup de bonne volonté, la ville de Repentigny s'était enrichie d'un beau théâtre au bord du fleuve. Le TNM y avait produit un spectacle d'été, mais l'endroit n'avait pas vraiment de direction ni d'orientation artistique. Avec une collaboratrice, Lyette Maynard, une consœur du Conservatoire qui par amitié avait accepté de me suivre dans cette aventure un peu folle, je me mis au boulot en partant de zéro, comme toujours dans ce métier. Nous avons mis sur pied un spectacle et, en pleine Expo 67, une nouvelle saison d'été a été inaugurée à Repentigny.

Le tout se termina par le plus grand malheur de ma vie d'artiste ; un terrible incendie mit fin à nos espoirs, détruisit le théâtre en entier et prit la vie de deux citoyens de Repentigny. Le jour de la catastrophe, après ma journée de tournage à l'île d'Orléans, je demandai à mon chauffeur de me conduire sur les lieux du sinistre. Quelques heures plus tard, impuissant et désemparé, je ne pus que me recueillir devant les quelques débris qui fumaient encore, pensant aux familles des disparus et aux acteurs qui avaient perdu leur spectacle et leur modeste public naissant.

Les architectes dessinent, et par la suite…

Le TNM s'était enfin trouvé un théâtre, et quel théâtre ! À l'Expo 67, Jean-Louis Barrault, venu de Paris avec « son » *Soulier de satin,* avait inauguré le théâtre Maisonneuve, et à notre tour, nous inaugurions la scène du dessous, le théâtre Port-Royal, à 40 pieds sous terre. Nous avions de beaux bureaux et deux splendides salles de répétition qui n'avaient alors comme seul défaut de n'être pas encore imprégnées de la bonne sueur et des vociférations des comédiens et comédiennes à la recherche de personnages souvent trop cachottiers.

Jean-Louis et moi partagions un bureau et aussi de grands rêves de mise en scène. La scène avait 90 pieds d'ouverture, presque trois fois la largeur de la scène actuelle du TNM, et on nous avait vanté les mérites du plancher de scène, qui était fait de multiples trappes amovibles permettant des entrées des dessous. En plus, la pente des sièges dans la salle nous semblait avantager la vision du public.

Quand arriva le moment de confier la scénographie de nos spectacles aux différents décorateurs, notre surprise fut grande et le mot s'applique bien : pour habiller une scène de 90 pieds d'ouverture, nous allions devoir tripler le budget d'un décor normal. Si nous décidions de n'utiliser que le centre de la scène, nous risquions de brimer quelques centaines de spectateurs assis sur les côtés.

Le fait que Jean-Louis, dans *Bois-Brûlés,* avait profité du jeu de trappes pour créer des entrées du genre vomitoires, qui permettaient aux acteurs de surgir des dessous, nous permit de découvrir que ces trappes étaient très lourdes et nécessitaient l'emploi de machinistes supplémentaires qui avaient déjà la réputation de ne pas travailler à rabais.

Quant à la pente des sièges dans la salle, elle était beaucoup trop prononcée, les spectateurs des rangées du fond ne voyaient donc que le dessus des têtes des comédiens. J'ai dû, dans plusieurs spectacles par la suite, inviter les scénographes à travailler en hauteur, ce qui exigeait des constructions coûteuses.

De surprise en surprise, notre théâtre qui sur la table à dessin semblait être une merveille nous mena à notre première saison vers un déficit de 200 000 dollars, ce qui représentait 20 pour cent du budget annuel.

Je nous revois, Jean-Louis et moi, signant dans le bureau du gérant de notre banque le billet qui allait nous lier les mains pour dix ans. Sacré métier va ! Il offre quand même de beaux moments.

Les critiques aboient, la caravane passe… les écrits restent

Falcon, avec sa fracassante entrée en scène, sa foi, l'idéalisme de son chef Louis Riel et son attachement à son petit peuple de *Bois-Brûlés,* me donna sans doute accès aux pages les plus belles de mes années de théâtre.

Pendant que les États-Unis étaient presque au bord d'une guerre civile, qu'à Paris 68 éclatait, que chez nous, après quelques années d'une certaine Révolution tranquille, on se dirigeait vers des prises de position extrêmement dangereuses avec en main l'éphémère petit livre rouge de Mao, moi, je m'accrochais à mes grands textes quand il s'agissait de jouer, et quand je mettais en scène, je faisais appel à des auteurs québécois qui n'empruntaient pas nécessairement les sentiers des jeunes auteurs très à la mode.

Je me demande encore comment, à la direction d'un théâtre, Jean-Louis Roux et moi avons réussi à survivre aux tempêtes d'une société complètement bouleversée, constamment aux abois et évidemment extrêmement difficile à satisfaire.

Mais Jean-Louis Roux est un homme cultivé, très articulé et qui sait tenir un cap. Les journalistes ne l'aimaient pas, la critique le détruisait avec acharnement. J'étais son adjoint, j'eus donc droit au même sort. Je criais à l'injustice, mais je me laissais porter par la vague, et de temps en temps je donnais le bon coup de pagaie.

Mais combien de fois ai-je hésité à donner ces coups de barre tellement l'injustice de la critique écrite m'ébranlait ? Je savais que ces sales écrits allaient être tout ce qui resterait de l'artiste que j'étais, et je me disais : « Qu'est-ce que mes petits-enfants vont penser de moi quand ils tomberont là-dessus, dans de quelconques archives ? » Je n'avais pas tort.

Il y a quelques années, le TNM fêtait son 50e anniversaire, et un peu déçu du peu d'importance qu'on semblait apporter à mon passage dans la noble institution, j'ai demandé à une jeune recherchiste qui travaillait aux célébrations sur quoi on se basait pour établir quel spectacle dans le passé avait eu plus d'importance ou avait été meilleur qu'un autre. J'ai eu la réponse que j'anticipais : « Nous nous basons sur les critiques de l'époque, que nous lisons systématiquement. »

Voilà, ces tristes sires de critiques faisaient mon malheur pour la deuxième fois.

HAMLET

La pièce *Hamlet*, de Shakespeare, traduite et mise en scène par Jean-Louis Roux, a été présentée au Théâtre du Nouveau Monde en 1968.

L'action se déroule sous le règne d'Élisabeth 1re, dite « la capable »... Les spécialistes de Shakespeare se disputent depuis toujours quant à la date exacte où le Barde créa son *Hamlet*. On entendit parler de la pièce à partir de 1589, et en 1603 apparut une version reconstituée grâce à la mémoire des comédiens qui l'avaient jouée – la phénoménale mémoire des comédiens a souvent été mise à contribution pour retrouver certains écrits de Shakespeare.

L'histoire d'*Hamlet* est née d'une légende scandinave écrite en latin, au XIIe siècle, par un auteur danois du nom de Saxo Grammaticus dans *Histoire du Danemark*.

Le jeune héros voudra venger le meurtre de son père, le roi, perpétré par son oncle qui en profitera non seulement pour s'emparer du trône mais épousera en plus la reine endeuillée, mère d'Hamlet. Hamlet sera à la fois révolté par l'assassinat de son père et immensément troublé par la trahison de sa mère. Une amie, comédienne à Stratford, avec qui un jour je parlais d'Hamlet, m'avait soufflé en blague : « Ah ! celui-là, il a un sérieux problème de mère. »

* « Le reste... c'est silence... »

Albert Camus nous dit que ce qui vient après la mort est futile. Shakespeare, lui, met dans le dernier souffle d'Hamlet : « *The rest is silence* * ».

Depuis nos débuts, Aubert Pallascio et moi avons été de grands amis. Il était tout à fait normal que je meure dans ses bras.

J'ai joué Hamlet au TNM en 1968. Je ne sais pas si j'avais alors encore un « problème de mère », mais en scène j'ai eu d'autres préoccupations provoquées par une époque troublée et troublante : la fin des années 1960. Quand je pense à cette production d'*Hamlet,* toute cette époque angoissante me revient en mémoire. Ce fut une grande période de remises en question et de contestations. Tous les moyens étaient bons pour les jeunes contestataires, et nous, au théâtre, étions une cible idéale – la représentation scénique en public est très vulnérable. On interrompait les spectacles pour monter sur scène et haranguer la foule. Enfin, nous, les comédiens, étions constamment menacés d'agressions que nous ne méritions pas. Je n'ai jamais trouvé ce genre de manifestation très convaincante. Chaque fois que j'entrais en scène, s'ajoutait aux déboires fictifs de mon personnage la crainte réelle d'une rébellion quelconque.

Sir Laurence Kerr Olivier

Quand, au collège, on nous a projeté le *Hamlet* de sir Laurence Olivier, j'avais à peine 14 ans et je n'étais pas encore monté sur une scène de théâtre, mais je me souviens que ce film avait réveillé en moi des émotions un peu troubles et des envies jamais ressenties auparavant, comme celle de pouvoir me fondre dans le person-

Sir Laurence en Hamlet.

nage, de quitter mon fauteuil et d'entrer dans le film, comme je verrai Woody Allen le faire dans son film *The Purple Rose of Cairo* 50 ans plus tard.

Pendant la projection du *Hamlet* d'Olivier, cette tête blonde presque blanche du premier prince du Danemark que je rencontrais s'est imprimée en moi pour la vie, et au moment où j'écris ces lignes, elle brille encore dans mon souvenir, légèrement hors foyer, comme à la fin des années 1940 sur l'écran de fortune de notre salle académique.

Sir Laurence Olivier deviendra alors et restera pour moi le plus grand comédien. Au fil du temps et grâce à tout ce que je l'ai vu jouer, mon admiration a grandi, et jamais ses détracteurs ne l'ont ébranlée.

Gertrude et ses timbales

C'est la grande Denise Pelletier, sœur du non moins grand Gilles, qui jouait la reine Gertrude, la mère d'Hamlet. Denise s'est magnifiquement imposée par son immense talent et sa puissante personnalité.

« O, horrible! O, horrible! most horrible!
If thou hast nature in thee, bear it not,
Let not the royal bed of Denmark be
A couch for luxury and damned incest *. »
- Fantôme du roi assassiné,
père d'Hamlet

* « Oh! Horrible! Horrible! Oh! Bien horrible!
Si tu n'es pas dénaturé, ne supporte pas cela :
que le lit royal de Danemark ne soit pas la couche
de la luxure et de l'inceste damné!»

Cette production d'*Hamlet* avait été mise en scène par le directeur artistique du TNM, Jean-Louis Roux, qui avait décidé de ponctuer musicalement les différentes scènes par des accords et des roulements des timbales qui se trouvaient à l'avant-scène à jardin, et dont jouait le musicien Emmanuel Charpentier.

Dans la fameuse scène de la chambre de la reine, où Hamlet assassine le pauvre Polonius – qui aurait été en sécurité derrière une tenture n'eut été d'un intempestif éternuement –, je devais, dans un mouvement de colère, arracher un bijou représentant son nouveau mari du cou de ma mère. J'ai fait le jeu de scène et j'ai lancé le bijou à jardin, comme prévu, mais ce soir-là, guidé par des ondes extraterrestres extrêmement sophistiquées, le pendentif tomba sur une première timbale (La), et rebondit sur une deuxième (Sol), au grand étonnement d'Emmanuel, du public, et bien entendu de Denise et moi. Maman et fiston Hamlet se sont offert un petit fou rire.

Les comédiens de la Comédie-Française nous surveillaient

Jean-Louis Roux avait décidé de traduire *Hamlet,* et c'est sa version que nous avons jouée. Il était très fier de ne pas avoir traduit le célèbre « *To be or not to be* » par « Être ou ne pas être » mais par « Existence ou néant ».

Au moment où nous donnions les représentations d'*Hamlet* au Port-Royal, la Comédie-Française nous rendait visite à Montréal et jouait au théâtre Maisonneuve, au-dessus de nous. Entre leurs scènes, certains comédiens du « Français * » descendaient nous entendre.

Jean-Paul Roussillon, comédien de la maison de Molière, me dit quelques jours plus tard : « Te rends-tu compte que tu es sans aucun doute le seul comédien francophone à avoir joué Hamlet sans dire " Être ou ne pas être " ? Nous avons bien ri.

Roussillon était très drôle, il devint un metteur en scène important à Paris. J'ai toujours suivi sa carrière et l'ai revu quelques fois aux Halles, au célèbre restaurant Chez Vatier. Vatier avait été comédien dans les années 1920 ou 1930, je crois, son personnel tolérait allègrement nos turbulents soupers et sa table nous retenait jusqu'au petit matin.

* La Comédie-Française était alors installée au Théâtre-Français, à Paris.

L'éclipse

Mon ami de toujours le comédien Aubert Pallascio jouait Horatio et je mourais dans ses bras. Aubert avait fait ses études de théâtre au Conservatoire de Paris dans les années 1950 et connaissait plusieurs comédiens et comédiennes de la Comédie-Française qui jouaient au-dessus de nous. Un soir nous avons organisé un souper chez moi. Nous étions une quinzaine. Il y avait autant de joyeux cabotins montréalais qu'il y en avait de la maison de Molière.

Quelle nuit ! Il y avait Catherine Samy, maintenant la doyenne au Théâtre-Français, le turbulent Jean-Paul Roussillon bien sûr, et la belle Geneviève Casile que j'avais vu débuter à Paris. Je revois Geneviève au lever du jour berçant ma fille benjamine Frédérique, encore bébé, en pleurant l'absence de sa petite fille à elle laissée derrière à Paris… tournée oblige.

Roussillon, qui avait pas mal picolé, est retourné à son hôtel (le Ritz-Carlton) vers sept heures. La veille il y avait eu une éclipse à Montréal. Dans le corridor qui conduisait à sa chambre, Jean-Paul rencontra une femme de chambre qui lui lança avec un fort accent québécois : « Avez-vous vu l'éclèpse ?… L'éclèpse !… L'éclèpse !… » Roussillon se pencha et se mit à chercher des chiens par terre… C'était logique, en argot, les *cleps,* c'est des chiens.

Il nous a raconté cette anecdote en arrivant au théâtre le soir. Nous sommes entrés sur chacune de nos scènes le sourire aux lèvres.

LA PRESSE, MONTREAL, LUNDI 1er MAI 1967/21

a vie mondaine

A la réception offerte à l'issue du Gala d'inauguration du Festival mondial qui avait lieu à la Place des Arts, samedi soir on remarquait, dans l'ordre habituel sur notre photo : M. Albert Millaire, récitant de Terre des Hommes; sir Laurence Olivier, directeur du National Theatre of Britain qui a récité en anglais.

Mes efforts pour me retrouver un jour en présence du grand sir Laurence Olivier ont été bien récompensés. En effet, j'ai eu le grand bonheur de causer longuement avec lui dans les coulisses de la salle Wilfrid-Pelletier à l'occasion des deux représentations du spectacle d'ouverture du Festival mondial de l'Expo 67, à la Place des Arts. Nous faisions tous deux partie du spectacle et j'ai partagé la scène avec lui deux soirs de suite. Pour moi, l'Expo 67, c'est cette rencontre. L'année suivante, je jouais *Hamlet* et ce fut comme si sir Laurence m'avait enfin invité à entrer dans son film.

LE *PLAYER KING*

La pièce *Hamlet*, de Shakespeare, mise en scène par David William, a été présentée au Stratford Shakespeare Festival en 1993.

« Le théâtre est le piège où je prendrai la conscience du roi », s'écrie le prince du Danemark en voyant arriver au château une troupe de comédiens ambulants. Hamlet demande au chef de troupe de jouer devant la cour une courte pièce où on assiste à l'assassinat d'un roi. Notre héros souhaite qu'à la suite de cette saynète l'oncle meurtrier dévoile sa culpabilité en fuyant l'insupportable meurtre représenté par les acteurs. C'est d'ailleurs ce qui va se produire.

À l'occasion d'une des saisons où j'ai joué au Stratford Shakespeare Festival, j'ai fait partie de la distribution d'une production de *Hamlet* où le rôle-titre était tenu cette fois par mon ami Colm Feore. Nous étions sur la fabuleuse scène élisabéthaine du grand théâtre. Je jouais le chef de cette troupe de comédiens, celui qui dans la scène du meurtre joue le roi, le *Player King*.

En anglais, le mot acteur se traduit par *actor* bien évidemment, mais les Anglais, logiques, appellent aussi un acteur *a player* ; un joueur. Pourquoi pas ? Un acteur joue tout comme un joueur de hockey, c'est charmant. D'où le *Player King*, pour bien le différencier de l'autre roi, le vrai, l'oncle d'Hamlet.

Bien que j'aie depuis mes débuts joué assez souvent en anglais, voilà que j'abordais pour la première fois Shakespeare dans sa langue, et quelle langue !

Comme le texte du *Player King* est particulièrement difficile – c'est du vieil anglais antérieur au Barde –, je m'étais préparé à Montréal pendant plusieurs semaines auprès de ma répétitrice, la comédienne Kelly Ricard, qui depuis des années se charge de mettre au point ma diction anglaise quand le besoin s'en fait sentir.

À la première lecture d'*Hamlet* à Stratford, je me sentais donc prêt à faire bonne figure quand le metteur en scène, David William, m'annonça que pour mon rôle, il avait décidé d'utiliser la moitié du texte d'un folio antérieur à celui que j'avais appris. Voilà donc que je repartais de zéro devant tous les membres de la distribution, en balbutiant un texte tout nouveau pour moi auquel je ne comprenais rien, tout comme ceux qui m'écoutaient d'ailleurs... Quel cauchemar !

Hamlet le dit : « Le théâtre est le miroir de la vie. »

TARTUFFE

La pièce *Tartuffe*, de Molière, mise en scène par Jean-Louis Roux,
a été présentée au Théâtre du Nouveau Monde en 1970 puis en tournée internationale.

C'est la pièce de Molière qui, en mai 1664, a semé la pagaille dans le Paris de Louis XIV. Peu après avoir terminé une première ébauche de la pièce, Molière fut invité à en donner les trois actes devant la cour et, bien entendu, devant le roi, qui en fut fort ravi. Tout le monde s'amusa beaucoup et on encouragea fortement l'auteur à aller jusqu'au bout de cette œuvre. Molière ajouta donc deux nouveaux actes et remit la pièce en répétition.

Avec ce personnage hypocrite, fourbe et imposteur, Molière s'attaque à l'hypocrisie en prenant pour modèle un faux dévot. Évidemment, une cabale de vrais et de faux dévots s'organisera contre la pièce, et Louis XIV se verra forcé d'en interdire la représentation publique.

Il est amusant d'apprendre que le comte de Frontenac, alors gouverneur de la Nouvelle-France, qui n'aimait pas Louis XIV et qui, en retour, n'était pas très apprécié du monarque, se serait empressé en apprenant cet interdit de faire venir à Québec le texte de la pièce et d'en donner quelques représentations dans son petit château du cap Diamant pour narguer le Roi Soleil. Ce qui a toujours permis aux gens de théâtre québécois de claironner avec le sourire et un brin de fierté que *Tartuffe* a été créée à Québec, donnant ainsi le premier coup d'envoi du festival Juste pour rire.

Jouer *Tartuffe* malgré un léger malaise

Chaque fois que j'avais vu *Tartuffe*, le personnage principal était interprété par un comédien bien en chair, onctueux, « gros et gras, bien fourré », comme le Raminagrobis de La Fontaine.

Quand nous avons mis la pièce à l'horaire du TNM, c'est Jean-Louis Roux qui devait en assurer la mise en scène. J'étais son adjoint alors, et nous partagions le même bureau. Un matin, n'y tenant plus, je lui dis : « Alors, à qui penses-tu pour le rôle de Tartuffe ? » Il me répondit : « À toi ».

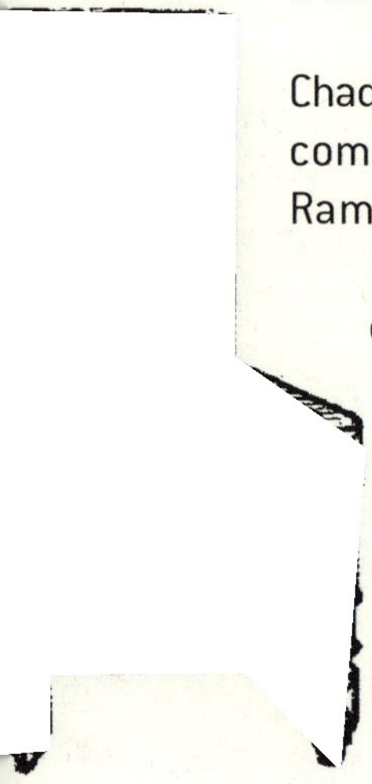

Cette photo a servi d'affiche lors de la tournée en URSS. On pouvait la voir partout à Moscou et à Leningrad, redevenue Saint-Pétersbourg. Je n'avais jamais été gratifié d'une telle publicité sur affiche dans ma propre ville !

Je me suis tout de suite opposé, en faisant valoir, qu'il fallait un acteur rondouillard et tout, et tout… Et Jean-Louis de conclure en me lançant : « Et Jouvet, Il était gros et gras ? » On a toujours dit que Louis Jouvet avait été un splendide Tartuffe. J'ai donc décidé que je jouerais un personnage grand, mince, intolérant, janséniste et faux jeton.

Quelques semaines plus tard, la nouvelle se répandait déjà que nous allions mettre *Tartuffe* à l'affiche. Je n'oublierai jamais ce jour où, au coin des rues Sainte-Catherine et Saint-Urbain, j'ai rencontré un grand ami, un aîné et excellent comédien qui me dit, après les fraternelles accolades : « J'ai su que vous alliez présenter *Tartuffe* la saison prochaine ; c'est le rôle que j'ai rêvé de jouer toute ma vie. Je t'en supplie, parle à Jean-Louis Roux et fais en sorte qu'il me confie le rôle de Tartuffe, tu ne peux pas imaginer la joie que tu me procurerais. »

Je suis resté totalement interdit, j'ai dû dire : « Oui… bien sûr… » J'ai vu mon ami disparaître dans la foule. J'étais totalement démuni ; je faisais face à tout ce que mon métier peut avoir d'aléatoire et souvent de très injuste. J'imaginais déjà la souffrance de ce comédien quand il apprendrait que c'était moi qui allais jouer le rôle. J'en ai pleuré de désarroi.

Tartuffe de retour en Nouvelle-France

C'est sans doute en souvenir de la création de *Tartuffe* sur le cap Diamant que Jean-Louis avait situé l'action de la pièce en Nouvelle-France, aux débuts de la colonie. Cela se laissait surtout deviner dans les formes et les couleurs du décor de Robert Prévost. Quant aux costumes, ils se rapprochaient sensiblement des vêtements portés dans les familles françaises de l'époque.

À Montréal, mon Elmire fut Huguette Oligny, et pour la tournée internationale, Monique Miller s'occupa allègrement de la succession. C'est à ces deux magnifiques femmes que j'osai dire la célèbre réplique : « Cachez ce sein que je ne saurais voir. » J'étais alors aussi hypocrite et menteur que mon personnage.

Les Bretons trouvent notre *Tartuffe* assommant

Après Montréal, nous avons joué en tournée internationale dans les pays francophones d'Europe, en Tchécoslovaquie, à Saint-Pétersbourg et à Moscou. Naturellement, nos représentations étaient accompagnées d'une traduction simultanée pour la Tchécoslovaquie et l'URSS.

Paul Hébert était Orgon, le chef de famille crédule et de bonne foi qui, victime de l'ignoble Tartuffe, retrouve les siens totalement bouleversés par le fourbe et qui sera sauvé de justesse par la police du roi, l'Exempt, qui arrive à la fin en véritable *deus ex machina*.

Le décorateur Robert Prévost avait dessiné un beau décor dont les murs étaient composés de grands panneaux de toile peinte. Ils étaient assemblés selon une vieille technique du théâtre à l'italienne qui consiste à lacer les panneaux à l'aide d'un fil pendant du haut, qu'en faisant valser de gauche à droite on accroche à des clous plantés de haut en bas le long des deux cadres. Il suffit ensuite de faire rapidement un nœud marin en bas et le tour est joué.

À Rennes, en Bretagne, alors que je devais ouvrir le spectacle et que j'attendais fébrilement mon signal d'entrée derrière la porte centrale du décor avec mon copain Jean Perraud – après le cérémonial de l'avant-spectacle : musique, noir dans la salle, rideau... c'est parti –, le rideau s'est ouvert. J'attendais toujours mon signal d'entrée quand on entendit un curieux murmure de la salle, puis de grands cris terrifiants qui se fondirent dans des fous rires encore plus inquiétants.

Le rideau, en s'ouvrant, avait entraîné deux grands panneaux du décor qui se sont délacés et sont allés se coucher sur les têtes d'une quarantaine de spectateurs affolés. Pas de blessés, mais une grande frousse et un très mauvais départ.

Après la représentation, mon ami Guy L'Écuyer et moi avons noyé ça dans une joyeuse dégustation de calvados avec de sympathiques Bretons.

Pas facile l'URSS

Pendant cette tournée, nous présentions deux spectacles, *Tartuffe* et *La guerre, yes sir!*, pièce adaptée du roman de Roch Carrier que j'avais mise en scène. Les Tchécoslovaques et les Russes refusèrent la pièce de Carrier à cause sans doute de son sujet, et surtout de son propos antimilitariste. Nous n'avons donc gardé que *Tartuffe* pour Prague et certaines autres villes de Tchécoslovaquie, pour ensuite nous diriger vers Moscou et Saint-Pétersbourg.

Entre Prague et Saint-Pétersbourg, la troupe voyageait en avion et le décor dans un camion dont la benne s'est avérée trop petite pour la longueur de nos panneaux, de sorte que tout le haut du décor dépassait de la benne et suivait à l'extérieur, brandissant le petit drapeau réglementaire.

Et voilà qu'à un des nombreux postes de contrôle, un douanier zélé décida d'appliquer la règle, et surtout de faire fâcher ses voisins russes en exigeant qu'on coupe ce qui dépasse. Ce qui fut fait. Les morceaux de décor retirés furent lancés sur le chargement et en avant pour la belle ville de Pierre le Grand.

En plus de jouer le rôle-titre, j'étais chef de troupe et donc responsable, avec Lucien Allen, notre plus que gentil administrateur, du bon fonctionnement de la tournée. À l'annonce de cette mutilation de notre décor, mon devoir était de me précipiter le plus tôt possible au théâtre le jour de la première représentation. Ce que j'y ai vu était à couper le souffle: jamais communistes n'avaient travaillé avec autant d'acharnement. Sur scène, il n'y avait pas moins d'une centaine de techniciens, menuisiers et je dirais surtout de menuisières (des colosses de femmes), le marteau à la main, en train de reconstruire fébrilement notre décor aux allures du Vieux-Québec. Ils ont travaillé sans arrêt jusqu'au soir. Tout a été refait à l'identique et ils ont même recomposé les teintes originales créées par Robert Prévost.

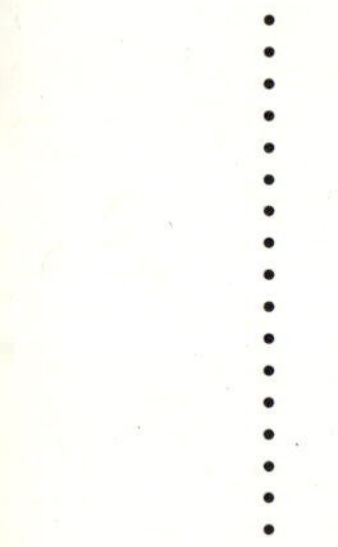

Au lever du rideau tout était réparé, et pendant la représentation, nous pouvions apercevoir le haut de notre décor qui séchait doucement sous la chaleur des projecteurs et sentir la bonne odeur de colle si familière des théâtres à l'italienne. L'honneur des Saint-Pétersbourgeois, membres du Parti, était sauf.

Comment rendre jaloux le KGB

Pendant notre voyage en URSS, nous avions évidemment des interprètes à notre disposition. Ils et elles étaient très gentils et non seulement traduisaient tout, mais aussi veillaient à nos horaires 24 heures sur 24, car ils étaient aussi membres du KGB.

À Moscou, ma préoccupation majeure fut de semer mon ange gardien, qui s'appelait Agna, afin de pouvoir improviser à ma guise mes déplacements. Lors de la première réception officielle au caviar et à la vodka, j'obligeai Agna à me présenter à de jeunes comédiens moscovites qui avaient été invités, dont une jolie blonde avec qui j'engageai une conversation qu'Agna n'avait pas le choix de traduire puisque la jeune femme était la fille du directeur du théâtre où nous jouions, le Mali.

Le lendemain, à l'insu de ma chère Agna, je me retrouvai chez la comédienne blonde avec un petit groupe très sympathique pour une soirée de poésie, de chansons et d'échanges enflammés en russe, en français et en anglais. Nous ne nous quittions plus. Un soir, après la représentation de *Tartuffe,* mes nouveaux copains sont venus me chercher pour m'emmener manger dans un restaurant géorgien. Nous marchions bras dessus bras dessous, tout en rigolant dans nos trois langues, quand tout à coup une jeune fille d'une dizaine d'années nous dépassa, se tourna vers nous, se mit devant moi et, après une charmante révérence, me présenta un joli bouquet de fleurs. De toute évidence, elle sortait du spectacle et m'avait suivi.

J'adore les fleurs et j'en ai reçu beaucoup dans toutes les circonstances, mais là, au centre de Moscou, dans la rue, le soir, au milieu de centaines de promeneurs, je dois dire que ça prenait des airs tolstoiens. Chaque fois que j'entends Bécaud chanter *Nathalie,* je pense à cette belle scène.

La Grand-Place et puis dodo

La tournée nous a aussi déposés à Bruxelles, où nous revenions chaque soir après avoir joué dans différentes villes de Belgique. Avant de prendre notre *night cap* sur la Grand-Place, dont l'illumination s'arrêtait brutalement à une heure du matin pour bien nous faire sentir coupables de ne pas être encore au lit, nous soupions dans un très sympathique restaurant de la Petite rue des Bouchers qui s'appelait, je crois, La Clé de Sol, et où j'ai eu le bonheur d'être élu chef honoraire. La spécialité du vrai chef était la blanquette de veau. Je n'en ai jamais retrouvé le merveilleux goût mais qu'à cela ne tienne, il m'arrive d'en cuisiner une à mes copains, inspiré par mes belles soirées bruxelloises.

MALVOLIO

La pièce *La nuit des rois*, de Shakespeare, traduite et mise en scène par Jean-Louis Roux, a été présentée au Théâtre du Nouveau Monde en 1970.
La pièce *Twelfth Night*, de Shakespeare, mise en scène par Bernard Hopkins, a été présentée au Stratford Shakespeare Festival à l'été 1992.

Malheureux Malvolio qui sera ridiculisé, déchu et emprisonné. C'est un majordome imbu de sa fonction et sans humour qui se croit aimé de sa maîtresse. Il appartient à la joyeuse comédie de Shakespeare *La nuit des rois (Twelfth Night)*, une pièce qui recrée ces grands jeux de société qu'on devait inventer dans les châteaux anglais pour aider les courtisans à occuper les longs soirs d'hiver en s'amusant les uns avec les autres et souvent aussi les uns des autres.

En 1956, l'année de mes débuts, j'ai fait partie de la distribution d'une production de *La nuit des rois* présentée au Gesù par le Théâtre-Club, la compagnie de Monique Lepage et Jacques Létourneau. La mise en scène avait été confiée au directeur du Conservatoire, monsieur Jan Doat, qui en profita pour confier les petits rôles et la figuration à ses élèves, dont j'étais.

J'observais mes fabuleux aînés, Gilles Pelletier, Hélène Loiselle, Charlotte Boisjoli et surtout l'excellent Roger Garceau qui jouait Malvolio. Des années plus tard, je jouerai le même Malvolio dans deux productions différentes ; une au TNM en français et l'autre à Stratford en anglais, et pour chacune d'elles, les accents pathétiques de Roger étaient toujours présents en moi.

Alfred Pellan au théâtre

En 1946, les Compagnons de Saint-Laurent invitaient le peintre Alfred Pellan à dessiner décors et costumes pour une production de *La nuit des rois*.

Le public de la troupe du père Legault avait hautement apprécié cette somptueuse expérience et Jean-Louis Roux en avait gardé un souvenir si intense que 20 ans plus tard il proposa à Pellan, qui avait fort heureusement conservé toutes ses maquettes, de refaire le même spectacle au TNM.

Et voilà ! L'invention, la richesse d'imagination et les époustouflants coloris d'Alfred Pellan se retrouvèrent sur notre scène, à la Place des Arts ; ce fut une grande expérience que je n'ai cependant pas traversée sans quelques petites difficultés. Nous, les comédiens, sommes les interprètes des écrits auxquels nous donnons vie. La scénographie doit être au service du texte et de notre interprétation.

« Je ne comprends pas qu'il puisse exister quelque chose de plus merveilleux que moi-même. » Grâce au poète Walt Whitman, voilà tout le personnage.

Dans la production de Pellan, c'est le peintre qui devenait l'interprète, et les acteurs, derrière ses maquillages et dans ses costumes, n'étaient que des voix sans âme et des articulations corporelles sans personnalité… enfin, ce fut ma très désagréable impression. Mais nous avons joué avec cœur.

Un Malvolio sans doublure

Dans les pays d'Europe et jusqu'en Russie, les traditions théâtrales sont solidement implantées. Ces sociétés se sont depuis longtemps dotées de théâtres d'État en mesure de garder au répertoire plusieurs spectacles chaque saison. Des troupes

permanentes de comédiens assurent l'alternance des représentations et les interprètes ont tous des doublures, sortes de remplaçants qui connaissent texte et mise en place et qui, en cas de maladie, d'accident ou de tout autre empêchement, peuvent sauter dans le costume de l'artiste manquant. En Amérique, à part à Stratford et dans quelques théâtres de New York, ce système de doublure n'existe pas. Nous n'avons pas les moyens de nous offrir cette protection. L'interprète doit être présent le soir du spectacle un point c'est tout.

Un soir, durant le temps des Fêtes, je me souviens avoir joué ce Malvolio avec une énorme fièvre. Le médecin m'avait interdit de quitter le lit. Je me suis sauvé, on m'a accompagné à la Place des Arts et couché dans ma loge sur une chaise longue. Au moment de chacune de mes scènes, on me lançait littéralement en scène et le miracle arrivait. Je ne me souviens pas d'avoir dit mon texte, c'était comme un disque qui tournait dans ma tête, en plus, je riais intérieurement car j'avais l'impression de marcher dans le vide, à quelques centimètres du plancher de scène.

Ce soir-là, je suis convaincu que les gourous de l'enseignement moderne du théâtre auraient été fiers de moi car j'ai dû jouer très « distancié », ce qui signifie en jargon « théâtreux » : à côté du personnage. C'était tout à fait le cas.

Cher Jean Besré

Ce janvier-là, pendant les représentations, nous avons eu la « tempête du siècle », comme on dit toujours. Il manquait quelques techniciens et un seul comédien sur une troupe de plus de 20. Mon ami Jean Besré ne répondait pas à l'appel, mais grâce au métro, il y avait plus de 200 personnes dans la salle. Nous nous sommes dit : « *The show must go on* ».

J'ai donné une brochure à un jeune comédien de la troupe, nous avons simplifié certains effets techniques, j'ai fait une annonce au public pour lui demander de nous pardonner nos maladresses à l'avance, et en avant la musique.

J'ai rarement connu un public aussi heureux et enthousiaste. Ce soir-là, la connivence de la salle avait un caractère encore plus intime que d'habitude. Le grand jeu de société shakespearien avait encore lieu pour le plus grand bonheur de tous, mais cette fois, au lieu d'être entouré des grands murs de pierres de quelque manoir anglais, il était comme protégé par d'énormes bancs de neige infranchissables.

À l'époque de cette *Nuit des rois*, aucune règle syndicale au Québec n'interdisait à un interprète de s'éloigner de plusieurs centaines de kilomètres du théâtre où il était en représentation – interdiction qui a pourtant toujours été en vigueur aux États-Unis et au Canada anglais. La veille de son départ pour Sherbrooke, Jean n'avait pas dû écouter le bulletin de la météo, et quand il s'est retrouvé chez ses chers parents, tout fier d'avoir accompli son filial devoir, il n'a pas vu par la fenêtre que la tempête était tellement déchaînée que seules les motoneiges circulaient dans les villes et sur les autoroutes, transportant les grands malades et les femmes au bord de l'accouchement. Il a raté la représentation !

Pour nous, ce fut un problème vite réglé, l'acteur qui le remplaçait lisait son texte en se laissant guider dans les places par les autres interprètes. Dans une pareille situation, après cinq minutes, le public entre dans le jeu et tout se passe presque normalement. Mais pour Jean, le fait de rater la représentation avait été une catastrophe.

Manquer une représentation ou arriver en retard au théâtre est un cauchemar qui revient souvent hanter les acteurs la nuit, et dont ils sortent toujours le cœur au zénith et noyés de sueur.

Quand, à la représentation suivante, Jean s'est présenté devant la troupe, il n'en menait pas large. Ses excuses à peine ébauchées et mon impatience à peine contenue, j'ai senti le besoin de lui faire quelques remarques sur un ton un peu plus emporté que le genre « grand frère » et je me souviens avoir terminé le tout en lui lançant : « Je ne sais pas quoi dire, Jean, il faut à tout prix se rendre au théâtre. On prend les grands moyens, on loue un hélicoptère, on nolise un avion ! » Et l'incident fut clos. Tel que je connais Jean, il a dû nous offrir un verre pour retrouver note bonne humeur et la sienne.

Quelques années plus tard, je me suis retrouvé dans une situation assez « jet-set », comme cela m'est arrivé quelquefois. Le soir, je mettais en scène les chœurs d'un opéra que je dirigeais à Québec, et le jour je jouais au théâtre midi du TNM, avec Roger Garand et Denise Filiatrault, dans une piécette amusante de Jean Barbeau où un père exaspéré finissait par battre le petit-ami de sa fille qui, après des années, négligeait de faire sa grande demande, trop pris qu'il était par ses parties de hockey télévisées. Je pense que plusieurs spectateurs se reconnaissaient.

Je dormais au Château Frontenac à Québec. Le matin, le concierge me réveillait, je sautais dans l'avion, jouais au TNM le midi, puis repartais à Dorval pour arriver à l'heure à ma répétition au Grand Théâtre de Québec, et cela pendant toute une semaine. Un vendredi, lors de la dernière représentation au TNM, mon concierge du Château Frontenac était en congé et, on l'aura deviné, son remplaçant me laissa dormir. À 9 h 30 j'étais assis dans mon lit à Québec alors que je jouais à midi à Montréal.

En l'espace d'une seconde, le visage souriant de Jean Besré m'est apparu et je me suis entendu lui dire : « On loue un hélicoptère, on nolise un avion ! » C'est ce que j'ai fait.

Il semble évident que le Canadien vient de marquer un but et que mon idiot de personnage n'est absolument pas disposé à *scorer* du côté de sa fiancée, jouée par Denise Filiatrault, qui, désespérée, a pourtant ses buts ouverts depuis sept ans de fréquentation.

J'ai appelé l'aéroport de Québec, sauté dans un Cesna que j'ai loué à grands frais et à midi moins dix j'étais au TNM prêt à entrer en scène. Ce n'est qu'après le spectacle que j'ai avoué à Roger et Denise d'où je venais et comment je m'étais rendu. Si je me souviens bien, Filiatrault m'a regardé fixement en murmurant quelque chose qui ressemblait à : « C.... ! tiens moé, j'pense que j'va perdre connaissance. »

Le Stratford Shakespeare Festival… La Mecque

Ce festival est phénoménal, issu et porté par une inspiration magique, de la chance, et beaucoup de bénévolat et de mécénat. Il connut sa première saison en 1954 sous une énorme tente, et est devenu aujourd'hui le plus grand théâtre de répertoire d'Amérique du Nord.

En 1957, une construction solide remplaça la tente pour protéger jalousement le dispositif scénique unique au monde, dessiné au départ par la décoratrice Tania Moiseiwitsch et le premier directeur artistique du festival, le metteur en scène Tyrone Guthrie, deux artistes britanniques venus poser la pierre angulaire du festival.

À la fin des années 1950, le festival de Stratford décida de faire appel à un groupe de comédiens francophones de Montréal pour jouer les personnages de la Cour de France dans la pièce *Henry V* que dirigeait Michael Langham. Dans un petit hôtel de Montréal, j'auditionnai devant lui pour le rôle de Montjoie, mais il me trouva trop jeune. Je ratai là une belle opportunité car en plus des représentations à Stratford, la troupe alla jouer au festival d'Édimbourg, en Écosse.

Mais 15 ans plus tard, j'eus la joie de faire représenter au festival, avec ma troupe de Montréal, la version anglaise de la pièce *La guerre, yes sir !*, de Roch Carrier, que j'avais mise en scène au TNM.

Enfin, j'aurai le grand bonheur de faire partie de la compagnie pendant quatre saisons au début des années 1990, sous la direction artistique de David William. Vingt-cinq ans après la production de Pellan, au TNM, je me retrouvais donc au festival de Stratford en Ontario à titre de metteur en scène et comédien. Pour moi, un grand rêve se réalisait : vivre au sein de cette magnifique compagnie de théâtre et pouvoir y jouer Shakespeare dans sa langue. J'ai toujours pensé qu'il était plus logique, en tant que Nord-Américain, d'étendre ma carrière vers le sud, en anglais, plutôt que de traverser l'Atlantique et de tenter de voler un rôle à Gérard Depardieu, ce que ses propres compatriotes n'arrivent même pas à faire.

Le personnage de Malvolio me permit de relever un grand défi. À Stratford, à 57 ans, j'allais retourner à l'école et réapprendre la diction, la phonétique et la pose de voix. J'ai eu l'avantage de jouer un texte en prose, ce qui est plus facile que de s'attaquer à la versification du grand William.

Malvolio, à Stratford,
dans la langue de Shakespeare.
Un peu majordome, un peu Tartuffe,
trois gouttes d'inconscience
et une haute opinion de lui-même.
Comme dirait Sacha Guitry :
« Pas assez intelligent pour être fou. »

SAUVAGEAU

La pièce *Les grands soleils*, de Jacques Ferron, mise en scène par Albert Millaire, a été présentée au Théâtre du Nouveau Monde et en tournée canadienne en 1968.

Pour qui a connu le docteur Jacques Ferron ou lu ses écrits, il va de soi que le personnage de l'Amérindien dans sa pièce *Les grands soleils* ait reçu de son auteur quelque peu narquois le nom de Sauvageau.

Sauvageau est calme, assez philosophe et quelque peu amusé par l'état de confrontation où en sont rendus les deux populations de blancs, l'une anglaise et l'autre française, venues fonder un nouveau pays sur ses terres. Car la pièce nous transporte au cœur de la rébellion des Patriotes de 1837. Le docteur Ferron s'intéresse à un autre disciple d'Hippocrate, celui qui va s'engager, celui qui va argumenter, celui qui va faire feu, le docteur Chénier.

La pièce est belle, elle est engagée, ce qui ne lui enlève nullement sa poésie. Ma rencontre avec ce texte est un heureux souvenir. Paul Hébert et moi avions déjà lu systématiquement les pièces déjà publiées de Jacques Ferron, et nous l'avions même rencontré, à la suite de quoi, en 1958, le docteur m'invita au lancement d'une nouvelle pièce, *Les grands soleils*, et me fit l'honneur d'une belle dédicace.

Pour son caractère historique, sa poésie, la personnalité forte de chacun de ses personnages, et enfin pour tout ce qui donne du piquant aux écrits de Ferron, je me jurai de la monter un jour, mais où, quand, et avec quel argent ?

Dix ans plus tard je me retrouvai au TNM avec la possibilité de présenter au grand public ce que je croyais être la meilleure pièce de Ferron. Il me vint alors l'idée que non seulement je pourrais monter *Les grands soleils* dans notre théâtre, mais que cette création pourrait donner lieu à la mise sur pied d'un réseau de tournée en région qui non seulement servirait à la représentation de ce spectacle, mais qui, par la suite, permettrait au TNM de faire tourner chaque année un ou deux de ses spectacles montréalais.

Avec l'accord de Jean-Louis Roux et de notre administrateur, j'ai mis un an à monter ce réseau, allant partout rencontrer les directeurs d'écoles, les élus municipaux et les bénévoles dévoués aux activités culturelles. Partout j'ai été bien reçu, et j'ai réussi à mettre sur pied un réseau de plus de 45 villes qui nous a permis de donner 60 représentations de la pièce en région.

Seule la ville de Nicolet a refusé le spectacle. Lors de ma rencontre avec les notables de la place, une religieuse encore affublée de sa cornette a déclaré sans appel : « Jacques Ferron est un communiste qui n'entrera jamais à Nicolet. » Nous étions quand même en 1968.

Sauvageau avec Guy L'Écuyer.
Quand j'avais mes grandes discussions avec le docteur Ferron,
je ne savais pas qu'il avait écrit ceci : « On doit laisser parler les jeunes gens ;
pendant ce temps ils vieillissent. »

En comptant les représentations de Montréal au théâtre Port-Royal, nous avons donné 99 représentations des *Grands soleils*. Nous avons évidemment fêté la centième en prétextant que notre première était en fait la générale, il fallait bien faire une fête.

Parce que nous avions accusé un léger déficit, et surtout parce qu'il n'aimait pas mes choix de dramaturgie, le président du conseil d'administration du TNM a, du revers de la main, réduit à néant mes efforts de deux années en prétextant qu'il n'était pas de la responsabilité du TNM de partir en tournée. Adieu réseau.

Près de 50 000 Québécois de Montréal et des régions avaient assisté à la pièce de Ferron, du jamais vu pour une œuvre de création. Mais je dus, à mon grand désarroi, constater que l'événement avait laissé les journalistes complètement indifférents. Une des réussites majeures de ma carrière allait passer inaperçue, pire, elle allait rester sans aucune suite dans l'intérêt du public, surtout celui des régions qui dut se contenter, pendant plusieurs années encore, de petites pièces de boulevard.

Soit on répète, soit on joue à la bouteille

Jane Needles est la fille de Bill Needles, un excellent comédien ontarien qui a fait partie de toutes les saisons à Stratford depuis les débuts du festival. Jane ne résista pas à l'appel de la scène et débuta comme *Stage manager* à Stratford, pour ensuite venir améliorer son français à Montréal où elle devint mon assistante à la mise en scène des *Grands soleils*. La rectitude, le sérieux et la ponctualité qui caractérisent la pratique du métier chez nos voisins anglos du sud en prennent pour leur rhume quand l'un des leurs est parachuté dans notre foire montréalaise.

Il y avait dans la distribution tout ce qu'il fallait pour initier notre Jane « Les Aiguilles » (*Needles*), comme nous l'avions baptisée. Je pense à mon grand fou d'ami Jean Perraud, et surtout à notre âme damnée, Guy L'Écuyer, avec en plus le jeune et joyeux Jean-Marie Lemieux. Quelle partie de plaisir continuelle c'était !

L'Écuyer jouait un clochard qui devait toujours transporter son 40 onces de Branvin. Un jour, je fis la remarque à Jane que Guy devait avoir sa bouteille pour répéter. Dès le lendemain, une belle bouteille de Branvin toute pleine attendait Guy sur la table des accessoires. Jane donna l'ordre de commencer la répétition et Guy s'installa sur son banc de parc avec sa bouteille.

En disant ses premières phrases, il se mit en frais de dévisser le bouchon de son élixir, lorsque Jane, levant les yeux de son texte, constata son impardonnable oubli. Telle l'avant-garde de l'armée de Wellington, elle se leva d'un bond, sabre au clair, sauta presque au-dessus de la table de régie en criant : « Ouvre pas, ouvre pas bouchon. » Elle se précipita sur la bouteille pour l'arracher à Guy qui, hilare, la lui rendit après une légère résistance enjouée. La bouteille fut convenablement vidée dans le lavabo, lavée et remplie d'eau fraîche. Cher Guy, c'est ça le professionnalisme, et en plus Jane t'a évité un méchant mal de bloc.

Dans les pays du sud, quand il fait trop chaud, on fait la sieste. Dans les pays nordiques, quand il fait trop froid, on prend un coup. C'était une journée comme nous les aimons l'hiver, d'environ 25 degrés sous zéro, avec en prime l'humidité de Montréal. Nous répétions l'après-midi et sur l'heure du midi, pour me donner du courage et m'étourdir un peu avant d'affronter ma Sibérie montréalaise, je me suis envoyé une grande rasade de whisky, ce que je n'avais jamais fait avant d'aller travailler. Ce n'est pas le démon qui m'a poussé, car lui, pas fou, était resté bien au chaud dans sa fournaise.

Nous répétions depuis un bon moment quand je me suis rendu compte que ça n'allait pas du tout. L'Écuyer bafouillait, Perraud était d'une lenteur mortelle et même Jean-Marie Lemieux traînait de la savate. Quand vint mon tour de quitter ma table de mise en scène pour aller donner mes répliques de Sauvageau, je demandai à mes camarades de m'excuser, avouant que je n'avais pas pu résister à l'envie de m'envoyer une petite rasade avant la répétition. L'Écuyer me regarda alors avec des yeux ronds et me dit : « Puisque tu l'avoues. Eh bien ! moi aussi. J'ai pas pu résister, j'étais gelé et j'ai pris du gin. » Perraud enchaîna : « Moi aussi, j'ai pris du scotch, j'ai les jambes molles. » Jean-Marie se joint aux aveux collectifs et nous annonça qu'il avait bu une demi-bouteille de vin au lunch.

Le fou rire s'empara de nous. Je déclarai la répétition terminée et invitai tout le monde à finir l'après-midi au bar du Continental en face de la Place des Arts. Nous avons ramassé brochures, mitaines et tuques et, déjà rendus dans le corridor, nous sommes arrêtés, soudainement saisis d'un terrible sentiment de culpabilité.

Nous avions oublié notre Anglaise, nous avions oublié notre Jane. Elle était collée au mur derrière sa table, les bras en croix, les mains bien à plat, et nous regardait avec les yeux d'une jeune paysanne qui voit venir vers elle une horde de Cosaques.

Revenue à la vie, elle fut trop heureuse de nous accompagner et de se réjouir d'avoir passé avec grande distinction le test de l'indiscipline et de la désobéissance. Ces deux grandes vertus ne l'ont cependant pas emporté sur le sérieux et l'acharnement que nous avons mis au service du docteur Ferron pour faire de sa pièce un spectacle chaleureux et moderne.

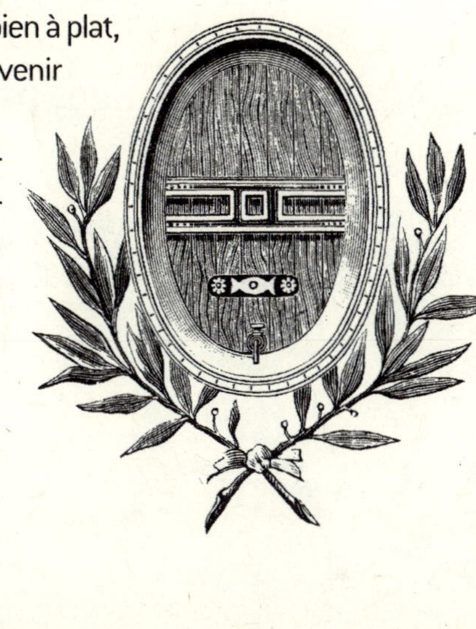

FIGARO

La pièce *Le mariage de Figaro*, de Beaumarchais, mise en scène par Jean-Louis Barrault, a été présentée au Théâtre du Nouveau Monde en 1972.

Figaro ce n'est pas un journal, un salon de coiffure à Londres ni un bar à tapas à Tokyo. Ce n'est pas le caniche de ma voisine, ni un beau baryton du Saguenay – Lac-Saint-Jean qui chante : « Figaro-ci, Figaro-là » dans une soirée bénéfice pour les Amis de Rossini. Non ! Figaro c'est le plus important personnage du théâtre français à naître entre le Grand Siècle et la fin du XVIIIe siècle. Son créateur, le très dérangeant Pierre Augustin Caron de Beaumarchais, a écrit une trilogie de pièces – dont deux, *Le barbier de Séville* et *Le mariage de Figaro,* feront autant scandale qu'elles seront portées aux nues – dans lesquelles la société française d'avant la Révolution est très bien représentée.

Figaro est un peu barbier, un peu serviteur, un peu guitariste, un peu voyou ; c'est une sorte d'homme à tout faire habile. Mes amis anglos diraient avec justesse un *Jack of All Trades.* En plus, il a du front tout le tour de la tête, il sait s'exprimer, et se comportera avec le noble comte Almaviva comme s'il était son égal. De là naîtra le scandale, ainsi qu'un esprit révolutionnaire.

Le Sganarelle du *Don Juan* de Molière, lorsqu'il veut semoncer son maître, porter un jugement sur ses frasques et le mettre en garde contre les menaces de l'enfer, ne trouve pas ses mots, il ne peut pas faire de phrases qui se tiennent. Molière lui fait faire un numéro très drôle et lui évite ainsi de dire son fait à un noble, et d'oser blesser la Cour. Cent ans plus tard, Figaro, lui, trouvera les mots pour confronter la noblesse à son irresponsabilité et à l'injuste traitement qu'elle inflige à ses semblables. La Révolution n'est pas loin.

Ah non, pas Jean-Louis Barrault !

Au milieu des années 1950, pendant mes années de Conservatoire, Montréal, en plus d'offrir les spectacles des grandes troupes naissantes, recevait encore les meilleures troupes de comédiens et comédiennes de Paris. Mes confrères étudiants et moi avons eu le grand bonheur de voir les Robert Hirsch, Jean Vilar, Gérard Philippe et combien d'autres, tous tellement inspirants pour les jeunes apprentis que nous étions. Les Britanniques venaient aussi, et quelle découverte ce fut de voir évoluer sur scène les deux beaux jeunes qu'étaient Claire Bloom et John Neville.

«De toutes les choses sérieuses, le mariage étant la plus bouffonne.»
- Beaumarchais

Un jour, Jean-Louis Barrault et Madeleine Renaud vinrent nous présenter les prouesses de leur compagnie – à chaque visite de troupes étrangères, monsieur Doat, notre directeur, s'arrangeait pour inviter un membre imminent de chacune des compagnies, qui venait au Conservatoire nous entretenir ou nous donner une classe de maître dans nos locaux.

C'est avec une certaine appréhension que je vis apparaître Jean-Louis Barrault, l'air maussade et le ton quelque peu condescendant. J'avais vu monsieur Barrault au cinéma et au théâtre, et son ton nasillard et sa démarche de mime ne m'avaient pas convaincu. Par contre, ses écrits sur le théâtre m'enflammaient, surtout un passage où il racontait que jeune acteur, sans gîte et sans le sou, il avait dormi un soir sur la scène, dans le lit du décor, circonstances que je vivrai à l'identique quelques années plus tard.

Toujours est-il que le jour de sa visite, Jean-Louis Barrault ne m'a pas convaincu et que j'ai continué par la suite à montrer à mes confrères et consœurs une photo qui le représentait dans *Hamlet* en claironnant : « Voilà ce qu'il ne faut pas faire, soit on joue soit on fait du mime. Monsieur Barrault ne joue pas Hamlet ici, avec cette pose, il n'en est qu'une pâle image plastique. »

Plusieurs années plus tard, je le retrouverai en coulisses de la salle Wilfrid-Pelletier les soirs d'ouverture du Festival mondial de l'Expo 67. Sir Laurence Olivier était là aussi et je dois avouer que je n'avais d'oreilles et d'yeux que pour mon idole, le grand « Larry ».

Quand Jean-Louis Roux décida de mettre à l'affiche *Le mariage de Figaro*, dont je jouerais le rôle et lui celui du comte Almaviva, il me dit subitement : « Pourquoi ne pas inviter Jean-Louis Barrault à nous mettre en scène ? » Je suis tombé de ma chaise. Monsieur Barrault, vraiment ? L'idée n'était pas mauvaise pourtant, Barrault avait déjà monté la pièce. Il avait joué Figaro. En plus, il était dans le pétrin, ayant perdu son théâtre, l'Odéon, à la suite des troubles de 68.

Le TNM obtint une subvention spéciale pour le faire venir, ce qui nous permit d'offrir un énorme cachet à monsieur Barrault, à la fois pour obtenir ses précieux services et lui donner un coup de pouce financier très amical.

Les embrassades du Ritz-Carlton

Les répétitions du *Mariage de Figaro* commençaient au début de janvier, alors que j'étais encore à Québec, où la mise en scène d'un spectacle me retenait au Théâtre du Trident. Impatient, Barrault entreprit donc de commencer les répétitions sans moi. Un soir, alors que Jean-Louis Roux l'avait invité à dîner dans un restaurant du Vieux-Montréal que je fréquentais souvent à l'époque, en les voyant entrer, le maître d'hôtel se précipita sur mon ami Roux et lui dit, sans doute pour le rassurer : « Bonsoir monsieur Roux et bienvenue, vous savez, votre ami Albert Millaire nous honore souvent de sa visite. » En entendant cela, Jean-Louis Barrault, qui ne m'avait pas encore vu la binette, se tourna vers Roux et lui dit : « Millaire, Millaire, est-ce qu'on parle de l'acteur qui doit jouer Figaro ? » Roux lui répondit que oui, alors Barrault se tourna prestement vers le maître d'hôtel et lui lança : « Mon ami, le Millaire en question, si vous le voyez, envoyez-le moi. »

Quand j'ai pu enfin me joindre à mes camarades en répétition, Barrault m'a regardé puis m'a dit : « Allons-y, vite mais mal. »

Ce ne fut pas si mal que cela, car entre-temps lui et moi étions devenus deux copains qui partageaient les mêmes passions, celle de notre métier et celle de Figaro.

Dès le lendemain, nous petit-déjeunions ensemble au bar maritime du Ritz-Carlton où, comme la plupart des acteurs français qui nous visitaient, il prenait ses quartiers. Derrière une montagne d'œufs brouillés, de bacon et de toasts molasses, semblant découvrir autre chose que le croissant du bistro, il s'ouvrit avec simplicité et générosité. Il m'invita d'emblée à entrer dans son monde merveilleux d'un des plus importants hommes de théâtre du XXe siècle. Il insista pour que je le tutoie et me présenta les précieuses clés qui allaient me donner accès à mon personnage.

Avant que nous nous quittions, je lui ai avoué ce que j'avais fait avec sa photo en Hamlet, quand j'étais jeune. Il m'a regardé et à ma grande surprise m'a dit : « Tu avais raison, je déteste cette photo et je n'ai jamais voulu qu'elle fasse le tour du monde, ce n'est pas Hamlet. »

Vers la fin du *Mariage de Figaro*, il y a un monologue extraordinaire qui commence par : « Femme, femme, femme... », où Figaro, qui à tort se croit trompé par celle qu'il aime, émet une longue et injuste plainte contre les femmes en général. En répétition, j'apprenais d'abord les dialogues pour ne pas retarder mes camarades, en gardant l'étude du monologue pour la fin, ce qui exaspérait mon ami François Rozet qui l'avait joué jeune et qui me semonçait en me disant : « On apprend d'abord le monologue. »

La première eut lieu à Ottawa, au Centre national des Arts. Une fois rendu à la scène du fameux monologue qui me faisait paniquer – il n'y avait plus sur scène qu'un banc de pierre au milieu, et derrière, de chaque côté, deux petits pavillons situés dans la pénombre –, j'entamai le monologue un peu nerveusement en reprenant le contrôle petit à petit. Mais je ne pouvais pas rester étranger à un léger bruit de respiration qui semblait tout près de moi. Cette présence m'a accompagné tout au long du monologue.

C'est Jean-Louis Barrault qui était sur scène, dissimulé dans un des pavillons pas tellement loin du banc où j'étais. Il m'a avoué : « Je voulais être le plus près de toi possible. »

Ferme ta boîte souffleur !

Le personnage de Figaro est surtout connu mondialement grâce à deux opéras, l'un de Mozart, *Les noces de Figaro,* qui s'inspire du *Mariage de Figaro* de Beaumarchais, et l'autre de Gioacchino Rossini, *Le barbier de Séville,* qui emprunte son intrigue à la pièce éponyme, également de Beaumarchais. Tous les jeunes comédiens et surtout les chanteurs veulent un jour se mesurer au brillant et très désinvolte Figaro, mais tous ne le font pas avec le même bonheur.

À mes débuts, en 1956, j'ai connu la dernière boîte de souffleur à Montréal, lors des *Fridolinades 56* de Gratien Gélinas, au théâtre Orphéum. Cette boîte était en fait un trou d'homme situé à l'avant-scène au centre. Une personne pouvait s'y asseoir avec un lutrin, le texte de la pièce et la bougie ou l'ampoule électrique indispensable. Comme la personne – souffleur ou souffleuse – se trouvait à mi-corps entre les dessous et le plancher de scène, on la cachait du public par une petite construction en bois ou en métal qui pouvait ressembler à une boîte.

Pendant des siècles, les représentations scéniques n'ont pas été soumises aux exigences du réalisme comme elles le sont maintenant depuis près d'un siècle. On déclamait beaucoup sans apporter toutes les nuances que le jeu intimiste moderne exige. En plus, dans les théâtres de répertoire, les acteurs devaient jouer différents rôles dans une même semaine. Ils avaient donc recours au souffleur pour combler leurs trous de mémoire. On appelait cela « jouer au souffleur », ce qui n'était pas toujours très apprécié du public, et pour cause.

Quant à la dernière boîte de souffleur que j'ai vue, elle resta longtemps dans ma mémoire de spectateur enthousiaste. En 1963, alors que j'étais à Paris, j'appris qu'un artiste québécois chantait Figaro à l'Opéra Comique. Avec empressement, je louai une place et assistai avec joie au spectacle, fier de la prestation de mon compatriote. Lorsqu'arriva le moment des saluts, mon Figaro reprit son solo avec prestance, et, quelque peu cavalier, s'avança vers la salle en délire, posa son pied sur la boîte du souffleur et leva les bras – jusque-là tout allait bien. Le rideau tomba, puis, comme la salle réclamait encore Figaro, celui-ci s'avança de nouveau vers le public et, en voulant répéter l'exploit de poser son pied droit sur la boîte du souffleur, rata le rebord de la boîte. Sa jambe s'enfonça dans le trou et il s'affala sur la boîte comme un pantin désarticulé. Figaro était désarticulé et moi j'étais bien triste ; il n'est pas permis de perdre la face en public, surtout aux saluts de la fin alors qu'on a joué le très adroit Figaro !

Une caméra face à l'éphémère existence du personnage

Caché derrière ses bacchantes et ses impatientes caméras, le photographe André Le Coz nous a observés, nous, les comédiens, sur les plateaux et les scènes de Montréal et a vu apparaître plus de 30 années d'histoire de mon métier dans les différents bassins de son laboratoire photo, au sous-sol de la maison familiale qu'il partageait avec Jano, son épouse, et leurs deux enfants.

Sur les plateaux de télévision, André faisait ses photos aux générales, se confondant avec les grosses caméras de l'époque, rapprochant tant qu'il le pouvait son cadrage et sa composition d'image de ce qui allait apparaître à l'écran du téléspectateur. Il était d'une grande discrétion, tout en suivant attentivement notre jeu. En bon premier spectateur, il nous encourageait d'un œil rieur ou triste, selon la situation.

Au théâtre, les soirs de générale, il était aux aguets dans la salle noire, il montait sur les bancs, se déplaçait rapidement sans bruit, s'interdisant de venir trop près de la scène pour ne pas déranger, et portait toujours des vêtements sombres pour disparaître. C'était un grand professionnel dont tous les clichés racontaient une histoire.

André nous a surpris dans nos meilleurs moments et à force de nous épier avec son œil toujours à l'affût de nos sentiments, je dirais même de nos âmes, il a fait de nous ses intimes, ses amis. Breton jovial et bon vivant, il avait commencé son métier à Paris avant de venir très jeune s'installer à Montréal, dans un Québec qu'il a tant aimé.

Autant son métier de citadin le gardait prisonnier des studios, des salles de théâtre et des nuits blanches, à imprimer les photos qui feraient quelques heures plus tard la une des journaux, autant il était un amoureux inconditionnel des grands espaces. Homme de bois, charpentier, menuisier, pêcheur, chasseur, il savait faire tourner la broche et régaler ses amis comédiens et comédiennes d'incomparables cuisseaux de chevreuil ou de pièces de caribou.

Sans André, ce livre serait bien incomplet et je désire rendre un hommage sincère à cet ami et le remercier d'avoir saisi, dans nos personnages, grandeur et désespérance.

André Le Coz, dans le rôle du forgeron greffier dans la dramatique *La Corrivaux,* de Guy Cloutier, réalisée par Jean Salvy pour la télévision de Radio-Canada en 1995. Ce petit rôle fut un sympathique clin d'œil à notre photographe.

DEUXIÈME ENTRACTE

USA and Toronto, here I come !

Les années 1970 furent témoins de grands chambardements. Je partis d'abord en tournée avec le TNM dans les pays francophones d'Europe, en Tchécoslovaquie et en URSS. Puis, au retour de ce grand voyage, je commençai sérieusement à orienter une bonne partie de mes activités de comédien et de metteur en scène vers le sud.

J'étais divorcé, mes filles avaient choisi de vivre avec moi ; la vie de famille était réorganisée. J'avais pris mes distances avec le TNM, et au moment où je rêvais encore de fonder ma compagnie et de m'installer enfin dans mon propre théâtre, je me retrouvai aux États-Unis, au milieu du Texas, au Dallas Theatre Centre, où on m'avait fait venir pour mettre en scène *Le malade imaginaire* de Molière en anglais. Puis, la North Carolina School of the Arts me demanda de monter *Le misanthrope*. Là, au milieu des champs de tabac, je fis la connaissance pour la première fois d'une accueillante population noire.

Je me fis de nouveaux amis, tous plus gentils et plus fous les uns que les autres. Je pense entre autres à ce comédien qui jouait le personnage de Molière dans ma troupe texane, Preston Jones. Preston, qui était aussi dramaturge, a écrit une très intéressante « trilogie texane ». Il était de descendance irlandaise et, évidemment, je me devais de lui tenir compagnie dans le seul pub irlandais de Dallas. Un soir, pour me prouver son amitié, comme nous chaussions la même pointure, il a enlevé ses bottes de cowboy et me les a données. Je les ai encore. C'est le cadeau le plus hétéroclite qu'on m'ait jamais offert.

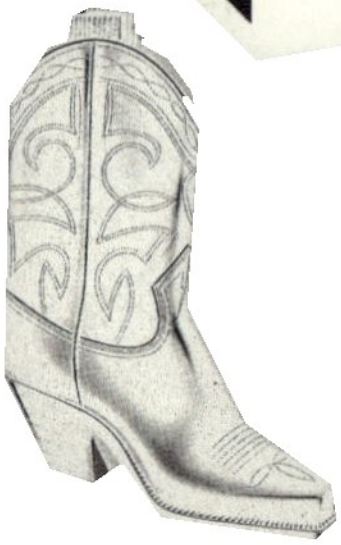

Il a un jour tenté de me rendre visite à Montréal, mais voilà qu'à la douane de Windsor, bien installé dans sa Cadillac décapotable, il a dû répondre aux questions d'un douanier. Comme il laissait toujours négligemment son colt 45 chargé dans son coffre à gants, le douanier lui a expliqué que pour entrer au Canada, il devait enregistrer l'arme, et patati et patata… Avec sa bonne tête dure d'Irlandais et sa désinvolture de Texan, il a fait demi-tour et est retourné à Dallas. Je ne l'ai jamais revu.

En Caroline-du-Nord, outre le plaisir que j'ai eu de m'attaquer de nouveau au *Misanthrope*, j'ai vécu des moments charmants. Quelques jours après le début des répétitions, le recteur m'a invité à adresser la parole à l'ensemble des étudiants en art réunis dans un superbe amphithéâtre. Après les présentations d'usage, il a terminé en disant : « Et maintenant, chers amis, accueillons monsieur Albert Molière ». Le buste de Jean-Baptiste Poquelin, dans l'entrée de la Comédie-Française à Paris, a sûrement été pris de fou rire.

La secrétaire de ce même recteur, une belle grande femme noire, pulpeuse et souriante, m'invita à venir à son église un dimanche. Je me retrouvai assis dans une petite église baptiste, au milieu de quelques centaines de personnes superbement endimanchées. J'étais le seul blanc.

À un certain moment durant l'office, alors que les gens commençaient à se lever les uns après les autres – ils se confessaient, avouaient, demandaient pardon, remerciaient, et l'assemblée acquiesçait doucement en ronronnant des mots incompréhensibles – ma voisine, une jeune maman, me flanqua son nouveau-né dans les bras et se leva à son tour. En plus d'être le seul blanc, j'avais un bébé noir dans les bras. J'étais au bord des larmes. Après avoir remis le petit à sa mère, je me suis dit qu'étant donné la situation, je ne pouvais pas y échapper, et je me suis levé. J'ai simplement dit mon nom, que je venais de Montréal et que j'étais très heureux de prier avec cette assemblée en ce dimanche matin. J'ai entendu un « Ya ! Ya ! » profond, doux, invitant, de la part de tous et toutes. Le seul fait de l'écrire aujourd'hui me fait frissonner ; la communion était intense, complète.

Puis, avant que j'aie eu le temps de perdre le léger accent texan qui colorait mon anglais, Léon Major, le directeur artistique du St. Lawrence Centre, la principale scène de Toronto, m'invita à son tour à monter en anglais *Le misanthrope*. Suivirent *Danse de mort*, de Strindberg, avec la grande Denise Pelletier que je fis venir de Montréal, *Les fourberies de Scapin*, toujours de Molière, et enfin *Divorçons*, de Victorien Sardou et Émile de Najac, où je poussai l'audace jusqu'à m'attribuer un rôle de premier plan, tout en assurant la mise en scène. Ce spectacle fut également présenté à Ottawa.

J'acceptai ensuite d'aller diriger un Feydeau au Theatre New Brunswick, mais je dus refuser quelques offres qui m'arrivaient de l'Ouest puisque ma famille était à Montréal et que mes activités professionnelles s'y poursuivaient toujours.

[TROISIÈME ACTE]

SCÈNE I

Il y a des choses qui ne se font pas

Lovborg

SCÈNE II

Et il était en moi, malgré moi...

Iago

SCÈNE III

Et si on jouait en anglais ?

Riel

SCÈNE IV

Un automne à Québec

Higgins

SCÈNE V

Un retour en musique au TNM

Le Major • Le Coureur de fond # 116

SCÈNE VI

Un antihéros drôle et sympathique

Edgar Allan, détective

SCÈNE VII

Quelques fantômes du Café de la Place

Monsieur De Chavigny • Monsieur l'Acteur et sa céleste bicyclette • L'Ours

IL Y A DES CHOSES QUI NE SE FONT PAS

LOVBORG

La pièce *Hedda Gabler*, d'Henrik Ibsen, réalisée par Paul Blouin, a été présentée à la télévision de Radio-Canada en 1974.

Comment le réalisateur Paul Blouin s'y est-il pris pour convaincre la très imprévisible Dyne Mousso d'aborder Hedda Gabler, un des plus beaux et des plus exigeants personnages de femme de tout le répertoire théâtral ? Dyne pouvait être une comédienne exceptionnelle, mais encore fallait-il qu'elle surmonte sa panique, sa peur, et son évidente pudeur confrontée aux déséquilibres de toutes sortes et à la démesure qui était l'apanage des magnifiques personnages qu'on lui offrait et que trop souvent elle hésitait à endosser.

Dyne m'impressionnait beaucoup, je l'admirais sans la comprendre. Elle me faisait peur et pourtant j'étais attiré. Pour paraphraser Lamartine, je risquerais : « Qui pouvait sonder, de Dyne, l'insondable pensée ? »

Le personnage d'Hedda Gabler appartient à la pièce éponyme du Norvégien Henrik Ibsen, qui la fit jouer à la fin du XIXe siècle. Pour cette époque, ce personnage est exceptionnellement moderne ; c'est une femme idéaliste, féministe et arriviste qui s'oppose aux contraintes de la société bourgeoise.

Eilert Lovborg, écrivain alcoolique repenti et ancien amant d'Hedda, semble être une menace pour la carrière du jeune mari de celle-ci. Après avoir détruit un précieux manuscrit de Lovborg, Hedda le poussera au suicide avant de se mettre elle-même le canon d'un révolver sur la tempe. C'est immédiatement après l'ultime coup de feu que le juge Brack – joué par Gilles Pelletier – dit lentement : « Il y a des choses qui ne se font pas. » Ma consœur du Conservatoire Monique Chabot, la très touchante Marthe Thierry et mon camarade Jean-Marie Lemieux complétaient la distribution.

« Chercher le bonheur dans cette vie, c'est là le véritable esprit de rébellion. »
- Henrik Ibsen

Pendant les répétitions et tout au long de l'enregistrement de la pièce, mon Lovborg n'avait qu'à se laisser couler vers sa fin tragique. Il avait aimé cette femme et l'aimait sans doute encore. Totalement démuni entre les mains meurtrières de celle qui non seulement le dépossédait intellectuellement mais prenait également sa vie, il n'avait qu'à s'abandonner à son terrible destin. Dans ces conditions-là, Dyne me dominait, et je trouvais cela tout à fait normal.

Des poils et un cratère

On remarquera que j'ai joué le rôle avec la barbe. Ce n'est pas un postiche, c'est la mienne. Je pense qu'il vient un moment où tous les petits mâles se demandent s'ils ont une barbe, quelle est sa couleur, et s'ils la laissaient pousser, quel serait son rôle dans le nouveau *look* de leur physionomie transformée.

Adolescent, on s'empresse de raser le premier poil qui se pointe enfin à notre menton, après l'avoir paradé pendant quelques jours. Puis, de rasage en rasage, on ne pense plus poil. Je ne sais pas si c'est Paul Blouin ou moi qui ai pensé poil, mais pour le personnage, le résultat fut superbe. Au point que quelques années plus tard, alors qu'aucun rôle n'exigeait que je sois imberbe, j'ai voulu refaire l'expérience, et me suis retrouvé de nouveau barbu.

J'avais alors commencé une série de messages publicitaires pour la gomme Clorets. En accord avec mon très gentil et très talentueux directeur, le cinéaste Pierre Savard, je décidai de garder tous mes poils pour l'enregistrement d'un message, et ce, il est tout à fait à propos de le dire, à la barbe des très conventionnels délégués de l'agence de publicité torontoise pour laquelle je travaillais !

J'ai sûrement été le premier acteur canadien à annoncer un produit à la télé avec un *look* « néo-écolo-hip » !

C'était Lovborg, pas Cyrano

Au moment où Paul Blouin m'a offert le magnifique rôle de Lovborg, j'arborais depuis quelques années – et je n'ai jamais su d'où elle venait – une stupide protubérance sur le bout du nez. C'était une petite boule de chair qui ne me faisait pas encore souffrir de strabisme, mais que je trouvais fort incommodante – mon nez à l'état naturel prenant déjà assez d'espace.

Paul, qui était un homme délicat et très poli, me prit doucement dans un coin et me dit à peu près à ceci : « Tu sais, Albert, que j'aime bien travailler en gros

plan, cette pièce s'y prête justement beaucoup, et je ne voudrais pas être dans l'obligation de te prendre sans cesse de profil gauche… alors tu sais, il faudrait… enfin sur ton nez… j'aimerais… bon, fais-toi enlever ça ! » C'était sans appel.

Dans la salle d'urgence du premier hôpital que j'ai trouvé, on m'a étendu sur une table et, à l'aide d'un instrument du genre fraise de dentiste, mais qui m'avait plutôt l'air d'une foreuse pour grand nez, un médecin m'a fait sauter le petit pois en deux minutes. Quelques jours plus tard, ma surprise fut grande de constater que si on m'avait enlevé ce qu'il y avait de trop, on avait par contre laissé un trou, un nid-de-poule, un cratère. Je ne l'ai jamais fait combler.

Ne soyez pas jalouses mesdames, c'est la seule chirurgie plastique qu'en toute coquetterie je me suis offerte. Elle fut brève, assez simple et tout à fait catastrophique.

SCÈNE II

ET IL ÉTAIT EN MOI, MALGRÉ MOI…

IAGO

La pièce *Othello*, de Shakespeare, réalisée par Jean Faucher, a été présentée à la télévision de Radio-Canada en 1975.

Voici le plus fameux scélérat de toute la littérature théâtrale. Shakespeare emprunte son *Othello* à une nouvelle d'un auteur vénitien du milieu du XVIe siècle. Le Maure de Venise à la peau sombre est le général en chef de la Sérénissime et vainqueur des Turcs à Chypre. Il est l'amoureux époux de la belle et douce Desdémone.

Othello a pour enseigne et homme de confiance un certain Iago qui, animé par diverses frustrations, voue à son supérieur une haine sans limites. C'est un sous-officier envieux et aigri, raciste et misogyne. Iago va donc distiller dans l'oreille du Maure les pires infamies pour convaincre ce dernier de l'infidélité de son épouse. Le doute, la jalousie puis la rage feront d'Othello un fou meurtrier qui en viendra à égorger sa fidèle amoureuse.

Le personnage d'Iago est donc l'engrenage infernal qui, tout au long de la tragédie, invente les arguments et les mensonges diaboliques qui mèneront Othello au sacrifice final. Quelle responsabilité pour l'acteur, et comme cela m'était déjà arrivé quand j'abordais Tartuffe, quel malaise, quelle surprise et surtout, quelle inquiétude de se rendre compte, en entrant dans la peau d'un tel personnage, qu'on a en soi cette puissance destructrice et qu'on doit y faire appel pour donner toute sa vérité à la représentation du personnage !

« Qu'est-ce que l'honneur ? Un mot. »
- Shakespeare

« Sourire de mise cache traîtrise. »
- Anonyme

Jean-Marie Lemieux

Il était Othello dans cette très importante production de la télévision de Radio-Canada, sous la direction de Jean Faucher. Jean-Marie était un excellent comédien, solide, toujours en contrôle, avec une force d'une vérité irrésistible. Il avait été le docteur Chénier dans *Les grands soleils,* de Jacques Ferron, pièce que j'avais montée au TNM. Puis, nous nous étions retrouvés dans le magnifique téléthéâtre de Paul Blouin, *Hedda Gabler.* Nous allions aussi jouer ensemble dans la série *Laurier,* qu'il ne pourra pas terminer tellement la maladie le harcèlera et le vaincra avec une rapidité fulgurante.

Apprendre, toujours apprendre

Avec les années, je n'ai pas eu le choix, j'ai dû me résigner à étudier mes rôles dans toutes sortes de circonstances et d'endroits ; aérogares, trains, salles d'attente. Jeune comédien, il me fallait la solitude, un silence total et le confort d'un divan ou tout simplement mon lit. Mais terrorisé par la longueur de certains rôles et les exigences de mes horaires, j'ai dû faire l'effort de m'isoler sur la place publique, ce qui s'est d'ailleurs avéré un très bon exercice. Aujourd'hui, abasourdi par les conversations au téléphone cellulaire, ce sont les boules Quies qui me sauvent.

Pour jouer Iago, un autre de ces personnages qui causent sans arrêt, j'ai pu en apprendre le texte un été dans des circonstances idéales. Ma famille et moi vivions dans un chalet voisin du Théâtre de La Marjolaine, à Eastman. Ma conjointe jouait dans le spectacle et mes deux filles aînées faisaient partie du bataillon d'adolescents et d'adolescentes qui se rendaient utiles au théâtre en gagnant quelques sous dans les différentes fonctions qu'exige l'accueil du public.

Après avoir servi un léger repas à mes trois Grâces qui partaient au théâtre, j'avais devant moi quelques belles heures de silence pour me transformer en Iago et tenter d'ingurgiter ses longues tirades. Les samedis, comme il y avait deux représentations, j'avais envisagé avoir droit à mes grandes sessions d'étude salvatrices. Ça ne s'est pas passé comme ça.

Je ne peux pas évoquer *Othello* sans saluer Jean-Marie et sa courte mais très marquante carrière.

Un traiteur, quel heureux homme !

Quand, au théâtre, il y a deux représentations le même jour, la plupart des interprètes mangent entre les deux. Soit chacun apporte son casse-croûte ou un plat préparé qui sera offert avec d'autres sur la grande table commune, soit le producteur offre gentiment le repas. La directrice, Marjolaine Hébert, a toujours opté pour cette dernière solution. Tous ceux et celles qui ont travaillé au Théâtre de La Marjolaine se souviendront du sempiternel poulet barbecue, avec frites froides et la très standard salade de chou, et ce, à chacun des dix samedis de la saison, saison après saison. On ne peut pas en vouloir à Marjolaine, elle faisait de son mieux, et elle le faisait tellement de bon cœur !

Cet été-là, j'avais fait la mise en scène du spectacle, et quand j'ai vu les deux représentations du premier samedi pointer à l'horizon, j'ai senti comme une obligation de faire obstruction au très probable poulet barbecue. J'ai donc suggéré à Marjolaine de me donner le budget du poulet et de me laisser préparer les repas. Je me demande encore comment j'ai bien pu réussir.

Entre les deux spectacles, une dizaine de comédiens et de techniciens mangeaient légèrement, puis, après le début de la deuxième représentation, une horde affamée d'une quinzaine d'ados s'abattait sur la table pour tout rafler. Mon budget, je ne l'oublierai jamais, était de 45 dollars – inutile de dire que La Marjolaine n'était pas un théâtre subventionné.

Mais ce fut une expérience que j'ai adorée, qui m'a forcé à planifier et à inventer. De samedi en samedi, je m'améliorais, en mettant quelques sous de ma poche il va de soi, et je n'ai pas eu de plaintes de la part de mes convives dont les vies ont été sauvées grâce à quelques bouchées simples, pas coûteuses, bonnes au goût et nourrissantes. Et voilà comment chaque samedi, je devenais Albert le traiteur, alors que la semaine, je me transformais en Iago le démoniaque.

Le général s'en va-t-en guerre

L'arrivée du héros victorieux dans l'*Othello* que le grand Verdi a composé à partir du texte de Shakespeare est pour moi un des grands moments de l'opéra.

Parmi les sports que j'ai pratiqués dans ma jeunesse, l'escrime a tenu une place importante – membre du club Les Mousquetaires de la Palestre nationale, j'ai eu pour maître le très joyeux Robert Desjarlais – c'est pourquoi, par la suite, on m'a quelquefois demandé de mettre en place des combats de scène à l'épée. On m'a ainsi invité, un jour, à ce qu'on appelait à l'époque l'Opéra du Québec, à chorégraphier le combat du premier acte de l'*Othello* de Verdi – et qui dit premier acte dit arrivée triomphale du général en chef, grand vainqueur, que les Vénitiens attendaient au port avec appréhension et espoir.

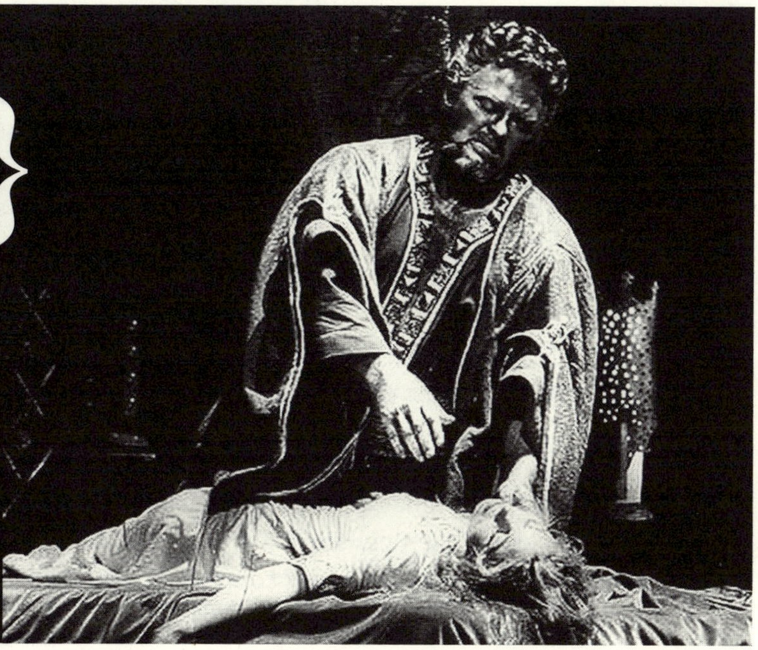

Jon Vickers dans le rôle d'Othello.

Le puissant ténor canadien Jon Vickers chantait le rôle, et Zubin Mehta était au pupitre. Durant les répétitions et les générales s'est imprimée en moi pour la vie l'incomparable émotion que procurent les premières mesures chantées par Othello quand il débarque au port et se présente à la foule :

« Esultate ! L'orgoglio musulmano sepolto è in mar*. »

Quelle extraordinaire entrée en scène !

Un autre a honoré le texte de Shakespeare par le biais de l'opéra de Verdi, il s'agit d'un des plus grands artistes de l'art lyrique contemporain, le magnifique ténor Placido Domingo. Malgré les exigences de l'opéra, grâce à la magie du cinéma, Domingo joue et chante un lago d'une telle vérité que toute la complexité du personnage nous est rendue.

* Exultons, l'orgueil musulman a sombré dans la mer.

Sur les traces d'Othello à Chypre

Au début de la pièce, Othello, le général en chef au service de la République de Venise, revient vainqueur, avec sa flotte, d'une expédition militaire contre les Turcs qui tentaient de s'emparer de Chypre – ce n'est pas d'aujourd'hui que cette île paradisiaque est l'objet de harassantes convoitises. Othello avait bien raison de vouloir jalousement conserver l'île pour le compte de Venise.

C'est une belle fantaisie de la nature qui a si bien déposé Chypre aux confins de la Méditerranée orientale, exposée aux regards convoiteurs de la Grèce, de la Turquie, de la Syrie, du Liban et de l'Égypte ; enfin, au carrefour de trois continents et d'ô combien grandes civilisations !

Chypre n'est-elle pas aussi l'île heureuse où Aphrodite (Vénus pour les Romains) a choisi d'atterrir, nue, debout dans la conque qui l'avait si gentiment recueillie à sa sortie des profondeurs de l'onde ? Depuis cet heureux débarquement, Chypre a vécu de bien tristes périodes, mais la *Naissance de Vénus* de Botticelli, représentée entre autres dans le vieux *Larousse,* aura par contre réjoui bien des générations de cancres en quête de sensations fortes, et j'en suis...

Enfin, un amphithéâtre romain !

Nous entendons parler des problèmes politiques de Chypre depuis toujours et l'île a sans cesse été un point chaud à éviter. Pourtant, il y a quelques années, répondant à la sympathique invitation du Théâtre de l'Opsis, je me mis en route vers l'île d'Aphrodite. La compagnie était dans son cycle Oreste et j'avais participé à l'*Oreste* d'Eschyle mis en scène par Luce Pelletier, la directrice, et voilà qu'elle était invitée à participer à un festival de théâtre grec antique à Paphos, dans un amphithéâtre romain.

Nous y avons côtoyé plusieurs compagnies de théâtre, dont le théâtre national de Grèce, et même une troupe japonaise.

Nous avons joué aux touristes sages et crédules, et avons visité les bains d'Aphrodite dans une forêt luxuriante, ce qui nous a fait rêver quelque peu. Nous avons aussi admiré les élevages de tortues dans leur habitat naturel et visité une bonne partie de l'île dans de grosses jeeps bringuebalantes. Mais l'événement le plus marquant fut de pouvoir répéter, et surtout jouer, dans un véritable amphithéâtre romain.

En Europe, j'ai eu l'occasion de visiter des amphithéâtres romains et grecs, j'y ai vu des spectacles comme dans les arènes de Vérone et de Nîmes, mais le fait de pouvoir jouer dans un tel lieu tenait du miracle pour moi. Ce fut comme un retour aux sources de mon métier, dont je n'avais pas encore goûté toutes les émotions.

Nous devions répéter tôt le matin, car à partir de 11 heures la chaleur était trop intense et tout grand effort physique était à éviter, un peu comme chez nous pendant nos six mois d'été... ha ! ha ! ha !

En fin de journée, par contre, une douce brise se levait et l'air embaumait. Quand la représentation commençait, la nuit était tombée et, au-dessus de nos têtes, nous découvrions l'immensité du ciel étoilé. Nous distinguions à peine les quelques réflecteurs qui éclairaient l'aire de jeu car – comble de bonheur – les soirs où nous jouions, la Lune était pleine, et sa face livide, comme dit Lorenzaccio, jetait un regard bienveillant sur les gentils acteurs québécois qui jouaient en français une pièce grecque devant des Chypriotes, des Grecs et des Britanniques unilingues.

Je ressentis une telle émotion, avant de faire mon entrée en scène, que j'eus envie de pleurer tellement je me suis senti minuscule et serein, presque enivré par la douceur de cet instant.

Pour ma position en scène, Luce m'avait indiqué une grande pierre au centre de la scène. J'avais en face de moi l'amphithéâtre au complet. Je parlai et le miracle s'accomplit : aucun besoin de projeter, le son se rendait comme par enchantement, comme si je parlais dans l'oreille de chacun des spectateurs. Il fallait que je vive ces précieux instants pour faire véritablement la connaissance du jeu scénique de l'Antiquité.

Répétition matinale dans l'amphithéâtre de Paphos. Antoine Durand et Guillaume Champoux écoutent les indications de la metteure en scène Luce Pelletier pendant que sous mon petit chapeau blanc, j'attends sagement, au fond, mon entrée en scène.

SCÈNE III

ET SI ON JOUAIT EN ANGLAIS ?

RIEL

La pièce *Riel*, de John Coulter, mise en scène par Jean Gascon, a été présentée au théâtre anglais du Centre national des Arts à Ottawa en 1975.

J'ai eu la joie de jouer plusieurs grands personnages de notre histoire, et Louis Riel en est un des plus complexes, dont la réhabilitation n'a pas convaincu tous les Canadiens de sa bonne foi et du bien-fondé de sa mission. Le rôle que j'ai interprété appartient à la pièce *Riel* d'un auteur canado-irlandais, John Coulter, un grand monsieur fort sympathique qui voyageait souvent entre le Canada et l'Irlande. Fasciné par l'histoire des Métis des Prairies, il a écrit une pièce fort bien construite qui témoigne très justement des événements bouleversants qui ont marqué la vie de Riel.

La pièce, dotée d'une structure shakespearienne, avait été produite par la section anglophone du Centre national des Arts à Ottawa, et fut mise en scène par Jean Gascon qui, après son expérience à Stratford, s'était vu confier la direction artistique du Centre.

Nous l'avons jouée en anglais, comme elle avait été écrite, avec une partie de la distribution venue de Stratford pour jouer les personnages anglophones. Des comédiens francophones, venus pour la plupart de Montréal, ont quant à eux campé les personnages de Métis.

Quelle belle et provocante production ! Nous étions plus d'une trentaine sur scène et proposions un mélange étourdissant d'accents, de couleurs de peau, de costumes aux styles disparates ; un mélange de pouvoir et d'indigence, d'arrogance et de revendications, de fièvre et de désespoir.

Le premier ministre Pierre Elliott Trudeau, qui adorait le théâtre et les acteurs et qui m'a souvent fait l'honneur d'assister à mes spectacles, m'a dit à la blague à la suite d'une représentation : « Vous avez fait plus avec votre Riel que moi avec ma politique du bilinguisme. » Nous avons bien ri.

Il m'a confié également qu'il souhaitait nous faire faire une grande tournée pancanadienne, mais il ne s'est trouvé malheureusement personne dans son entourage d'assez convaincu pour nous faire prendre la route.

« Un prophète n'est pas celui qui aurait reçu une éducation de prophète, mais celui qui a la conscience intime de ce qu'il est, doit et ne peut pas ne pas être. »

- Tolstoï

Riel fut l'un de mes premiers grands rôles dans la langue de Shakespeare. Comme j'ai été élevé dans l'ouest de Montréal, j'ai toujours été en mesure de me faire comprendre en anglais, et au collège, j'étais évidemment bon premier dans cette matière.

En 1968, j'ai hérité d'un rôle assez important dans une série ontarienne, *Adventures in Rainbow Country,* qui fut diffusée et rediffusée sur différentes chaînes de télévision sous le titre français *Au pays de l'arc-en-ciel.* Mon personnage, Roger, que je doublais moi-même en français, était un jeune photographe montréalais. Pendant une douzaine d'épisodes, il a suivi les péripéties plus ou moins héroïques de deux jeunes garçons dans les forêts de la baie Georgienne. J'ai eu en plus le plaisir de jouer avec la comédienne Loïs Maxwell, la fameuse Miss Moneypenny dans 14 films de James Bond.

À cette époque, je dois admettre que ma diction anglaise n'était pas très au point. Mes « h » et mes « th » se distinguaient par leur absence, ce qui, dans Riel, ne dérangeait pas beaucoup puisque les Métis étaient francophones et pouvaient se permettre d'avoir en anglais un très fort accent.

Le photographe montréalais Roger, dans la série *Au pays de l'arc-en-ciel.*

Au Centre national des Arts avec mes patins

Le Centre national des Arts a toujours été un endroit où il est très agréable de travailler. C'est un complexe de trois théâtres – opéra, théâtre et studio – qui a sa propre administration et qui reçoit ses subsides directement du gouvernement. Il est né d'une volonté politique de doter le Canada d'un centre d'art national capable de recevoir, de créer et de diffuser des spectacles de tous genres. Évidemment, la tâche s'est toujours avérée difficile car l'histoire du Canada est faite de grandes distances, et Ottawa est loin de Vancouver et de Halifax. Mais Montréal est à côté, et quand on va jouer au Centre, on n'est pas tout à fait à Montréal, et pas tout à fait en tournée. On peut ainsi consacrer ses journées entières à la prestation du soir sans avoir à répondre aux nombreuses sollicitations de la vie montréalaise.

Comme je ne pouvais pas manger avant de jouer, surtout pour un rôle aussi énorme que celui de Riel, je mangeais quelques pâtes vers 16 heures, puis je me rendais au théâtre. C'était l'hiver et le canal Rideau, transformé en une interminable patinoire, était très invitant. Dans ma loge, mes patins m'attendaient, et tous les jours, à l'heure où les fonctionnaires rentraient chez eux et que la ville s'activait avec sa modeste heure de pointe, je glissais doucement sur le canal, remettant en mouvement ce corps un peu léthargique qui venait de dormir ses 11 ou 12 heures.

J'ai toujours beaucoup dormi, et encore plus lorsque mes rôles étaient exigeants. Le métier de comédien est très physique mais n'en demande pas moins une grande concentration.

De retour dans ma loge, on peut dire que j'étais oxygéné et prêt pour la représentation. Le cérémonial du maquillage, très élaboré, exigeait une longue préparation, surtout pour la coiffure, qui était l'élément important qui devait me rapprocher du « *look* Riel ». On m'avait teint les cheveux en foncé, mais tous les soirs, il fallait quand même ajouter un peu de laque noire.

Tous mes costumes étaient amples et avaient été coupés de façon à me faire perdre quelques pouces en hauteur. En plus, le port du mocassin me donnait une démarche trapue qui m'aidait beaucoup.

Une fois la forme du personnage acquise, il fallait offrir le fond, le faire vivre cet homme, trouver son intériorité, ses motivations, sa passion. J'ai l'impression que c'est l'un des personnages que j'ai joué avec le plus de vérité et de contrôle.

Le Bison de cristal

Le titre très évocateur du livre de l'écrivaine Ismène Toussaint sur la vie de Riel, *Le Bison de cristal,* publié plusieurs années après que j'aie joué le personnage, me rappelle les longues heures que j'ai consacrées avec avidité à faire sa connaissance. Entre le petit garçon né à Saint-Boniface qui hérite du sang indien de sa grand-mère Marguerite Boucher, Métis franco-chipewyan, et l'enfant que j'ai été, élevé dans les ruelles poussiéreuses du sud-ouest de Montréal, s'établissait, au début de ma recherche, une fraternité et une compréhension qui allaient dès les premiers instants me lier au personnage.

Le sang indien mis à part, j'ai tout de suite reconnu cette sensibilité exaspérée de l'enfant et de l'adolescent coincé, pris en étau entre le pouvoir des prêtres et celui de certains descendants d'arrogants conquérants Anglais qui, quand j'étais jeune, étaient encore un peu dérangeants.

Mais là s'arrête ma comparaison car en me dirigeant avec une certaine liberté vers mon métier d'acteur, j'ai pris le meilleur des curés avant de leur donner congé, et j'ai donné peu d'importance aux coups de gueule de mes amis anglos. Mais le malheureux Métis que je devrais interpréter un jour a poursuivi, lui, son cruel destin.

Comme un bison fougueux fonceur et puissant il devint « le fou qu'on a pendu », surnom dont l'homme de la rue le qualifia trop souvent. Pensionnaire dans un collège, il profita des prêtres pour s'instruire et revint parmi les siens prêt à devenir leur *leader* ; président du Comité national des Métis, puis enfin fondateur du Manitoba – le bison dans sa gloire –, mais tout au long de ses victoires, de ses défaites, de ses visions de poète et de ses infatigables harangues de meneur, il resta un petit garçon pieux, inquiet et mentalement déséquilibré, aux prises avec des visions et des fantasmes religieux.

Banni, condamné à mort, réduit à l'exil et enfermé à l'hôpital psychiatrique Saint-Michel-Archange à Québec, Riel devint le Bison de cristal.

Lors de son procès, Louis Riel a parlé pendant des heures et des heures avec fougue et passion. Pour moi, ce témoignage s'est résumé en un long monologue extrêmement étoffé. C'était une pièce en un acte à l'intérieur du spectacle. Il fut terrifiant de monter dans le box tous les soirs, car non seulement j'avais le public en face de moi, mais aussi toute la distribution, assise dos au public, qui me faisait face. J'avais l'impression que mes camarades me jugeaient. En fait, ils m'ont jugé et ils m'ont pendu.

Voici un court extrait de ce témoignage que j'ai traduit du texte de Coulter. On y perçoit très clairement le rêve du personnage que les diverses communautés et ethnies de l'Ouest canadien accèdent à une grande fraternité. Le côté messianique de Riel s'y révèle aussi.

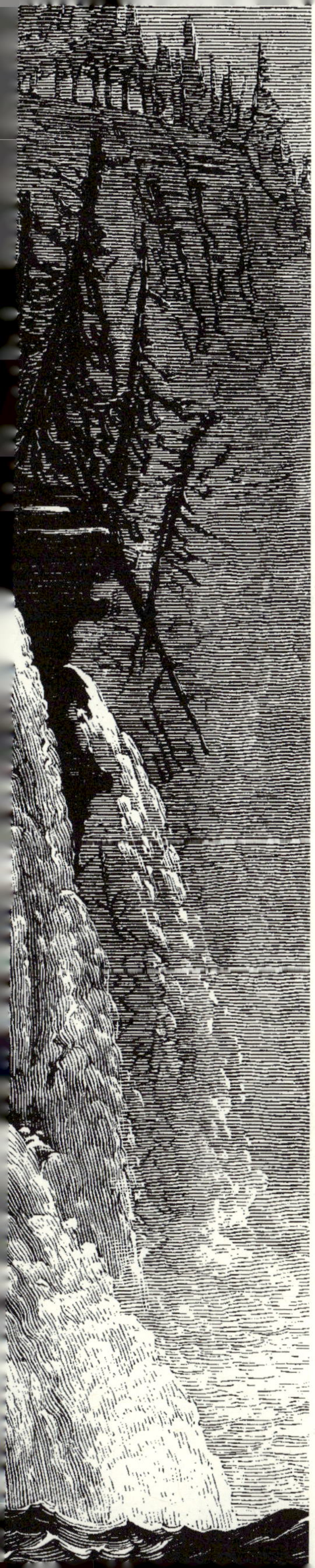

Le gouvernement (Ottawa) est malade, malsain et en plus victime de paralysie. J'ai été désigné par mon peuple pour le diriger dans sa lutte contre cette insanité. Je suis venu. Je suis revenu d'exil pour aider les miens. Et quand j'ai été attaqué par une police armée, j'ai répondu par les armes. Voilà ce qu'on nomme mon crime de haute trahison, pour lequel on me garde maintenant prisonnier. Voilà pourquoi on souhaite me mettre en pièces...

Nous sommes des pionniers, nous invitons dans notre nouveau monde les Italiens, les Polonais, les Bavarois, les Belges, les Suédois, les Irlandais et les juifs, tous, tous sont bienvenus ici à la condition bien sûr qu'ils reconnaissent Jésus-Christ notre seul espoir, le sauveur du monde...

Dieu ne peut pas créer une tribu, une nation, sans lui donner un coin de terre. Nous ne sommes pas des oiseaux. Voilà notre pays, notre terre, nous allons l'enrichir, la cultiver, c'est le génie de la civilisation...

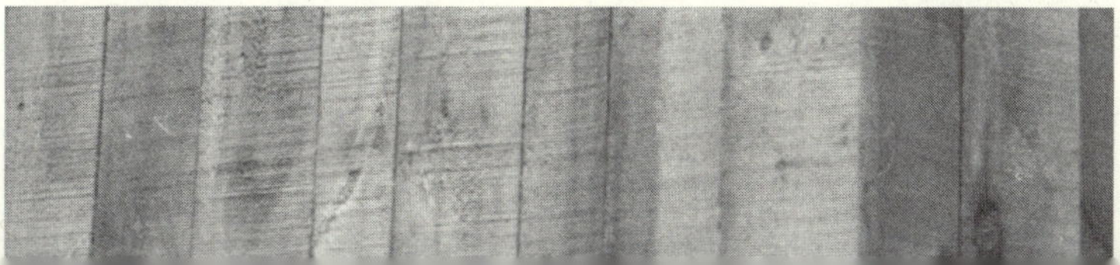

On célèbre aujourd'hui Louis Riel comme le fondateur du Manitoba. Sur le drapeau de cette province on peut voir un beau bison, non pas de chair ou de cristal, mais doré : le bison, l'or des Métis et des Premières Nations de l'Ouest. Quand Riel était en exil au Montana, il a été chasseur de bisons. Les chances sont grandes qu'il ait mangé, et en bonne quantité, le fameux pemmican, la grande bouffe des Métis. Pour le préparer, on réduisait la chair de bison séchée en poudre, puis on la mélangeait à de la moelle, de la graisse et des petits fruits. Une fois pressé, ce mélange pouvait attendre et voyageait bien...

Le bison est une majestueuse création de la nature. Un troupeau de bisons devait être un spectacle envoûtant. Imaginez le son et le tremblement du sol au passage des milliers de sabots de ces animaux qui peuvent peser jusqu'à 900 kilos et mesurer deux mètres de haut. On estime qu'avant l'arrivée des blancs, 50 à 70 millions de bisons circulaient en Amérique du Nord. Les habitants des plaines et plus tard les Métis, selon leur faim et leurs besoins, en chassaient quelques-uns à l'occasion. Ils étaient source de nourriture et de matériaux en tout genre pour la vie de tous les jours. La graisse, le cuir, les cornes, etc., presque toutes les parties de l'animal étaient utilisées, et la bosse et la langue étaient des morceaux de choix.

Exterminé par les pionniers et les chasseurs, le bison avait presque disparu de nos terres de l'Ouest, mais des lois le protègent aujourd'hui et il renaît, tant aux États-Unis qu'au Canada.

Des plaines au Centre national des Arts

Après la longue et écrasante représentation de *Riel,* mes camarades et moi, comme nous n'avions pas de pemmican à portée de la main, allions nous attabler pour souper dans le seul restaurant d'Ottawa qui nous acceptait à cette heure tardive.

Ensuite, la soirée n'était pas terminée puisqu'en rentrant à mon petit appartement j'essayais, shampoing après shampoing, de faire disparaître la laque noire de ma tête, et je faisais sécher mes cheveux pour enfin mettre mon Riel au lit en l'implorant d'attendre le lendemain pour recommencer sa quête de liberté.

Autant le Bison de cristal m'impressionne, autant le vrai bison, dans sa majesté, me coupe le souffle.

SCÈNE IV

UN AUTOMNE À QUÉBEC

HIGGINS

La pièce *Pygmalion*, de George Bernard Shaw, traduite par Éloi de Grandmont et mise en scène par Paul Hébert, a été présentée au Théâtre du Trident en 1971 et 1972.

Célibataire endurci d'une quarantaine d'années, très « vieille Angleterre » et très riche, Higgins est un scientifique spécialiste en diction et en phonétique, ce qui ne l'empêche pas d'être passablement dilettante. Il est intolérant, snob, quelque peu misogyne et charmant. Comme dirait un anthropologue québécois : « Y'en a très peu par ici » !

Higgins appartient à la pièce *Pygmalion* de George Bernard Shaw, puissant dramaturge irlandais qui n'a mis en scène que des personnages de grande envergure. J'ai toujours adoré jouer ces personnages brillants et quelque peu provocants, en dépit du risque que je prenais alors de recevoir en pleine margoulette une belle tomate bien avancée en âge.

Pour sa pièce, Shaw emprunte le nom de ce légendaire roi de Chypre qui tomba amoureux de la statue qu'il avait lui-même sculptée. Higgins découvre dans la rue une petite vendeuse de fleurs, Élisa, issue des quartiers les plus populaires et qui parle sa langue avec un accent qui fait frémir ce spécialiste du langage et de la diction. Il entreprend donc avec succès l'éducation linguistique de la jeune femme, qu'il aura un jour l'audace de soumettre à de véritables « débuts » dans la grande société, non sans lui avoir également révélé tous les secrets des bonnes manières victoriennes.

Je connaissais le rôle depuis le Conservatoire mais je ne découvris vraiment mon premier Higgins que quelques années plus tard, lors de la création à Londres de la comédie musicale *My Fair Lady*, dont l'enregistrement nous arriva sur un beau grand vinyle. C'était *Pygmalion* en musique, et quelle musique ! Rex Harrison jouait Higgins et Élisa avait les traits de la découverte londonienne de l'heure, la belle grande Julie Andrews. Paul Hébert avait acheté le disque, et les accents du *Pygmalion* musical nous donnaient du cœur au ventre pendant que nous travaillions à la survie du Théâtre Chantecler. Puis, à la fin des années 1960, au

TNM, nous mîmes la pièce de Shaw à l'affiche dans une traduction et une adaptation montréalaise d'Éloi de Grandmont.

Jean-Louis Roux y fut un fougueux Higgins et Monique Miller une Élisa complètement déchaînée, savoureuse et touchante. Monique y allait de bon cœur. La petite fille de Rosemont nous prenait aux tripes quand elle tentait de faire comprendre à son mentor qu'elle n'était pas que la résultante d'une expérience scientifique, mais aussi une jeune femme sans doute amoureuse un peu perdue dans ce monde de faux-semblants.

Un trio assassiné

Quelques années plus tard, Paul Hébert, qui venait de prendre la direction du Théâtre du Trident à Québec, m'offrit d'aller y jouer Higgins à mon tour dans une nouvelle production de *Pygmalion*.

Alors que la construction du Grand Théâtre de Québec était enfin terminée, on s'empressa de doter la vieille capitale d'une compagnie de théâtre à la hauteur des espoirs du public. Cette institution prit le nom bizarre de Trident. Certains croient que c'est en l'honneur de Samuel de Champlain, qui allait pêcher ses poissons dans le fleuve Saint-Laurent à l'aide d'un trident, à la façon neptunienne. Pas du tout.

Il existait alors à Québec trois troupes de théâtre qui vivaient tant bien que mal des maigres subventions du ministère des Affaires culturelles, comme on nommait le ministère de la Culture à l'époque. Le Théâtre de l'Estoc faisait partie de ce trio, et ses animateurs, qui avaient déjà fait leurs preuves dans une charmante petite salle à l'ombre du Château Frontenac, avaient entrepris de proposer des spectacles assez élaborés qui s'éloignaient des manifestations de style théâtre de poche. Mais plusieurs prétendaient que ce type de spectacles ne répondait pas aux nouvelles exigences du public.

Or, les hauts fonctionnaires de la culture de l'époque ont eu une idée – ce qui peut s'avérer quelque peu dangereux de façon générale. Dans ce cas-ci, ce fut terrible pour mes amis de toujours du Théâtre de l'Estoc, André et Jean Ricard, Jean-Louis Tremblay et Paul Bussières. La décision fut prise de faire *tabula rasa,* de couper les vivres aux trois compagnies existantes pour en créer une nouvelle – qui se nommerait « Trident » en souvenir des trois sacrifiées – avec les fonds récupérés.

Mes amis ne s'en sont jamais vraiment remis, mais ils écrivent, enseignent, jouent, et sont restés fidèles à leurs précieux idéaux d'artistes de théâtre.

Dorothée Berryman (Élisa) et Paul Hébert (Le Picard).

« La vie est trop courte pour être prise au sérieux. »
- George Bernard Shaw

Paul Hébert, mon ubiquiste préféré

Non, le terme ne signifie pas qu'il adhère à un nouveau parti politique. Vous l'aurez deviné, dans ces années-là il était partout à la fois. Surtout sur l'autoroute 20, car en plus de poursuivre sa carrière de comédien à Montréal, et d'y veiller sur sa famille, il dirigeait le Conservatoire d'art dramatique du Québec à Québec. Il accepta en plus la direction artistique de la compagnie qui devait faire ses preuves à Québec, le tout nouveau Trident.

Nous étions au début des années 1970. J'avais pris un peu de distance avec le TNM au niveau administratif. Jean-Louis Roux n'avait pas besoin de moi pour poursuivre sa mission. Puis j'avais besoin d'air, je n'aimais pas les enrôlements et le stress. J'avais besoin de faire cavalier seul. En plus, j'étais dans une situation que les gens de ma génération ont quelquefois vécue et que les plus jeunes ont érigée en système ; je me séparais et allais vers un divorce.

L'offre que me fit Paul de passer un automne à Québec tomba à point, et mis à part le fait que je verrais moins mes enfants, tout m'allait. J'avais débuté mon métier aux côtés de Paul 15 ans plus tôt dans des conditions misérables, et voilà que nous nous retrouvions, mais cette fois avec des moyens et un vaste public qui nous connaissait, nous aimait et nous attendait fébrilement.

J'allais donc emboîter le pas à un grand frère et devenir ubiquiste à mon tour, puisqu'il me confia la mise en scène d'une pièce des élèves de troisième année du Conservatoire, le rôle écrasant de Higgins et la mise en scène du spectacle qui allait suivre à l'hiver au Trident : *La vie exemplaire d'Alcide Ier le pharamineux et de sa proche descendance,* de mon ami écrivain, poète et dramaturge André Ricard. Plus que jamais, l'heure était au dépassement.

Les seins de Dorothée Berryman

Je ne les ai jamais vus, j'étais de l'autre côté de la scène où elle courait d'une baignoire à un drap de bain qui l'attendait dans les mains de celle qui jouait ma gouvernante. C'était sans aucun doute les premiers seins dénudés sur une scène de théâtre à Québec et l'événement créait un gentil émoi.

Pour la production de Québec, le texte français d'Éloi de Grandmont avait été retouché, et l'action située à Québec. C'est donc sur le parvis de la cathédrale de Québec que mon Higgins rencontrait la petite Élisa, la pétillante Dorothée Berryman, dont la bouche débordait du fameux accent du quartier Saint-Sauveur.

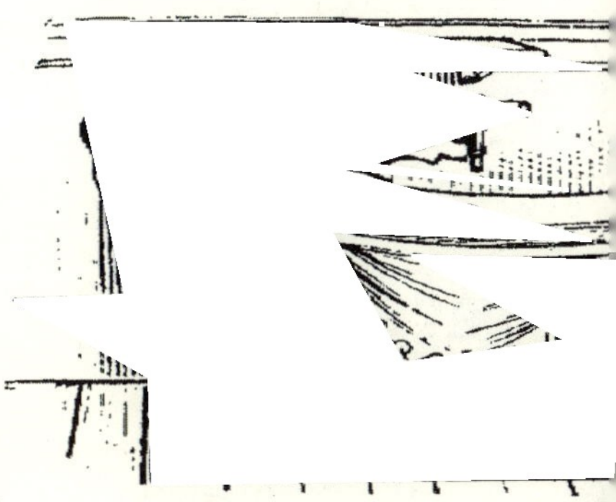

Higgins, secondé par Le Picard (Pickering dans la pièce de Shaw), joué par Paul Hébert, invite Élisa à le suivre chez lui pour la soumettre à ses expériences. C'est au retour de cette messe de minuit qu'il ordonne qu'on décrotte la jeune fille avant de lui offrir des vêtements propres.

C'est à partir de ce bain que Dorothée faisait son petit numéro de nudisme, pour la grande joie des 600 spectateurs, car ils étaient 600 tous les soirs, cinq soirs par semaine pendant dix semaines. Du jamais vu à Québec, Un énorme succès nous attendait au théâtre tous les soirs, c'était comme un rêve.

L'excellente comédienne Denise Gagnon jouait ma mère et un jeune comédien plein de promesses, Raymond Bouchard, jouait le père d'Élisa.

Ce même automne, j'invitai Raymond à jouer le rôle-titre dans *Le pharamineux* d'André Ricard, et ensuite sa carrière partit en flèche grâce à son immense talent, sa générosité, sa justesse et sa rare présence scénique. Le cinéma vint le chercher et il fit la preuve qu'un bon acteur de scène peut aussi rendre sa présence irrésistible à la caméra.

Dans les années 1950 et 1960, beaucoup de cinéastes se sont passés des services des acteurs de théâtre parce qu'ils étaient des gens de scène. Quel gaspillage ! Tout de même, certains ont réussi à transgresser le tabou, et c'est bien.

Je ne voudrais pas décevoir Dorothée, mais malgré tout le bien qu'on m'en a dit, ses seins n'étaient pas le clou de la soirée, non, c'est plutôt le moment où Higgins, après de multiples leçons, parvenait enfin à faire dire avec succès à Élisa : « Une tasse de thé ». Elle le prononçait avec une telle finesse et une telle clarté de langage qu'elle s'écriait tout de suite, immensément fière d'avoir réussi : « Je'l l'aye », la salle croulait.

Chassez le naturel...

Une technique frileuse

Paul avait décidé de nous faire jouer en rond. Le théâtre avait été disposé de sorte que nous avions du public sur les quatre côtés. Il était impossible de dissimuler quoi que ce soit, et il fallait bouger beaucoup pour offrir différents points de vue à tout le monde, car il y avait toujours quelques centaines de spectateurs qui nous voyaient de dos.

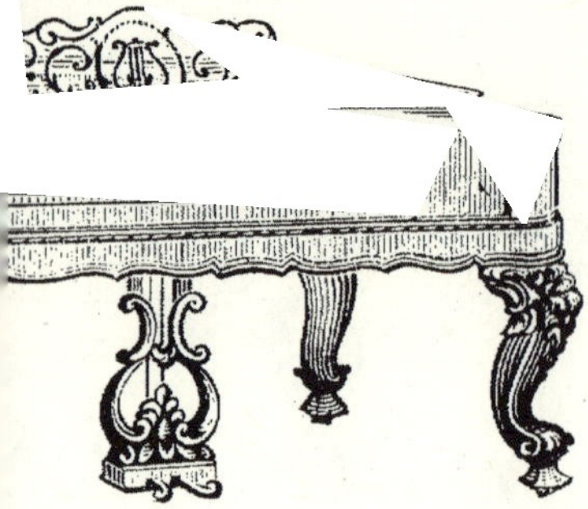

Dans l'une des scènes avec Paul, je jouais du clavecin de façon tout à fait débonnaire (une de mes grandes frustrations est de ne pas pouvoir jouer deux notes de piano). Comme dans tous les théâtres du monde, la musique était enregistrée et je jouais sur un clavier muet. Avec les spectateurs dans mon dos, je ne pouvais pas trop tricher et j'avais appris la pièce musicale afin de ne pas jouer des notes hautes quand on entendait les basses.

Par un soir de grand froid – nos spectateurs avaient dû affronter un bon 25 degrés sous zéro en plein automne pour venir faire un peu de coude à coude et se réchauffer – je m'installai au clavecin et commençai à jouer… aucun son. Je m'arrêtai perplexe, pris une grande respiration et recommençai… aucun son. Légère réaction dans la salle. Je jetai un bref coup d'œil vers la cabine de régie… aucun signe de vie. Je recommençai… aucun son. La salle rit légèrement. Je me tournai vers Paul et, avec l'assurance de Higgins-Millaire, lui lançai : « Même le clavecin est gelé ! » Ce fut le plus grand fou rire que j'ai vécu. Je me disais que je ne pouvais pas continuer sans transgresser la loi de la représentation en nous ramenant tous et toutes dans la réalité que nous vivions, c'est-à-dire un grand froid.

Paul Bussières

Paul était un comédien, un scénographe de grand talent et un professeur éclairé et généreux ; il fut l'un des grands pédagogues du Conservatoire de musique et d'art dramatique du Québec. Que d'agréables moments nous avons vécu ensemble au moment de la mise en œuvre des différents spectacles que nous avons créés !

Pour *Pygmalion,* on lui avait confié le décor et les costumes. Comme l'action se passait de nos jours, Paul n'avait pas vraiment dessiné de maquettes de costumes pour mon personnage, se fiant sans doute à son impeccable goût pour trouver dans le commerce la très sophistiquée garde-robe de mon cher Higgins.

Parce que Higgins se distinguait nettement, il lui fallait une garde-robe qui soit unique par son chic et la qualité des vêtements. Paul avait prévu le coup et demandé un budget en conséquence.

Lors de mes nombreuses visites dans la belle ville de Québec, j'avais pris l'habitude de faire quelques modestes emplettes dans deux magasins que j'adorais, Simons, au pied de la cathédrale, et Holt Renfrew, rue De Buade, à côté de la cathédrale. Je sortais de chez l'un avec une ou deux chemises de laine et de chez l'autre avec des gants, une cravate ou un nœud papillon.

Entrer chez Holt Renfrew c'était comme être admis dans La Mecque du vêtement pour homme. Le magasin avait conservé son charmant aspect début XXe siècle. De grands comptoirs de bois verni recouverts de larges vitres laissaient voir des étalages remplis des plus belles importations d'Angleterre et d'Europe.

Des centaines de petits tiroirs couvraient les murs, et au centre, un escalier magistral conduisait à la galerie du premier étage, à la façon des galeries parisiennes. Tout était calme, le vieux parquet craquait légèrement et les vendeurs vous saluaient gentiment. Ils étaient tous d'un âge assez avancé, très expérimentés, ils connaissaient leur marchandise et leurs clients. C'est là qu'un matin, à ma grande surprise, mon ami Bussières m'emmena pour habiller mon Higgins.

Je n'avais jamais vécu un moment pareil et je n'en ai pas revécu depuis. Une demi-journée de recherche, d'essayage, d'hésitation et enfin d'achat des plus beaux vêtements qu'on pouvait souhaiter porter ; pantalons de lainage, veste de cuir, complet Prince-de-Galles, et pour couronner le tout, un superbe manteau de mouton rasé très cintré. Après tout, la première scène se passait au sortir de la messe de minuit, il fallait être au chaud et beau à voir.

À la dernière de la production, le directeur administratif, mon ami Laurent Lapierre, emporté par notre succès, est venu dans ma loge pour m'annoncer que le théâtre, en guise de remerciements, m'offrait ma garde-robe au complet.

Quand Holt Renfrew a fermé les portes de sa belle boutique de la rue De Buade, j'ai eu un pincement au cœur.

La répétitrice

Je mettais en scène deux spectacles et je répétais Higgins. Je mangeais légèrement l'après-midi et plus copieusement en fin de soirée. À cette époque, il me fallait beaucoup de tranquillité et de silence pour étudier, ce que je n'avais pas, et en plus je ressentais souvent beaucoup de fatigue, ce qui ne disposait pas l'esprit à ingurgiter les textes des grands auteurs. Il ne me restait qu'une solution : me faire aider.

Elle entra dans la salle de répétition toute souriante, jeune et fort jolie, elle me dit : « Monsieur Hébert m'a dit que vous cherchiez quelqu'un pour vous aider avec votre texte… » Nous nous sommes mis au travail, cela me sauva bien sûr, et comme elle faisait partie de la distribution, nous avons partagé les plaisirs de ce spectacle jusqu'à la dernière.

J'ai emmené Maryse avec moi à Montréal et nous avons vécu neuf ans ensemble.

SCÈNE V

UN RETOUR EN MUSIQUE AU TNM

LE MAJOR

La pièce *Marche Laura Secord*, écrite par Claude Roussin et James Roussel et mise en musique par Cyrille Beaulieu, mise en scène par Albert Millaire, a été présentée au Théâtre du Nouveau Monde en 1975.

Le Major, avec ses 62 pouces de taille, sa chevelure mérovingienne et son énorme barbe rousse, harangue la foule quelque part sur ce qui pourrait être le coin des rues Sainte-Catherine et University. Le petit livre rouge de Mao dans une main et la philosophie capitaliste de saint Thomas d'Aquin dans l'autre, il entraîne dans son verbiage d'apôtre exalté une délicieuse consœur aussi menue et affable que lui peut être imposant et agressif. Elle a les traits de la joyeuse Pauline Martin. Ils sont tous deux membres de l'Armée du salut public qui, pendant deux heures, invite les spectateurs à suivre les différentes péripéties plus ou moins loufoques qui ont parsemé la longue marche de l'héroïne canadienne Laura Secord.

Quand j'étais enfant, ma mère, qui s'appelait Laura, me faisait profiter par moments des délices cachés sous les délicates dentelles de papier blanc qui s'offraient à mon regard quand j'ouvrais doucement une boîte de chocolats Laura Secord. Il y avait sur la boîte le portrait d'une vieille dame, sans doute l'héroïne. Pour moi, c'était elle la grande responsable de mon bonheur, et la méthode de fabrication de ses chocolats divinement bien fourrés restait un mystère.

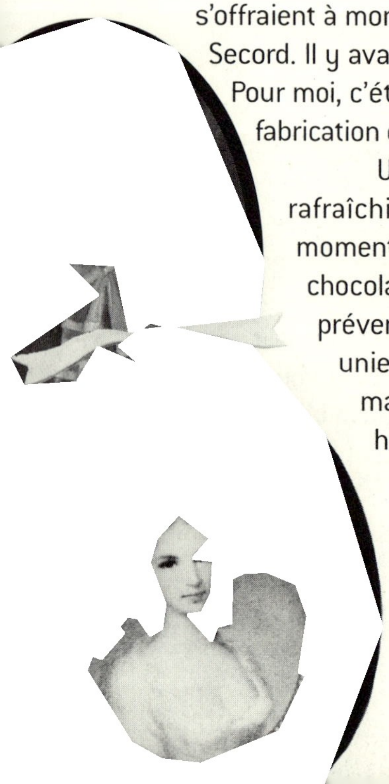

Un jour, pour des raisons commerciales et un souci évident de rafraîchir la marque, le visage de la dame sur la boîte a rajeuni. À ce moment-là je savais déjà depuis longtemps qu'elle ne fabriquait pas les chocolats, mais qu'elle était plutôt celle qui avait sauvé le Canada en prévenant les soldats canadiens de l'approche des envahisseurs états-uniens, à une époque où le meilleur moyen de communication était la marche rapide en forêt. La véritable Laura Secord est une grande héroïne de l'histoire du Canada.

C'est son histoire peu connue des Québécois que ces messieurs Roussel et Roussin, les auteurs de la pièce de théâtre *Marche Laura Secord,* ont voulu raconter dans une série de

Pour employer quelques termes du métier on pourrait dire que sur scène Pauline et moi avions *du jarret, du cœur au ventre.* Nous étions *sur nos jambes* car notre spectacle *tenait la route,* j'avais *du coffre* et Pauline *brûlait les planches.* Qui dit mieux ?

saynètes drôles et souvent quelque peu surréalistes présentées par le major et sa délicieuse partenaire.

La direction du TNM avait retenu les droits de création de la pièce, et je crois qu'on ne savait plus trop comment orienter la mise en œuvre de ce texte lorsque Jean-Louis Roux m'en remit une copie et m'en proposa la mise en scène.

Il ne me fallut pas plusieurs lectures pour me rendre à l'évidence qu'il y avait là matière à s'orienter vers une comédie musicale qui pourrait être un amusant pastiche de ce genre de théâtre très « Broadway ».

En plus, je savais que je pouvais compter sur un noyau de jeunes comédiens et comédiennes qui, depuis quelques années, prenaient des cours de danse et de chant dans l'espoir qu'un jour on se risque à monter ce genre de théâtre musical. J'eus d'ailleurs recours à leur talent dans deux autres comédies musicales que je mis en scène au Théâtre de La Marjolaine. Ces jeunes comédiens étaient Louise Portal, Maryse Pelletier, Marie-Lou Dion et Robert Lalonde. Pour compléter le tableau, il était impossible que je me prive du talent de mes grands amis Jean Perraud et Jean-Pierre Chartrand.

Du vol rose de Clémence à la marche de Laura

Se cachaient derrière l'énorme bedaine du Major, le maître d'œuvre de cette folle aventure – de connivence avec la chorégraphe Louise Lussier –, les musiciens, les deux auteurs, le décorateur, le dessinateur de costumes et les techniciens aux abois.

Dix ans auparavant, j'avais créé à la Comédie canadienne, grâce aux Productions Deschamps-Lelarge, la première comédie musicale montréalaise présentée rue Sainte-Catherine, *Le vol rose du flamant* de Clémence Desrochers, dont l'action se situait dans une boîte de nuit de l'est de la ville.

J'avais réussi ce coup merveilleux de réunir sur la même scène des artistes du monde des variétés et des comédiens et des comédiennes de la scène théâtrale. De sorte que les Olivier Guimond, Denise Filiatrault et Roger Joubert côtoyaient sur scène les Janine Sutto, Monique Lepage et Jean Besré.

Le fait que l'action se situait dans une boîte de nuit simplifiait la mise en place technique. J'avais tout simplement posé un micro sur pied au centre de la scène, où chacun venait à son tour faire son numéro – nous n'avions pas à l'époque de micro-balladeur ou de micro-cravate. Ce fut un tour de force car dans la fosse d'orchestre, il y avait six musiciens qui jouaient avec enthousiasme la musique de Pierre F. Brault. La balance de son, comme disent les techniciens, était pratiquement inexistante. À la guitare, il y avait le très

Entre la casquette et l'énorme barbe de mon major, je pouvais de l'avant-scène surveiller du coin de l'œil le déroulement de mon spectacle en me disant sans flagornerie qu'encore une fois, nous avions été des pionniers vaillants et passablement habiles.

sympathique Michel Robidoux – excellent musicien et un peu enfant de la balle puisqu'il est le fils de deux autres grands artistes, le chanteur Fernand Robidoux et l'irrésistible Zézette.

Le public fut même au rendez-vous le soir de Noël. J'avais prétexté que bien des gens se retrouvaient seuls à Noël et qu'ils apprécieraient peut-être de venir voir un spectacle. Ils étaient 250 dans la salle et les interprètes ne furent pas trop déçus d'avoir sacrifié le début de leur repas de Noël.

Deux jeunes hommes sont venus deux ou trois fois voir le spectacle, il devait peut-être les inspirer. C'était André Brassard et Michel Tremblay.

Et voilà que dix ans plus tard, à la première répétition sur scène de *Marche Laura Secord,* je me penchais au-dessus de la même fosse d'orchestre pour saluer les musiciens. Qui était à la guitare ? Robidoux. Entre-temps, il était allé s'amuser ferme avec Robert Charlebois qui l'avait immortalisé dans une chanson en lui criant : « Cent ans, c'est long Robidoux, 100 ans ! »

Il ne s'était pas passé 100 ans entre les productions du *Vol rose du flamant* et de *Marche Laura Secord* et les déficiences techniques étaient à peu près les mêmes. Mais malgré tout, *Marche Laura Secord* tint promesse avec un petit clin d'œil à la parodie et un grand sourire au public.

Joe Papp, le célèbre homme de théâtre new-yorkais, est même venu nous voir et m'a dit de bien belles choses de notre spectacle. Mon gros Major buvait du petit-lait !

Si aujourd'hui nous pouvons assister à des comédies musicales de grande qualité, comme *L'homme de la Manche* ou *Le violon sur le toit,* c'est que les producteurs ont compris que ces spectacles peuvent être rentables, que nous nous sommes enfin pourvus de moyens techniques à la hauteur des exigences de ce genre de théâtre, et qu'à la billetterie on peut se permettre d'exiger du public le prix de pareilles productions.

Jusqu'aux années 1980, nous avions tellement peur de chasser notre maigre public que le prix des places était ridiculement bas. En plus, techniquement, nous n'avions pratiquement rien. Pendant ce temps, chaque année j'allais à Londres et je voyais de fabuleuses productions où des décors téléguidés se promenaient devant moi et me narguaient.

LE COUREUR DE FOND #116

La pièce *Le marathon*, de Claude Confortes, mise en scène par Albert Millaire, a été présentée en français au Théâtre du Nouveau Monde en 1975, et la même année en anglais au St. Lawrence Centre à Toronto.

Salut à toi ô grand niais sympathique ! (Un autre personnage qui tentera de dissimuler le metteur en scène en lui soucieux de la bonne marche de son spectacle.) Ton souvenir m'est tellement précieux que je te prie instamment d'interrompre ta course pour que nous jetions un regard attendri sur ton fulgurant passage.

Nous étions trois coureurs de fond, Robert Lalonde, qui avait 25 ans, Jean-Pierre Chartrand, 32, et moi, le « *has been* », 42. Avec trois musiciens, dont leur chef Emmanuel Charpentier, nous nous sommes lancés dans une course effrénée qui nous a fait manger comme des ogres, dormir comme des bébés, engraisser, suer, gémir et qui nous a conduits jusque sur la scène principale de Toronto à l'été où les Jeux olympiques occupaient Montréal et le monde entier.

La pièce *Le marathon* a été écrite par un auteur parisien du nom de Confortes qui nous en avait cédé les droits d'adaptation, de représentation et de traduction. L'action se déroule ainsi : trois coureurs de fond ont perdu le peloton et ils courent, ne sachant pas trop où leurs chaussures de course vont les mener. Par moments, ils s'arrêtent. Le trio se reforme, ils parlent, discutent, se disputent, puis ils repartent pour s'arrêter de nouveau. Ils chantent, ils dansent et se remettent à courir. Ils s'enfoncent de plus en plus dans les méandres de leurs vies, ils trébuchent et s'enlisent dans une boue venue d'on ne sait où. Leur présence tragique s'évanouira doucement dans la nuit d'une fin fatale.

Il est évident qu'avec un titre pareil, *Le marathon,* la pièce ne pouvait pas passer inaperçue aux yeux de toute cette foule de Montréalais qui vivaient la fièvre des Jeux olympiques programmés pour l'été à venir.

Depuis quelques années était né au théâtre un goût nouveau pour les spectacles très physiques où les interprètes, en plus de se dépenser à

Un moment de repos et de douce euphorie : Jean-Pierre Chartrand, le # 116 et Robert Lalonde.

Robert Lalonde, Albert Millaire et Jean-Pierre Chartrand

Le Marathon au TNM

un spectacle original et réussi

par ADRIEN GRUSLIN

Pièce bizarre et facile tout à la fois, **Le Marathon** monte sur la piste du TNM juste à temps, deux mois avant les Olympiques. Cette oeuvre fantaisiste de Claude Confortès (car il est fantaisiste de placer trois acteurs en scène et de les faire courir pendant plus de deux heures) remonte à 1972. Malgré ses hauts et ses bas, le texte permet un spectacle facile, drôle, par moments traînard et presque toujours efficace.

A l'affiche du TNM jusqu'au 5 juin, **Le Marathon** constitue une énorme fable humoristique. Dans la vie, on court toujours après quelque chose, voilà l'assertion qui, prise au pied de la lettre, a inspiré au dramaturge l'idée de son écrit. Une pièce à l'esprit olympique — selon la publicité — se terminant naïvement sur une tautologie: "La vie c'est un drôle de marathon". Elle a été adaptée pour le Québec par Albert Millaire, également signataire de la mise en scène en plus de tenir le rôle d'un des trois athlètes. Il m'apparaît difficile, n'ayant pas lu le texte français, de saisir parfois d'où part l'adaptation de Millaire. Dans l'ensemble, tout indique qu'il a effectué du bon travail.

Claude Confortès a tracé trois stéréotypes de coureurs olympiques, tous trois travailleurs infatigables, héros obscurs un peu ridicules, "conquérants de l'inutile" comme le dit la pièce, qui jamais ne remporte la palme. "L'important n'est pas tant de gagner que de terminer l'épreuve" pour l'un des trois ou encore: "Courir et laisser dire, c'est la règle d'or du marathon", ajoute un deuxième. Ils se nomment: Jules Duval, 42 ans comptable, Nazaire Thibeault, 32 ans, mécanicien spécialisé, Yvan Lacasse, 23 ans, cultivateur.

Dans **Le Marathon**, l'auteur a choisi de rire d'un certain idéal, les compétiteurs en scène sont derniers mais ils ne lâchent pas... Si par un hasard dont seul le théâtre a le secret, ils se retrouvent soudain en tête de file, ils en deviendront si bouleversés qu'ils sombreront dans un délire invraisemblable qui n'aura de cesse que lorsqu'ils retomberont de nouveau à la queue.

Le dialogue habituellement léger est interrompu par trois monologues dont deux sont aussi incongrus que malheureux. Chacun des comédiens-coureurs a droit au sien. Dans un vague épanchement faussement poétique, le plus âgé, Lacasse, s'attarde à propos de filles qu'il a rencontrées jadis à Sorel. Son solo provoque l'ennui. Il en lra de même pour celui de Nazaire Thibeault pendant le délire du champion. La séquence passe difficilement. On comprend que l'auteur a voulu traduire en humour l'ivresse de la victoire prochaine mais le texte tourne à la salade, voire à la macédoine, alors:

Heureusement, des trois, le plus jeune offre une tirade assez émouvante. Habitant au village historique de Saint-Charles, il relate une anecdote mi-réelle, mi-imaginaire d'une scène d'accouchement ayant eu lieu durant le troubles de 37-38. Le monologue prend fin sur une gigue bien de chez nous, sautée par les comédiens devenus pour les besoins du spectacle non seulement des joggers de qualité mais aussi des danseurs très débrouillards.

La dimension chorégraphique, présente au long de la production, augmente l'intérêt d'un divertissement capable de véhiculer des subtilités par endroits. Les réglages de Louise Lassier amusent et permettent des exécutions humoristiques. L'exemple des sept foulées capitales du marathonien donne lieu à un numéro vide de sens mais des plus drôles.

Le Marathon pose au préalable une exigence précise: la forme physique de l'acteur. Il va sans dire qu'on peut parler de théâtre de la cruauté, pour le comédien à tout le moins. Quant au spectateur, il s'en dilatera plutôt la rate. Les coureurs Albert Millaire, Jean-Pierre Chartrand et Robert Lalonde forment un trio très alerte. Leur forme, leur souplesse se vérifie autant en qualité de marathoniens que d'interprètes de trois personnages.

Leurs courses folles s'effectuent aux sons d'une musique entraînante d'Emmanuel Charpentier, musique qu'il joue lui-même (guitare) avec Michel Hinton (claviers) et Paul Picard (percussion). A signaler également les éclairages très beaux de Michel Beaulieu. Ils viennent enjoliver les évolutions précipitées d'un spectacle fort original.

faire un métier qui exigeait déjà beaucoup de leur corps, étaient invités à ajouter des prouesses de pugilistes pour servir encore plus le réalisme du spectacle scénique.

À Londres j'avais vu deux productions de ce genre. Dans l'une d'elles, deux bagnards vivaient leur amour l'un pour l'autre en silence, en transportant d'énormes pierres pendant tout le spectacle, sans jamais communiquer. Dans l'autre, toute l'action de la pièce se passait dans une arène de lutte où les deux interprètes se livraient à un véritable combat ; et je te tords le coup, et je t'envoie au plancher, et tu parles un peu et je te fais une clé de bras, et tu cries, et nous causons… « Et Tarzan est heureux », comme dirait Serge Lama. C'est dans ce genre de spectacle que nous étions engagés.

« J'aime mieux coucher avec un acteur qu'avec un sportif »

Ma blonde avait lancé cette blague à des camarades quelques semaines après le début de nos répétitions. Elle avait bien raison, car toute ma vie était devenue un régime à la spartiate. Tous les trois, nous nous levions très tôt le matin pour aller dans un centre d'entraînement où on nous a rapidement fait courir plusieurs kilomètres, entrecoupés de différents exercices tous plus exaspérants les uns que les autres. Puis, au sortir de la salle des tortures, comme nous avions faim, nous prenions notre deuxième petit-déjeuner.

Pour donner une suite logique à notre corps, nous avions placé les répétitions de danse le matin. À midi, nous allions déjeuner, et quelle bouffe ! Le début de l'après-midi était consacré aux scènes et au jeu scénique proprement dit, et vers 16 heures nous mettions au point nos chansons.

Arrivé à la maison, je prenais mon quatrième repas de la journée et tombais dans le lit comme une bûche de bois franc, en rêvant sans doute à de nouveaux exploits. Je prenais doucement du poids et mon métier ne m'avait jamais semblé être une démarche aussi peu intellectuelle.

C'était donc un spectacle très physique. L'orchestre était un peu surélevé, au centre de la scène du TNM. L'avant-scène était consacrée aux scènes intimes, aux chansons et aux danses. La piste partait du centre, descendait dans la salle dans l'allée jardin, tournait à l'arrière du théâtre et se poursuivait dans l'allée cour pour remonter sur scène et passer, surélevée, derrière les musiciens – évidemment, les spectateurs assis au balcon perdaient un peu du spectacle. À certains moments, tout en courant, nous échangions des répliques de différents endroits, selon la position de chacun, ce qui forçait les spectateurs à virevolter dans leurs fauteuils en suivant ces scènes en trois dimensions.

Malgré toute cette gestuelle très colorée, nous avons quand même réussi à jouer une pièce, à raconter une histoire et à vivre nos personnages intensément de l'intérieur sans nous laisser avoir par les contraintes qui relevaient plutôt de l'exploit sportif. À l'entracte, nous mettions nos genoux dans de la glace et laissions notre charmante masseuse attitrée nous remettre le corps en place.

J'ai toujours gardé une estime particulière pour mon grand fou de Coureur de fond # 116. Seuls mes confrères de collège ont deviné pourquoi j'avais choisi de porter ce numéro. Le 116e était le nom de notre cours au Collège de l'Assomption, où j'ai vécu mon adolescence avec bonheur.

Je ne sais pas si mes confrères furent nombreux à venir suivre le tumultueux parcours de leur #116, mais les comédiens et comédiennes furent bizarrement très attirés par *Le marathon,* tant à Montréal qu'à Toronto. Peut-être plus à Toronto, où en plein été, on venait assister à la folle course vers l'absurde de ces trois « frenchies » totalement déchaînés qui mettaient des « th » un peu partout, et laissaient les « h » aspirés dans leur loge.

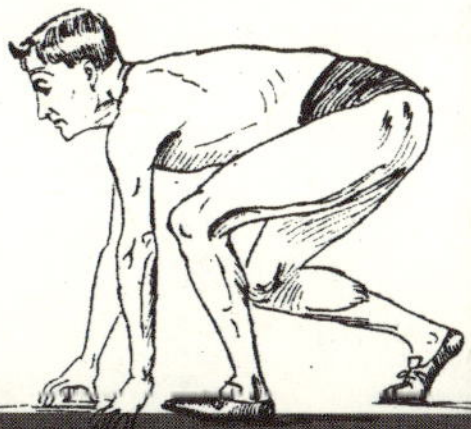

SCÈNE VI

UN ANTIHÉROS DRÔLE ET SYMPATHIQUE

EDGAR ALLAN, DÉTECTIVE

La série *Edgar Allan, détective* a été présentée à la télévision de Radio-Canada dans les années 1970.

Mon Edgar est un James Bond à lunettes et chapeau mou issu d'une bande dessinée des années 1930. Ce détective privé, dont la clientèle est assez mince, combat surtout une organisation secrète qui lui empoisonne l'existence. Pour le seconder dans les téméraires péripéties de sa vie de limier, un tout jeune calife du nom de Béniouioui le suit comme son ombre. Heureusement d'ailleurs, car Edgar rate tous ses coups et s'expose à tout moment à être anéanti par ses ennemis. Mais Béniouioui est là pour le ramener à la vie et terminer en beauté, avec son vieil ami, un épisode qui en promet bien d'autres.

C'est un personnage bien attachant, mon Edgar, qui emprunte son nom au célèbre Edgar Allan Poe, fier représentant de la jeune littérature états-unienne du XIXe siècle.

Un heureux hasard voulut que quelques années après la fin de cette série, la réalisatrice de radio Lyne Meloche, qui mettait toutes ses forces et son talent à garder quelques émissions dramatiques à l'horaire de la radio de Radio-Canada, me confia une série intitulée *Faites-moi peur Albert.* J'y lisais à chaque émission un des récits fantastiques de l'inquiétant monsieur Poe, me faisant distributeur de frissons sur les ondes.

Le héros qui gagne toujours, après avoir pris les pires risques et vécu des angoisses insupportables – comme le héros cornélien, par exemple – est après la victoire un être très seul qui n'a que son succès comme consolation.

Le courrier du roy et D'Iberville, les deux premiers héros que j'ai joués à l'occasion de deux belles séries télévisées pour la jeunesse, étaient de cette trempe.

Edgar, après sa série de maladresses, se retrouvait le plus souvent dans des situations limites où, loin d'être seul avec ses malheurs, il devait déborder d'imagination pour tromper ses bourreaux dans l'attente de Béniouioui, le brillant *deus ex machina.*

Mais voilà que mon troisième personnage dédié à un jeune auditoire se distinguait des deux premiers en affichant une vulnérabilité et une amusante maladresse qui réjouissait les jeunes. J'étais comme un papa qui fait des erreurs corrigées par les habiles interventions d'un plus jeune. Car j'avais vieilli et ce fut une excellente idée d'ajouter le préfixe « anti » à mon emploi de héros.

Ce fut une très belle série, écrite par le comédien et auteur Yves Arnaud. Michel Mondier était Béniouioui et le vrai Edgar, celui qu'on nomme Fruitier, jouait le grand chef des bandits, et cette fois il était très sérieux.

Je ne suis pas près d'oublier la surprise magique qu'il nous a faite un matin en arrivant à la salle de répétition. Nous connaissons tous l'Edgar mélomane extrêmement cultivé, constamment à l'affût des derniers gadgets techniques qui rendent la musique de plus en plus présente. Ce matin-là, il nous a eus. Il a sorti de sa poche un objet de métal un peu plus gros qu'un jeu de cartes et deux petits fils avec à leurs bouts deux petits écouteurs. Il nous a fait écouter, et ce fut comme s'il y avait une table tournante dans nos têtes, nous étions à la fois bouleversés et sous le charme. Edgar venait de nous faire découvrir le *walkman,* c'était il y a 35 ans à peine.

Pour revenir à mon Edgar, un jour, alors que je me trouvais dans un petit kiosque à l'entrée du vaste centre d'achat Laurier à Québec, occupé à distribuer des circulaires et à tenter d'intéresser les passants aux activités de notre théâtre d'été de Lac-Beauport – les gens s'arrêtaient, demandaient des informations, prenaient une photo et repartaient quelques fois avec un autographe –, un grand jeune homme d'une quarantaine d'années s'arrêta et me lança la réplique que j'ai toujours eu tellement de plaisir à entendre : « Tiens, le héros de mon enfance, le courrier du roy. » Je lui donnai la main et au même moment, une jolie jeune femme d'environ dix ans de moins s'arrêta net et me lança : « Bonjour D'Iberville ». J'étais en train de lui faire la bise quand un petit garçon s'arrêta et dit à sa maman : « Regarde, c'est Edgar Allan ».

Je l'ai pris dans mes bras, puis je l'ai posé à côté des deux autres. Je les ai bien regardés avec tendresse, mes trois publics étaient magnifiquement représentés, et j'en ai ressenti beaucoup de fierté.

SCÈNE VII

QUELQUES FANTÔMES DU CAFÉ DE LA PLACE

MONSIEUR DE CHAVIGNY

Les pièces *Un caprice* et *Il faut qu'une porte soit ouverte ou fermée*, d'Alfred de Musset, mises en scène par Albert Millaire, ont été présentées au Café de la Place en 1978.

On ne sait sans doute déjà plus ce qu'était le Café de la Place. Chez nous, les institutions naissent tardivement et meurent tôt. Les gens de théâtre mettent des années à faire naître des compagnies, à ouvrir des théâtres et en un tour de main de très arrogants administrateurs mettent un frein à tous les espoirs et font valoir leur talent de tripoteurs de gros sous. Nous y reviendrons.

Monsieur De Chavigny n'appartient pas à cette clique. C'est un homme à femmes, et s'il arbore la particule, c'est sans doute que l'auteur d'*Un caprice,* Alfred de Musset, a voulu associer son personnage à la noblesse du XVIIIe siècle qui, 50 ans après la Révolution, tentait encore de faire valoir son droit de cuissage.

Comme Beaumarchais, qui dans *Figaro* fustigeait le comte Almaviva, Musset, par la bouche de madame De Léry, à l'esprit très moderne, donnera sa leçon à ce monsieur De Chavigny qui se croit irrésistible.

De Chavigny a épousé une jeune et très jolie femme, mais il va tenter d'ajouter à son bonheur les faveurs de la charmante De Léry qui le remettra joliment à sa place avec esprit et un savoir-vivre sans pareil. Qui d'autre pour personnifier madame De Léry que la magnifique Catherine Bégin ?

Savoir-vivre, esprit, charme, noblesse des sentiments et pour exprimer ces rares qualités, une langue qui est sans aucun doute la plus belle de toute la littérature française du XIXe siècle, voilà ce que Musset nous propose, lui qui, au début du bouillonnant siècle du romantisme, donne le coup d'envoi à la grande et riche littérature qui suivra.

Quand j'étais jeune étudiant, dans les années 1950, j'ai découvert Alfred de Musset de la même manière que les boîtes de chocolat Laura Secord ;

un trésor m'attendait dans chaque phrase. Quand la direction générale de la Place des Arts décida, à l'instigation de son directeur artistique, monsieur Henri Barras, d'ouvrir un petit théâtre de 100 places dont la vocation serait de présenter un répertoire international – que les grandes troupes ne pouvaient pas mettre à l'affiche et qui n'intéressait pas les théâtres voués uniquement à la création –, j'eus le bonheur d'être celui à qui on confia la mise en scène du premier spectacle.

Enthousiasmé par l'idée de démarrer un petit théâtre aux grands textes, je proposai soit Musset, soit Tchekhov. On choisit *Un caprice* et *Il faut qu'une porte soit ouverte ou fermée* d'Alfred de Musset. Quant à Tchekhov, nous allions mettre ses pièces en un acte à l'affiche quatre ans plus tard.

Quand on pense qu'il y a un peu plus de 30 ans on pouvait encore mettre les pièces de salon d'Alfred de Musset à l'affiche à Montréal ! Ce ne fut pas sans quelques désagréables commentaires de ces messieurs et dames les très avant-gardistes critiques, mais le public apprécia et le ton était donné quant à l'orientation que prendrait le Café de la Place.

Catherine Bégin et moi étions alors au début d'une collaboration qui nous mènerait à la formation d'une compagnie qui allait nous occuper pour les quelques années à venir. Deux jeunes finissants du Conservatoire d'art dramatique de Montréal complétaient la distribution : la délicieuse Lucie Saint-Cyr, qui était ma Mathilde, et Benoît Dagenais qui, avec humour, assurait les liens.

Un endroit élitiste... et après ?

Au Café de la Place, Henri Barras avait organisé une petite cuisine près des loges. Les spectateurs arrivaient vers 18 h 30, après le travail, ils pouvaient manger légèrement : une salade, une pointe de quiche avec un verre de vin – ce qui était passablement nouveau pour l'époque – puis, après qu'on ait débarrassé les tables, à huit heures, dans le silence d'une vraie représentation théâtrale, sans les bruits de verres et tout le brouhaha des boîtes à spectacle, la représentation commençait.

Catherine Bégin (madame De Léry), et Lucie Saint-Cyr (Mathilde).
Pour rester dans le même esprit, remémorons-nous Alfred de Musset :
« L'amour est tout, l'amour, et la vie au soleil. »

« Amour est le grand point, qu'importe la maîtresse ?
Qu'importe le flacon pourvu qu'on ait l'ivresse ? »
- Alfred de Musset

Nous sommes partis de presque rien, d'un espace commercial qui donnait sur la rue Sainte-Catherine. À nous voir l'allure, on dirait des manœuvres en train d'abattre des murs et de couler du béton. Nous n'étions que des acteurs confiants et laborieux qui avancent dans les répétitions de leur Musset au rythme des travailleurs qui leur construisent une nouvelle scène et un lieu agréable pour leur futur public. Le comédien Benoît Dagenais et le directeur du café Henri Barras se sont joints à nous.

La salle était intime et chaleureuse. Le Café de la Place était au centre-ville et était destiné à tous et toutes. Ses habitués formaient un public relativement choisi qui venait de partout. Ce public avait des goûts très hétéroclites et savait apprécier les efforts que nous faisions pour présenter, par moments, des textes exigeants.

Monsieur De Chavigny, mon cher, à 3000 milles de Paris et plus de 150 ans après votre naissance de la plume de Musset, nous avons ouvert un théâtre où l'on parlait la belle langue de l'auteur de *Lorenzaccio.* Était-ce de la présomption, de la folie, un rêve ? Oui, un rêve, car aujourd'hui, au Québec, malgré tous les efforts qu'on prétend faire pour préserver la langue, on trouverait une réplique comme celle qui suit un peu « pointue ».

Voici en quels termes monsieur De Chavigny fait sa cour à madame De Léry, en lui prenant la main, juste avant d'être confondu par elle :

Je suppose qu'on dise à une femme : « Nous sommes seuls, vous êtes jeune et belle, et je fais de votre esprit et de votre cœur tout le cas qu'on en doit faire. Mille obstacles nous séparent, mille chagrins nous attendent si nous essayons de nous revoir demain. Votre fierté ne veut pas d'un joug, et votre prudence ne veut pas d'un lien ; vous n'avez à redouter ni l'un ni l'autre. On ne vous demande ni protestation, ni engagement, ni sacrifice, rien qu'un sourire de ces lèvres de rose et un regard de ces beaux yeux. Souriez pendant que cette porte est fermée ; votre liberté est sur le seuil ; vous la retrouverez en quittant cette chambre ; ce qui s'offre à vous n'est pas le plaisir sans amour, c'est l'amour sans peine et sans amertume ; c'est le caprice, puisque nous en parlons, non l'aveugle caprice des sens, mais celui du cœur, qu'un moment fait naître et dont le souvenir est éternel.

Quel admirable faux jeton ! Je l'adore.

MONSIEUR L'ACTEUR ET SA CÉLESTE BICYCLETTE

La pièce *La céleste bicyclette*, de Roch Carrier, mise en scène par Albert Millaire, a été présentée au Café de la Place en 1978, et par la suite à Ottawa et lors de deux tournées nationales.

À la fin des années 1970, j'allais avoir 45 ans et étais plus ou moins confortablement installé dans ma carrière. Je n'aurais jamais cru, à l'époque, avoir la chance d'ajouter 30 autres années à ma turbulente vie d'acteur pigiste bilingue, plus ou moins « jet-set », qui m'a offert des matins de grande joie et des soirs glorieux. Je manquais d'argent, le fisc me rendait la vie impossible, je tenais maison avec mes filles qui avaient décidé, après le divorce, de vivre avec moi, et je continuais comme toujours de réunir autour de ma table le plus de monde possible.

J'avais refusé les attaches professionnelles et je n'en avais pas. Ma vie dépendait uniquement de l'estime de quelques bons amis et de quelques belles femmes dont l'attachement me rassurait et m'inspirait. J'ai suggéré à la vie de m'envoyer un événement joyeux qui m'inviterait à un certain dépassement et me comblerait de bien-être. Elle m'a entendu.

À la suite du succès de *La guerre, yes sir !* de Roch Carrier au TNM, à Stratford et en tournée européenne, je suis resté près de Roch, espérant créer de nouveau un beau texte issu de la merveilleuse imagination de ce poète raconteur.

Une fois le Café de la Place ouvert, j'ai tout de suite pensé qu'en plus de grands textes du répertoire international, cette nouvelle scène pourrait offrir quelques créations qui n'auraient pas nécessairement pour sujet l'inventaire systématique qu'on faisait, dans les théâtres de création, de la vie politique québécoise et des revendications de certains jeunes auteurs en rébellion contre leurs parents.

Avec l'accord du directeur artistique du café, Henri Barras, j'ai donc donné un petit coup de fil à mon ami Roch Carrier. « Justement, me dit-il, je pense à quelque chose en ce moment qui serait mieux représenté sur scène que dans les pages d'un roman. » Tout joyeux, j'ai quand même eu ce commentaire on ne peut plus prosaïque : « Tu sais, Roch, ne dépasse pas trois ou quatre personnages, nous n'avons ni le budget ni la place. » Ce sont maintenant les grandes troupes à gros budget qui sont souvent forcées de dire cela à leurs auteurs... enfin, passons !

«Un jour, les infirmières vous dironts que je suis guéri. Ne croyez pas que j'aurai accepté de me laisser convaincre que je n'ai jamais fait ce voyage dans l'espace. Croyez plutôt que je me serai enfui et que très haut, très loin, dans l'espace inconnu, je me rappellerai la Terre et que je ne saurai plus si la Terre est une réalité ou bien si elle est le fruit de mon imagination.»
- Monsieur l'Acteur

À peine quelques semaines plus tard, je recevais le texte de *La céleste bicyclette.* C'était un monologue d'environ une heure. Roch Carrier l'avait écrit pour moi et je voyais déjà toutes les possibilités de jeu que le personnage, Monsieur l'Acteur, avait à offrir, mais je trouvais le manuscrit un peu court. J'en fis part à Roch qui m'expliqua qu'au début il avait écrit une pièce à trois personnages, puis, en cours d'écriture, comme un des personnages ne s'exprimait plus, plutôt que de le traîner comme un invité indésirable, il avait décidé de lâcher du leste et de le laisser tomber. Le même phénomène se produisit avec le deuxième personnage, qui devint muet, et la pièce tourna au monologue. Et voilà pour les voies cachées de la création !

Pour la longueur, Roch m'avoua qu'il n'avait pas osé développer un volet important. Il s'y mit donc et quelques semaines plus tard j'avais en main un texte de théâtre magnifique que j'allais jouer près de 250 fois, en français et en anglais, au théâtre et à la télévision.

Pilote des espaces infinis

L'action de la pièce se déroule ainsi : après une représentation au théâtre, l'Acteur prend sa bicyclette pour aller rejoindre son ami Guy L'Écuyer au bar Les Trois Coups. Mais dans le calme du soir, la bicyclette s'envole et l'Acteur fait un incroyable voyage dans l'espace infini.

En revenant sur Terre, la bicyclette fonce dans la porte du bar, sur le plancher duquel l'Acteur se retrouve avec des étoiles plein la tête et une fracture à la jambe. Il sera hospitalisé, et après qu'il ait raconté son extraordinaire envolée, on l'invitera discrètement à se reposer dans la section psychiatrique.

C'est dans sa chambre que le public vient lui rendre visite. L'Acteur lui raconte son voyage spatial, puis lui parle un peu de sa vie personnelle, de ses échanges avec les médecins, et beaucoup de sa séparation avec sa femme.

S'est-il vraiment envolé, est-ce possible ? Tâche importante et difficile pour le comédien, mais ô combien réconfortante et comblante quand le but est atteint et que le public, comme on dit au théâtre, « embarque ».

À la fin de la pièce, l'Acteur décide de repartir, de se replonger dans l'apesanteur et le « pollen de l'espace », comme il dit. Il lance aussi l'invitation au public : « Voulez-vous monter avec moi ? » Presque chaque soir j'entendais, dans un souffle discret, personnel et sincère, des « oui » venant de la salle. Que c'était beau ! Ce n'était pas le genre de répartie qu'on dit pour faire rire son entourage. Non, c'était vrai ; ces per-

sonnes seraient montées si, par chance, j'avais réussi à décoller, mais le noir se faisait. Ainsi, très ému, je restais bêtement sur le plancher des vaches.

Pendant plusieurs années après les représentations de *La céleste bicyclette,* moi qui n'avais jamais fait de rêves aériens, j'ai connu les plus beaux voyages qu'on puisse imaginer. Je ne montais pas aussi haut que Monsieur l'Acteur et Julie Payette, mais je planais la nuit au-dessus de la ville, à quelques centaines de mètres des toits. C'était extraordinaire, et je me réveillais tellement heureux !

Puis, je me mis à rêver que je n'avais qu'à courir brièvement en frappant le sol très fort pour que tout simplement, par la force de ma volonté, je m'élève. J'allais me promener au-dessus d'une municipalité voisine pour ensuite revenir au point de départ.

Ces rêves étaient tellement fréquents et d'un caractère si réaliste que je me suis souvent demandé si je les vivais vraiment et si je volais réellement. Monsieur l'Acteur m'avait possédé, mais fort heureusement, il n'en a pas soufflé mot à ses amis les psys, sinon on ne me permettrait pas d'écrire ces lignes aujourd'hui.

D'une première manquée à des années sidérales de bonheur

La céleste bicyclette c'est une tranche de vie d'un personnage qui raconte son expérience la plus lumineuse, son voyage, et la plus douloureuse, sa séparation. Monsieur l'Acteur veut partager sa joie et sa peine. N'est-ce pas l'intention première d'à peu près tous les grands personnages ?

Pour arriver à exprimer toutes les différentes teintes des propos du personnage et le cheminement souvent un peu chaotique de sa pensée, j'ai divisé ce long texte en dix scènes et leur ai donné à chacune un nom, ce qui m'a grandement aidé pour la mémorisation. Ce monologue en prose d'une heure et demie comportait bien des surprises, des silences, des reprises et des moments de grande tension où le débit devenait très rapide. Encore une fois, ma très fidèle mémoire se mit, bonne fille, au service des émotions, et ensemble nous nous dirigeâmes vers une première.

À l'époque où je préparais ce spectacle, la régie de la Place des Arts traversait une période très perturbée par une grève des ouvreuses et des placiers dont le syndicat, affilié à la Confédération des syndicats nationaux (CSN), réclamait, entre autres, quelque chose comme une garantie d'emploi à long terme.

Il était insensé de vouloir, en quelque sorte, bloquer l'accès à ces charmantes fonctions d'ouvreuse et de placier qui permettaient aux jeunes étudiants et étudiantes en musique et en art dramatique de gagner leur vie pendant quelques années tout en assistant à des centaines de concerts et de spectacles, ce qui était pour eux un magnifique complément de formation. Mais la guerre était déclarée. La CSN sévissait partout où elle le pouvait pour faire valoir ses revendications. On intervenait dans les réceptions, on répandait des clous à la sortie des garages et on faisait le maximum pour nuire aux différents spectacles qui, malgré tout, n'en souffraient pas trop.

Ma première cependant devint une cible de choix, car le théâtre n'était protégé de la rue que par de grandes fenêtres. À l'heure de mon entrée en scène, des manifestants sont venus en force chahuter avec des porte-voix devant le café. Dans l'impossibilité de poursuivre, j'ai décidé de couper court à la représentation en disant : « Je laisse la scène à la CSN. »

J'ai eu honte pour eux, cette bande d'enfants gâtés qui se comportaient comme des bagnards désespérés à qui on aurait enlevé le pain de la bouche. Je n'ai jamais accepté les excuses que certains d'entre eux ont tenté de me présenter des années plus tard.

Jeune, j'ai été syndicaliste, j'ai servi trois ans au conseil de l'Union des artistes, dont j'ai été secrétaire général, mais jamais je n'aurais autorisé une telle sauvagerie à l'occasion de quelque conflit que ce soit.

Ma première n'a donc pas eu lieu, et ma peine n'a même pas servi à ces gens que, par la suite, j'ai vu vieillir et s'ennuyer dans leur fonction.

Une fois que *La céleste bicyclette* eut pris son envol, ce fut comme un rêve. Un théâtre plein m'attendait tous les soirs, j'ai fait reprises sur reprises, durant deux saisons de suite, auxquelles s'est ajoutée une grande tournée au Québec. Le texte fut ensuite traduit en anglais et le théâtre Tarragon, à Toronto, accueillit mon deux roues. Puis, la télévision de Radio-Canada en fit deux téléthéâtres, un en français et un en anglais, lequel fut même en nomination à Toronto, aux ACTRA Awards, comme l'une des trois meilleures dramatiques du réseau de télévision de la CBC pour la saison 1985-1986.

Dix-sept ans plus tard, à l'invitation du Centre national des Arts à Ottawa, je me remis en selle dans leur studio et refis une deuxième tournée. Ouf ! Quel voyage interplanétaire !

Quelques années après la création de *La céleste bicyclette,* je suis allé voir le magnifique film de Steven Spielberg *E. T. L'extraterrestre.* Quand j'ai vu la scène où la bicyclette s'envole, j'ai ressenti comme une sorte de nostalgie, comme si j'avais déjà vécu cette scène…

Le café de la fête

Durant toutes les représentations de la pièce, un petit vent de folie s'était emparé du Café de la Place. Le public était joyeux pendant et après le spectacle. Le café était devenu, en plus, avec son petit bar, un lieu de convergence pour d'autres comédiens qui venaient y finir la soirée.

Comme le public représentait les personnes rendant visite à Monsieur l'Acteur dans sa chambre d'hôpital, je m'adressais toujours directement à la salle – ce qui peut être extrêmement dangereux car dans l'intimité d'un petit théâtre, lorsqu'on donne un peu de corde au public, celui-ci en profite allègrement et l'interprète risque de perdre pied en se faisant interpeller.

Comme il semblait assez évident que mon personnage était quelque peu dérangé, il arrivait souvent que des spectateurs qui avaient connu ce genre de malaise m'appuient de quelques encouragements sonores. Je me souviens d'un soir où, chaque fois que je critiquais mes médecins – que je n'aimais pas bien sûr car ils me gardaient prisonnier –, une dame m'encourageait avec de discrets: « Vas-y Albert, donnes-y, engueule-les. »

Les gens autour d'elle semblaient avoir compris la situation. Personne ne s'offusqua de ses interventions jusqu'au moment où – alors que, dans un passage assez violent, je ridiculisais joyeusement les psys et leur science – la dame s'écria: « Vas y Albert, donne leur de la m... ! » J'ai adouci mon jeu et fait quelques coupures.

Dans une des scènes, je tentais d'expliquer à la salle le phénomène de l'attirance entre les astres et dans l'univers en général. J'imaginais un tableau noir et une craie, et tout en mimant, j'écrivais le mot ATTIRANCE et donnais plusieurs exemples de choses qui s'attirent les unes les autres. Et j'insistais: « Qu'y a-t-il entre ceci et cela ? Une ATTETIRANCE ! » Et je terminais avec: « Qu'y a-t-il entre un homme et une femme ? Une... » Et là, un soir, un jeune homme répondit clairement: « UNE DIFFEFÉRENCE ».

La salle a ri, d'un grand rire d'intelligence. Je n'ai pas pu terminer la scène, il a bien fallu que pour quelques instants j'accepte le garçon dans le jeu, son intervention avait été trop pertinente, et surtout tellement drôle.

Merci Roch Carrier, merci Henri Barras pour ce beau cadeau qu'a été *La céleste bicyclette.*

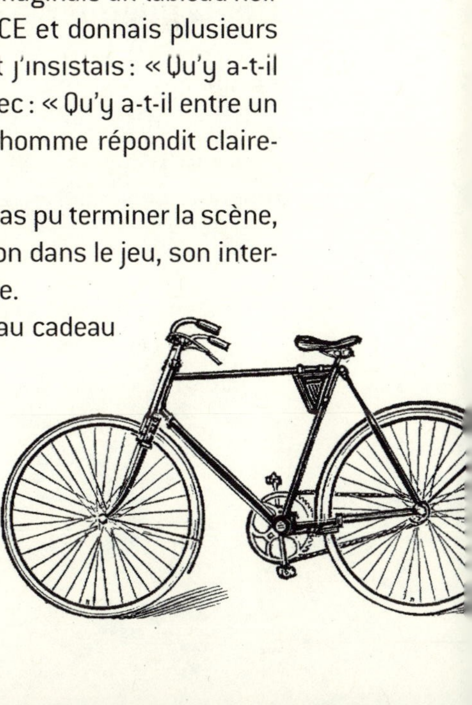

L'OURS

Les comédies de Tchekhov, mises en scène par Albert Millaire, ont été présentées au Café de la Place en 1979, et par la suite au Théâtre d'été du Manoir St-Castin.

Henri Barras, le directeur artistique de la Place des Arts et du Café de la Place tint parole et nous rappela, Catherine Bégin et moi, pour la présentation des petites comédies de Tchekhov. Le Café de la Place était l'endroit rêvé pour ce genre de théâtre.

Les œuvres du dramaturge russe Anton Tchekhov parlent bien aux différents publics québécois. J'aurais aimé en jouer plus souvent, mais le hasard a fait que... enfin. À trois reprises, par contre, j'ai pu monter des spectacles composés de quelques-unes de ses pièces en un acte ; au Théâtre populaire du Québec, au Café de la Place et pour ma compagnie, au Théâtre d'été du Manoir St-Castin, à Lac-Beauport, près de Québec. Ces petits bijoux de pièces mettent en scène des personnages simples, joyeux, spontanés et tellement humains. *Les méfaits du tabac, La demande en mariage* et *L'ours* sont les plus percutantes.

Ah ! mon ours mal léché, que je l'ai aimé, et quel plaisir j'ai eu, à travers lui, à taquiner ma grande amie Catherine Bégin, qui jouait le rôle d'Éléna Ivanovna Popova, cette jeune veuve et propriétaire foncier qui doit des sous à Grigori Stépanovitch Smirnov, un célibataire et propriétaire foncier lui aussi aux manières on ne peut plus grossières.

Une « guéguerre » amoureuse

Féministes aux prétentions *politically correct* s'abstenir...

Outrée par l'attitude frustre et insultante de Smirnov, Éléna lui dit : « Vous ne savez pas vous conduire avec les dames. » Ce à quoi Smirnov s'empresse de répondre en vociférant :

> Ah ! je ne sais pas me conduire avec les femmes. Madame, j'ai connu dans ma vie plus de femmes que vous n'avez vu de moineaux. Pour elles, je me suis battu trois fois en duel. J'en ai lâché douze et neuf m'ont lâché. On ne m'aura plus. Suffit ! Yeux noirs, yeux ardents, lèvres vermeilles, fossettes aux joues, lune et roucoulements... Je ne donnerai plus un kopeck pour tout cela, madame. Sans parler des

personnes présentes, toutes les femmes, les jeunes comme les vieilles, toutes, rien que des poseuses, des cabotines, des potinières, des mégères, des menteuses à tous crins, des vaniteuses, des faiseuses d'embarras, elles ne connaissent ni logique ni pitié, et quant à ce qui se passe là (il se frappe le front), vous excuserez ma franchise, mais n'importe quel moineau peut rendre des points à vos philosophes en jupon.

De la fête au silence

Avec notre retour au Café de la Place, les fêtes et les célébrations de toutes sortes ont repris de plus belle, avec la grande Catherine Bégin comme chef d'orchestre. Les acteurs de ma génération ont appris à faire la fête dès la fin des années 1950, et je dois avouer que les années 1960 nous ont bercés dans une fête continuelle chorégraphiée non seulement pour nous, mais pour tous ceux et celles qui pouvaient se permettre d'emboîter le pas aux étourdissants changements qui s'annonçaient, en plus de l'Expo 67 et de ses fabuleuses retombées, dont nous profiterons pendant les années 1970.

On se mettait encore chic pour une première de théâtre, que nous célébrions avec tambours et trompettes dans nos bons restaurants préférés. Nous cassions les oreilles de certains journalistes peut-être envieux de notre joie et qui s'en plaignaient dans leurs colonnes, fustigeant nos grands rires et la banalité de nos discours. Qu'est-ce que ça pouvait nous faire, nous avions le sens du devoir accompli et le sens de la fête, que voulait-on de plus ?

Puis, il y eut les anniversaires. Pendant quelques années tout le monde a eu son tour. Champagne, montagne de cadeaux, discours, chansons et mises en boîte étaient de rigueur. Nous avions 40 ans, puis 45 et enfin 50.

Je ne sais pourquoi j'avais abordé le sujet, mais j'avais un jour fait état devant Catherine Bégin du plaisir que j'avais eu à me gaver de beurre d'arachide quand mes filles étaient petites, me vengeant avec mes enfants de l'anathème que ma mère avait injustement jeté sur le délicieux contenu du traditionnel pot Kraft. Interdit de beurre d'arachide dans mon enfance, je m'en étais fougueusement plaint.

À l'occasion d'une de ces célébrations, cette fois de mon anniversaire, quelqu'un me présenta une énorme boîte qui semblait immensément lourde en me disant : « De la part de Catherine Bégin ».

On l'aura deviné, la boîte contenait pas moins de quatre douzaines de pots de beurre d'arachide de toutes les marques, allant du crémeux au croquant. Catherine avait eu la mémoire longue et l'arachide légère. Je n'ai malheureusement pas profité entièrement de cette montagne de beurre d'arachide, quelqu'un m'a aidé.

À cette époque, à la télévision, j'étais monsieur Clorets et pendant les parties de hockey, je disais : « C'est un peu plus cher mais c'est plus que du bonbon. » C'est à peu près ce que j'avais dit à l'agence en signant mon contrat qui m'a permis, après 25 ans de travail dans la grande ville, de m'offrir un coin à la campagne.

À chaque année, les fabricants de la gomme Clorets me faisaient parvenir des douzaines de boîtes de leurs différents produits, comme des boîtes de gomme et des pastilles Halls de toutes les saveurs, que je rangeais chez moi, près de l'entrée principale, dans une grande armoire antique où se trouvaient déjà les fameux pots de beurre d'arachide. Durant la journée, la porte d'entrée principale n'était jamais barrée – j'avais renoncé à faire des copies de clés pour mon jeune monde qui circulait à toute heure.

La nouvelle du trésor d'Albert se répandit rapidement dans la rue, et de temps en temps, on pouvait entendre la porte s'ouvrir, puis celle de l'armoire, puis les deux portes se refermaient et un enfant du voisinage partait avec sa gomme, ses pastilles ou… un pot de beurre d'arachide. Ce n'était pas cher et c'était presque du bonbon.

Le Café de la Place a survécu tant bien que mal pendant plus de 20 ans, avec des hauts et des bas. Après tout, nous avons droit à l'erreur, surtout depuis que nous savons que même les financiers peuvent aussi être faillibles.

Il y a des gens imminents qui laissent, en guise de souvenirs, des pyramides, un métro, des bibliothèques. Monsieur Roger D. Landry, lui, a fermé un théâtre. Homme de relations publiques, éditeur de *La Presse,* il était devenu président du conseil d'administration de la régie de la Place des Arts.

La régie, pour suivre la mode, devait faire des coupures budgétaires. Elle a donc tranché dans ce qui ferait le moins de bruit, les gens de théâtre, en se disant sans doute que dans une semaine on n'en parlerait plus. On a fermé le département de création, remercié Henri Barras et sa fidèle et si précieuse adjointe, la douce Chantal Malo, et mis la clé sous la porte du café.

Des hommes et des femmes de tous les milieux font partie des conseils d'administration des institutions artistiques. On y fait la pluie et le beau temps, la plupart du temps très correctement, mais trop souvent, par contre, on considère l'interprète ou le créateur comme un irresponsable au service du prince.

Combien y a-t-il d'artistes membres des conseils d'administration des hôpitaux, des banques, de la SAQ ou de Via Rail ? Je me le demande. Faisons-nous face à une véritable ségrégation ?

TROISIÈME ENTRACTE

Puis arrivèrent les années 1980. Enfin, une compagnie de théâtre allait porter mon nom ! Denis Cloutier, le directeur du Manoir St-Castin à Lac-Beauport, m'avait invité à créer chez lui un théâtre d'été. Un certain avenir semblait s'ouvrir pour ma modeste maison de production. Mais quand l'occasion s'est présentée de mettre à l'affiche un spectacle rue Sainte-Catherine en saison d'hiver, mes associés et moi avons dû subir une grève des transports en commun qui a vidé notre salle. Nous en fûmes quittes pour un joli déficit de près de 50 000 dollars. Quelques années plus tard nous avons tenté une reprise de *La céleste bicyclette,* mais devant l'indifférence des médias – parce que c'était une reprise – et le manque de moyens pour appuyer nos efforts d'une solide publicité, nous nous sommes retrouvés avec un autre trou d'une trentaine de milliers de dollars, que je dus également sortir de ma poche.

Je venais de faire un heureux mariage, la décennie s'annonçait glorieuse, je refaisais ma vie entièrement, de fabuleux personnages m'attendaient tant à la scène qu'à la télévision de Radio-Canada, et j'avais toujours mes attaches torontoises. J'étais devenu grand-père, ma famille s'élargissait. Il devenait totalement irresponsable d'exposer ma vie privée à des pertes financières qui risquaient de compromettre les responsabilités que j'avais envers mes filles et ma nouvelle conjointe. Les livres de la compagnie furent fermés. Pour la énième fois, j'allais reprendre la route et faire cavalier seul.

Quelle extraordinaire chevauchée que la traversée de ces années 1980, jusqu'aux quatre splendides saisons que je vivrai au festival shakespearien de Stratford. Je voyais pourtant, à travers l'euphorie de ces années de vaches grasses, venir la fin d'une télévision qui, depuis plus de 30 ans, avait été une diffuseuse d'art, une transporteuse d'idées et de nobles émotions dans chaque foyer, grâce au réseau francophone de la Société Radio-Canada. Cette télévision s'apprêtait à devenir un grand magasin général où toute production serait soumise aux dictats de la publicité.

J'en ai fait beaucoup, de la publicité, surtout dans les années 1980, et j'en suis très fier. Les produits Clorets et la maison New Look ont été de grands clients à qui j'ai rendu service et qui m'ont grandement aidé financièrement, ce qui m'a permis de poursuivre mes activités théâtrales.

Je n'ai jamais pensé, cependant, que mes messages publicitaires étaient la raison d'être des chaînes de télévision. J'avais encore la candeur de croire que la publicité laisserait un espace important à la diffusion d'œuvres de qualité. J'ai dû cependant me rendre à l'évidence qu'une grande page se tournait. À l'avenir, tout ce qui ne vendait pas de commerciaux devrait disparaître.

Bref, j'ai très bien senti que les belles années des grands textes à la télévision étaient révolues. J'ai donc décidé d'incorporer leurs auteurs à un spectacle solo qui, en tournée, me permit de présenter ce qui me plaisait et de combler les « petites vacances » entre mes différents contrats de scène.

J'étais dans la cinquantaine et tout n'était pas acquis. Il fallait que j'organise mon avenir avec goût et un certain réalisme financier. Plus que jamais, je redevenais un homme de théâtre à temps plein.

Les années qui suivront confirmeront ma crainte que le cinéma et surtout la série télévisée n'allaient pas beaucoup avoir recours à moi. Quelles en étaient les raisons ? L'âge, l'emploi ou le fait que pour les nouveaux jeunes producteurs privés mon français était un peu trop « pointu », comme ils disaient ? Les malheureux, ils ne savaient pas que qui peut plus peut moins. Comme si j'avais pu oublier les accents de ma tendre enfance, quand je courrais dans les ruelles poussiéreuses de Ville-Émard !

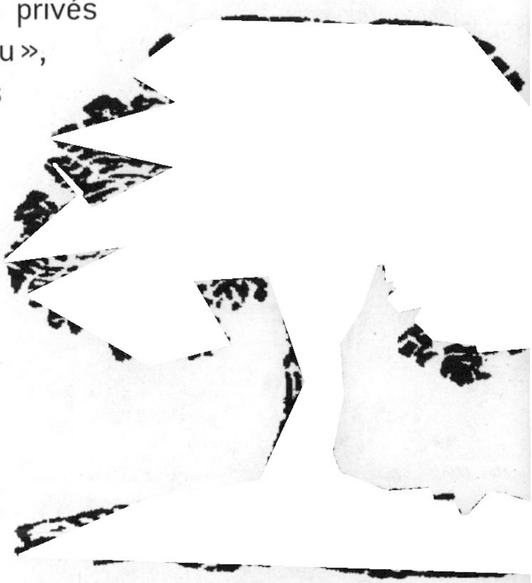

[QUATRIÈME ACTE]

SCÈNE I

Les étés du Manoir St-Castin

Le Coq

SCÈNE II

Un homme sans histoire qui fait l'histoire

Sir Wilfrid Laurier

SCÈNE III

Il a toutes les qualités que les Français voudraient avoir

Cyrano de Bergerac

SCÈNE IV

De la guerre avec Dieu à la guerre avec l'Homme

Antonio Salieri • Alceste

SCÈNE V

Les grands soirs du Théâtre du Bois de Coulonge

Sherlock Holmes • Topaze

SCÈNE I

LES ÉTÉS DU MANOIR ST-CASTIN

LE COQ

Les spectacles dont il est fait mention ici ont été présentés au Théâtre d'été du Manoir St-Castin entre 1979 et 1983.

Il était tout à fait prévisible qu'un jour j'hérite d'un personnage de coq ! Si j'exclus les années de collège où, pensionnaires, nous devions restreindre notre attirance pour le sexe féminin aux charmes très discrets de la seule et unique Vierge Marie, j'ai toujours vécu avec bonheur dans un monde de femmes. J'ai été élevé par une veuve et comblé par une tante qui s'ennuyait parce qu'elle n'avait pas d'enfant. Plus tard, mes trois filles, leur mère, ma mère, les bonnes, les gardiennes et combien de belles amies et camarades de travail m'ont honoré de leur amitié !

J'entends encore ma mère me dire, alors que j'étais encore enfant et que je portais mon premier pantalon long : « Fais pas ton p'tit coq. » J'allais pourtant le faire cette fois-ci, en fondant ma deuxième compagnie de théâtre. Denis et Reine Cloutier, qui depuis 25 ans sont les heureux propriétaires de l'Auberge des Falaises à la Malbaie, étaient, à la fin des années 1970, gérants du Manoir St-Castin à Lac-Beauport. Désireux d'y ouvrir un théâtre d'été, ils m'en avaient offert la direction, me mettant du même coup dans l'obligation de fonder une compagnie, ce que je fis avec les comédiennes Catherine Bégin et Maryse Pelletier. Un ami spécialiste en administration de spectacles, Claude Pichette, complétait le conseil d'administration.

Pour le premier spectacle, nous nous sommes tournés vers Clémence Desrochers. Nous avons lu tout ce que Clémence avait déjà publié en plus de quelques textes qu'elle avait mis à notre disposition. Catherine, Maryse, la comédienne Lucie Saint-Cyr et moi avons ainsi pu faire un montage d'une trentaine de petits numéros faits de saynètes, de monologues et de chansons.

Il nous semblait important, pour une première saison d'été dans un milieu que nous allions découvrir, d'offrir un spectacle relativement léger avec des textes de qualité. Avec ceux de Clémence nous ne pouvions pas nous tromper. Le résultat était drôle, touchant et très poétique.

Le titre du spectacle s'est presque imposé à nous ; il y avait trois actrices et... non pas un acteur, c'est trop banal ; trois actrices... et un coq.

Un joyeux petit bataillon ouvre le théâtre:
Clémence Desrochers, Maryse Pelletier, un coq,
Lucie Saint-Cyr et Catherine Bégin.

J'ai fait mon p'tit coq non seulement pour le premier spectacle, mais durant les cinq étés où nous avons produit à Lac-Beauport, transformant en un théâtre de 300 places le chalet de ski du très réputé Manoir St-Castin. Ce furent cinq années riches en activités théâtrales de toutes sortes où j'ai écrit, traduit, mis en scène, dansé, joué, chanté et présidé notre modeste conseil d'administration, qui jonglait quand même avec un budget de quelques centaines de milliers de dollars chaque saison.

Il y avait aussi le public, qui était au rendez-vous, et avec qui il fallait traiter directement ; les gens adorent qu'on les reconnaisse, qu'on leur souhaite la bienvenue, qu'on s'informe de leur santé, enfin, qu'on reçoive leurs commentaires avec déférence, c'est tout à fait normal. Je savais qu'il fallait le faire mais je n'étais pas trop porté sur la chose. Être dans le public avant le spectacle m'a toujours énervé. Georges Carrère, lui, qui avait son théâtre d'été à Trois-Rivières-Ouest, se tenait tous les soirs à la porte de son théâtre et serrait la main de tous ses fidèles. Il en était admirable.

Chaque saison, nous avons eu la chance d'avoir un traitement de faveur de la part des deux principaux journaux de Québec. À l'époque, les gens de théâtre de Montréal étaient encore reçus à bras ouverts à Québec. Sans les magnifiques reportages dont on nous gratifiait à chaque spectacle, nous n'aurions pas rempli nos salles aussi spontanément.

Assurance et vulnérabilité

Un spectacle montage comme *Trois actrices, un coq* se rapproche plus du cabaret que de la pièce de théâtre. Il faut garder un rythme d'enfer, éviter les temps morts, toujours surprendre et ne donner aucune chance au public de décrocher.

Nous n'avions évidemment pas les moyens de nous offrir des musiciens sur scène. Après avoir obtenu les autorisations nécessaires, nous sommes donc allés en studio pour enregistrer les musiques qui allaient accompagner nos chansons – mon assistante disposait d'un ancien magnétophone avec des rubans quart-de-pouce.

Tous les soirs, avec une belle assurance, dans un costume de marin, j'attaquais une jolie chanson qui parlait de mer et de bateaux. De façon générale ce n'est pas au cours des premières représentations que les comédiens ont des blancs, ce serait plutôt après un certain temps, quand l'habitude s'installe un peu et qu'ils relâchent l'attention. C'est bien ce qui m'est arrivé un soir : au troisième couplet, plus rien. Un trou, le blanc total. Désespoir !

L'orchestre continua seul – la bande sonore se foutait pas mal de mon désarroi – mais mon assistante, elle, s'énerva. Je me tournai vers sa cabine de régie et la musique s'arrêta. Puis, je lançai à la salle, comme si tout était absolument normal : « Allons, on rembobine l'orchestre. » Quelques rires m'invitèrent à la détente.

Dans le long temps qui suivit, durant lequel mon assistante rembobinait le ruban au début de la chanson, je cherchais, en souriant bêtement à la salle, les mots qui m'avaient fait faux bond et que je ne trouvais toujours pas. Le coq était en train de perdre pas mal de plumes.

Puis, la musique repartit et je repris la chanson en me disant que rendu au point crucial ça allait passer. Comme par miracle c'est ce qui est arrivé, et la salle, qui semblait encore plus heureuse que moi de cette victoire sur ma mémoire défaillante, s'est lancée dans un tonnerre d'applaudissements. C'était vraiment du sport ; comme si je venais d'accomplir un exploit olympique.

Le public apprécie grandement quand les comédiens font bien les choses, qu'ils se dépassent et lui font vivre des moments de grande émotion. Mais en même temps, ce même public est inconsciemment à l'affût de leurs faiblesses et de leurs erreurs. Les spectateurs aiment bien quand ils se trompent. Leur faillibilité les rassure-t-elle ? Les rapproche-t-elle d'eux ? Souvent, alors que les comédiens s'attendent à des félicitations chaleureuses, les gens vont plutôt leur dire sans malice : « Je vous ai vu le soir où vous avez trébuché et êtes tombé par terre… » ou « le soir de votre blanc, alors que la musique continuait seule… c'était drôle… »

Une valse à quatre pattes

Chaque fois que je me remémore l'instant fatal d'un blanc, d'une distraction ou d'une erreur quelconque, je pense à notre cher Jacques Brel qui, lors d'un spectacle, après des années et des années de concerts partout dans le monde, reprenait sa très populaire chanson *La valse à mille temps*. Dans l'enregistrement de ce spectacle on l'entend chanter : « Une valse à trois temps » puis «…à cent ans », et ainsi de suite, mais tout à coup, il dit : « Une vache à cent ans ». Après tant d'années, d'où sort-elle, cette vache ? Mystère de l'inconscient…

Anatole et les autres

Dans les années 1950, lors de notre quête de répertoire, Paul Hébert et moi avons découvert *Anatole* et *La ronde,* les deux importantes pièces d'Arthur Schnitzler, auteur autrichien contemporain de Freud, qui s'est grandement amusé des relations amoureuses entre hommes et femmes. Nous avions retenu *La ronde,* mais n'avons pas réussi à la monter. Au TNM, nous avions monté *Anatole,* avec le beau Jean Coutu dans le rôle-titre. Puis, quelques années plus tard, Jean Gascon m'invita à le jouer au Centaur, en anglais, avec Martha Henry, la magnifique comédienne de Stratford.

J'ai ensuite repris la pièce au Théâtre du Manoir St-Castin où, bien qu'on commençât déjà, dans certains milieux, à se demander ce que ce genre de répertoire représentait pour des Québécois réfractaires à tout costume d'époque, elle eut du succès et le public l'apprécia.

Bien sûr, je pris un malin plaisir à jouer Anatole, ce grand macho de la fin du XIXe siècle, mais je crois que le spectacle valait surtout le détour pour la virtuosité et le talent de Catherine Bégin, qui jouait cinq femmes très différentes les unes des autres mais toutes aussi belles et spirituelles.

Au personnage d'Anatole, pendant les cinq saisons, se sont ajoutés celui de l'Ours dans la pièce du même nom de Tchekhov, celui du conférencier dans *Les méfaits du tabac,* aussi de Tchekhov, et celui d'un médecin complètement dément dans la non moins inquiétante pièce *What the butler saw,* du Britannique Joe Orton.

Catherine dans un de ses beaux rôles de jeune femme. Avec Schnitzler, nous avons exploré la Vienne de Freud. Dans *Anatole,* les relations amoureuses entre hommes et femmes sont disséquées méticuleusement.

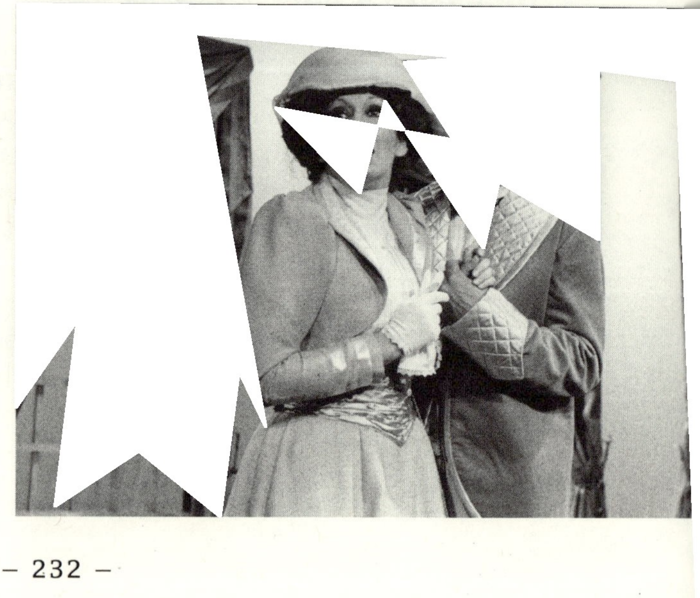

Enfin, il fallait bien que cela m'arrive une fois, j'ai écrit une pièce, *Paulette et Armande étaient vertueuses,* dans laquelle je jouais tous les personnages masculins, aux côtés de Catherine Bégin et de Monique Miller, qui avait très gentiment accepté de passer l'été avec nous.

Cette pièce très légère se terminait en *Commedia dell'arte*. Elle a eu du succès mais ce n'est pas ce que nous avons fait de meilleur. Je pense que le plus beau rôle que j'ai joué au cours de toutes ces années, c'est celui d'horticulteur.

Les bonheurs de Saint-Pierre-les-Becquets

Saint-Pierre-les-Becquets est un beau village sur la rive sud du fleuve, à l'est de Gentilly, aux portes de Lotbinière. On y trouve les restes de la maison seigneuriale de la seigneurie de Lévrard. Le seigneur de Lévrard n'a eu que des filles, dont l'aînée épousa un Becquet.

Au XIXe siècle, Saint-Pierre-les-Becquets, avec ses belles terres sablonneuses, était le paradis du melon et alimentait les marchés de Québec. Puis, avec Manseau tout à côté, il devint le pays de la tomate, avec son Festival de la tomate que j'ai eu le bonheur de présider une année.

Quoique je sois un amant inconditionnel de mon métier de scène, qui m'a procuré et m'apporte encore les plus grandes joies, je crois sincèrement qu'un véritable instant de bonheur se vit dans une nature dépouillée d'artifices, indifférente à toute prétention d'ordre intellectuel, une nature avec laquelle on ne peut qu'être en accord, dans un équilibre presque parfait.

Un jour, je me suis retrouvé devant une petite maison de pierre datant du régime français. J'ai ouvert la large porte pour entrer doucement dans ce sanctuaire, ai vu l'âtre immense au milieu de la maison, son âme, sa chaleur, la crémaillère, la vie. Je suis monté à l'étage et suis entré dans la chambre de gauche, celle qu'on m'avait désignée. À l'intérieur, il n'y avait rien à part un lit, une chaise et une petite table. J'ai ouvert les deux battants d'une petite fenêtre. Dehors, il y avait des arbres, le fleuve au loin, enfin, cette odeur de juin et surtout le chant des oiseaux, des centaines d'oiseaux. Ma vie allait changer.

Je me suis étendu sur le lit, c'était trop, ce que je recevais à ce moment était plus que le droit à un certain bonheur. J'avais oublié, ou je ne connaissais plus, un bien-être pareil. J'allais vivre 18 ans dans ce lieu privilégié qui devint plus tard ma maison.

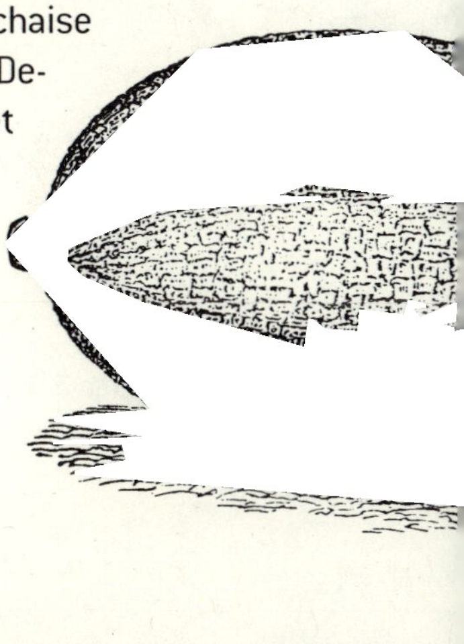

La famille de Lionel Villeneuve et Hélène Loiselle avait complètement retapé cette petite maison de Saint-Pierre-les-Becquets et nous la prêtait, à Catherine Bégin et moi, pour notre joie et celle de nos conjoints. Lionel et Hélène avaient ouvert un théâtre à Saint-Michel-de-Bellechasse et décidé d'y construire une autre maison.

Ma première idée fut d'y faire un potager. Mon voisin, monsieur Brisson, avait dans ses champs, ces années-là, près de 17 000 plants de tomates. Il devint mon mentor en horticulture et, avec ses gros tracteurs et surtout ses précieux conseils, il me permit de mettre en culture – sous la surveillance attentive de son épouse – un potager en pleine terre qui comptait à peu près la superficie de trois courts de tennis. J'y ai cultivé jusqu'à 40 espèces de légumes différentes.

Après m'être levé tard le matin et avoir bu mon café, j'allais jardiner dans le potager. Puis, à 16 heures, je prenais une douche, un petit repas, et en avant pour Lac-Beauport, où le public nous attendait. Au retour, vers minuit, notre souper s'éternisait dans la nuit calme.

Nous étions à 1 h 45 du théâtre et avons fait l'aller-retour cinq jours par semaine 12 semaines par été pendant cinq ans. J'ai calculé que durant toutes les années où j'ai dirigé le Théâtre du Manoir St-Castin, j'ai vécu dans mon auto aussi longtemps que Noé dans son arche, c'est-à-dire 40 journées complètes, près de 1000 heures. Mais ça valait la peine, car à chacun des deux bouts du chemin m'attendaient des bonheurs qui m'enthousiasmaient de façons différentes, et me comblaient tout autant.

Le besoin de la fête était toujours en nous comme une agréable maladie dont personne ne voulait guérir. Le domaine de Saint-Pierre était l'endroit rêvé pour

Ma maison, valeureux et chaleureux témoin du régime français.

organiser des fêtes champêtres, avec ses 10 acres de terrain qui se rendaient jusqu'au fleuve où l'on retrouvait un endroit idéal pour le ballon volant, un ancien bout du Chemin-du-Roy pour la pétanque et une piscine très agréable.

Je faisais de grands feux pour les épluchettes de blé d'Inde qui accompagnaient les nombreux apéros. Le tout se terminait à l'intérieur par des repas que je cuisinais dans la plus pure tradition des grandes familles québécoises. La revanche de l'enfant unique élevé par une veuve se poursuivait avec entrain. Nous faisions deux et quelquefois trois grandes fêtes par été, avec les copains de quatre ou cinq autres théâtres d'été qui se joignaient à nous.

Comme je vivais entouré de lions et de lionnes nés entre le 21 juillet et le 22 août, chaque année, pendant près de 15 ans, j'ajoutais aux festivités la fête des lions, avec masques, déguisements, jeux, et des montagnes de cadeaux.

Puis vint le jour où nous avons dû renoncer à notre théâtre de Lac-Beauport. En dépit de la qualité de nos spectacles, il fallait se rendre à l'évidence : sans subventions, il nous était impossible de mettre à l'affiche un meilleur répertoire, celui dont nous rêvions. Nous n'avons pas insisté. J'étais dans la cinquantaine et il me semblait un peu tard pour jeter les bases d'une nouvelle compagnie de théâtre à Montréal, et surtout pour entreprendre la grande quête des subventions. Je repris mon sentier de pigiste.

SCÈNE II

UN HOMME SANS HISTOIRE QUI FAIT L'HISTOIRE

SIR WILFRID LAURIER

La série *Laurier*, réalisée par Louis-Georges Carrier, a été présentée à la télévision de Radio-Canada en français et de la CBC en anglais au milieu des années 1980.

Au début des années 1980, le merveilleux fou Louis-Georges Carrier, dramaturge, poète et surtout réalisateur d'émissions dramatiques à la télévision de Radio-Canada, m'interpella un jour dans un corridor de l'École nationale de théâtre – où nous répétions chacun de notre côté nos spectacles d'été – et me dit, très abruptement : « Ça t'intéresserait de jouer le personnage de sir Wilfrid Laurier ? » Je répondis : « Bien sûr... peut-être... de quoi parles-tu ? » Il me répondit en continuant nerveusement son chemin vers sa salle de répétition : « Prépare-toi, dans deux ans je vais tourner une série sur Laurier et c'est toi qui vas jouer le rôle. » C'était tout, je n'ai pas eu d'autres explications. Mais je connaissais bien mon Louis-Georges et je me suis préparé, car je savais que ce qu'il m'avait si brièvement annoncé allait se produire.

Où est passé mon livre d'histoire ?

Les prêtres séculiers qui nous enseignaient au Collège de l'Assomption étaient passablement ouverts et libéraux, mais l'ombre du premier ministre Duplessis couvrait leur bonne volonté et les obligeait à nous cacher certains détails importants de l'histoire pour satisfaire aux exigences du haut clergé.

Sir Wilfrifd Laurier fut le maître du compromis. La compromission ne court pas les rues. Chacun, irrévocablement accroché à ses convictions et opinions de toutes sortes, se garde bien d'offrir toute concession à l'adversaire. Il faut être intelligent pour consentir à un compromis.

Laurier avait été un grand libéral, un rouge, et quoiqu'il ait été la gloire de mon collège (il était du 25e cours et moi du 116e), il n'a pas pu y jouir d'une flamboyante popularité. Rappelons-nous qu'en chaire, les curés, fanatiques de l'Union nationale, des bleus, vociféraient à leurs ouailles : « N'oubliez pas, mes frères, que le ciel est bleu et que l'enfer est rouge. »

Il a donc fallu que 35 ans après la fin de mes études je replonge dans l'enfer rouge de mon Wilfrid, car il me manquait des chaînons importants de sa longue et passionnante vie politique.

En fouillant dans l'histoire du Canada des XIXe et XXe siècles, j'ai fait des découvertes fort étonnantes, et j'ai eu énormément de plaisir à revisiter les bonnes et les mauvaises années de la Confédération canadienne, issue des différents démêlés du Haut et du Bas-Canada, qui forment toujours d'ailleurs le cœur du Canada actuel.

Mes recherches m'ont permis de conclure que notre histoire était beaucoup plus intéressante qu'on nous l'avait laissé croire. J'ai donc abordé le tournage de cette série avec enthousiasme et une certaine connaissance de ce qu'on allait y raconter.

J'ai toujours su en plus qu'en interprétant Laurier, j'empruntais les traits d'un homme qui n'avait pas toujours fait l'unanimité. On ne peut pas avoir une carrière comme la sienne et être aimé de tous et toutes. Les politiciens, en général, le savent, on ne peut pas plaire à tout le monde, bien que Laurier, lui, fut le champion du compromis. Les écoles francophones de l'Ouest, les Autochtones, la guerre des Boers et l'immigration sont tous des sujets brûlants qui ont divisé les Canadiens et mis Laurier dans l'eau chaude.

Pas de scènes érotiques

La vie de Laurier est belle, longue et complexe, l'homme s'est totalement voué à sa carrière politique. Sa femme, Zoé Lafontaine, et lui n'ont pas eu d'enfant, et on ne lui connaît aucune aventure extraconjuguale, si ce n'est une grande et tendre amitié pour Émilie Barthe, la femme de son meilleur ami Joseph Lavergne. C'est sans doute la liaison romantique la plus célèbre de l'histoire politique du Canada.

De nos jours, sans les énigmes juteuses et scandaleuses qui colorent la vie politique, on ne ferait même pas une émission de dix minutes. Le défi était grand et peut-être avons-nous eu la candeur de croire qu'au milieu des années 1980, nous pouvions encore raconter une belle histoire à la télévision.

Mais la télévision commençait à changer, elle devenait mercantile. Le service commercial de Radio-Canada à Montréal n'a même pas réussi à vendre toutes

les fenêtres des émissions de la série destinées aux messages publicitaires. Il n'en fallait pas plus pour convaincre les dirigeants de notre télévision publique de ne plus produire, et surtout de ne plus mettre à l'affiche ce genre d'émission à saveur historique et culturelle. Ce fut la dernière grande série du genre. La course à la cote d'écoute était commencée et le contenu « accrocheur » devenait indispensable.

Pour sept millions de dollars, nous avons tourné sept épisodes d'une heure chacun. Quand la version anglaise a été présentée à la CBC, un important journal torontois a publié à la une : « Sept millions bien dépensés ». Ça m'a fait grand plaisir.

Un quatuor sans bémols

Les quatre personnages principaux de la série étaient Zoé (madame Laurier), interprétée par Monique Miller, madame Lavergne, sous les traits de Louise Marleau, son mari, joué par Marcel Sabourin, et Laurier, que j'avais le bonheur d'incarner. Mon maquillage, mes costumes et ma tenue en général me rapprochaient assez étrangement de ce que nous connaissons du vrai Wilfrid. Nous sommes restés très près des événements de l'époque, les recréant avec fougue et une certaine authenticité. Tant du haut de certains balcons, dans le Vieux-Montréal, qu'à la Chambre des communes à Ottawa, j'ai pu mettre à profit mes talents d'orateur, surtout qu'à l'époque il fallait des moyens ; les hommes politiques ne pouvaient pas se fier à des télésouffleurs et encore moins à des microphones et des haut-parleurs.

Tous les quatre, nous avons joué tous les âges de nos personnages à partir de la trentaine, et ce, jusqu'à la mort de Wilfrid. Nous filmions les scènes dans le

désordre, c'est dire le nombre de changements de maquillages et de costumes que nous avons dû subir, quelquefois plusieurs par jour. Les tournages exigent souplesse et abnégation.

Un agréable tournage malgré…

Nous tournions sur pellicule avec le service du film de Radio-Canada – avec lequel j'avais tourné *Le courrier du roy* – qui existait toujours à l'époque. Ce fut d'ailleurs, si je ne m'abuse, une de ses dernières grandes réalisations. Il avait toujours bien rempli sa fonction mais fut détrôné par la vidéo et les nouvelles méthodes de reportage.

Toute l'équipe technique de *Laurier* était de Radio-Canada, et le plateau de tournage aussi. Nous n'avions rien des douceurs dont les producteurs privés de cinéma gâtent leurs équipes de tournage. Même pas de budget pour une tasse de café et un croissant !

La série *Laurier* s'est tournée en 18 mois, en studio, ainsi qu'en location extérieure et intérieure, souvent dans des endroits très inspirants, comme les maisons où le couple Laurier a vécu à Arthabaska et à Ottawa. Nous nous sommes aussi retrouvés au Monument-National pour une rencontre avec la grande Sarah Bernhardt. En Europe, nous avons tourné au palais de Buckingham, à Londres, où la reine Victoria nous attendait, au Vatican, avec le pape Léon XIII, et même à Venise, au célèbre café Florian.

Nous nous sommes ensuite envolés vers l'Ouest canadien pour raconter sur place la politique d'immigration de notre cher Wilfrid. À Ottawa, nous avons filmé pendant plusieurs semaines à la Chambre des communes. Le premier ministre d'alors, le Très Honorable Brian Mulroney, m'a reçu dans son bureau un matin en

Pendant toutes les semaines où j'ai tourné au parlement à Ottawa, tous les matins les gardes de sécurité me saluaient d'un: « Bonjour monsieur le premier ministre ». Je n'avais même pas eu besoin de me lancer en politique... Quel bonheur !

présence de la presse, et il m'a lancé, comme ça : « Mon cher Laurier, tout libéral que vous soyez, vous avez été assez conservateur. » Je ne me souviens pas de la réponse que je lui ai servie, trop préoccupé par le fait qu'en sa présence, j'avais gardé mon chapeau sur la tête. En effet, ce jour-là, je jouais un Laurier très vieillissant, je devais donc porter un faux crâne. Dehors il faisait un froid terrible et mon maquilleur, en me posant mon crâne, m'avait dit : « Avec ce froid, je ne suis pas sûr que la colle résistera, alors à moins d'avis contraire, n'enlève pas ton chapeau. » J'imagine que le premier ministre Mulroney a compris que sans mon chapeau, je n'étais plus le personnage.

Terre de nos aïeux...

L'histoire du Canada, contrairement à ce qu'on pourrait croire, n'est pas banale. J'ai été fasciné par le XIXe siècle qui nous a menés à la Confédération, et surtout par les années qui suivirent, où on assista à la montée et à la phénoménale prise de pouvoir de Wilfrid Laurier, ce grand Canadien français. J'écris Canadien français car jusqu'aux années 1950, les Canadiens c'était nous, les francophones, les « Canayens », les autres étaient des Anglais, tout simplement. Il fallut un premier

ministre conservateur, Diefenbaker, pour proclamer : « *Let's all be Canadians* ». C'était écrit dans les tramways quand j'étais jeune. C'est un politicien de l'Ouest qui a fait naître les *Canadians*. Et là, nous sommes devenus Québécois, avec d'autres francophones dispersés à travers la Confédération.

Mais revenons au XIXe siècle. Pendant que les États-Uniens se déchiraient dans une terrible guerre civile, nous, au nord, tentions de pratiquer la bonne entente. Cela m'a toujours amusé et ému de penser que pendant quelques années, le gouvernement du Canada siégeait six mois à Québec, et six mois à Kingston. En effet, tous les six mois, les députés montaient à bord du train avec femmes, enfants, domestiques, chiens et chats, et hop ! ils s'en allaient à Québec, et hop ! ils s'en allaient à Kingston. La reine Victoria, excédée par ce va-et-vient, a mis son doigt sur la carte du Canada et a décrété que la ville de Bytown, qui plus tard retrouvera son nom amérindien, Ottawa, deviendrait la capitale.

Le Concorde et la paranoïa

Alors que nous étions en plein tournage de *Laurier*, une gentille représentante d'une agence de publicité m'invita à déjeuner et m'annonça que Coke changeait de goût. Eh oui ! Mais silence, il ne fallait pas en parler. On me fit signer un papier qui garantissait ma discrétion, car on m'offrait de participer au tournage d'un message publicitaire qui l'annonçait, incroyable ! Le cachet était grandiose, et comme ma femme et moi venions de nous acheter une maison, il tombait bien. Le tournage devait avoir lieu un dimanche. Tant mieux ! J'avais congé, je ne tournais pas *Laurier* ce jour-là. « À quel endroit ? », lui demandais-je. « À Londres ! », me répondit-elle. « Pardon, où ? » Elle m'expliqua que c'était pour garder le secret – il ne fallait surtout pas que les gens de Pepsi l'apprennent. C'était une paranoïa plus grande qu'au temps de la guerre froide.

Une clause stipulant qu'un interprète ne doit pas s'éloigner sans autorisation de plus de 80 kilomètres du lieu des représentations ou du tournage dont il fait partie apparaît souvent aux contrats ou dans les ententes collectives. Je n'étais pas soumis par contrat à cette règle, mais j'ai quand même dû mettre ma conscience professionnelle sous clé, dans un coin de tiroir.

Pour tourner ce fameux commercial, je devais donc partir à Londres le vendredi soir et être de retour à Ottawa le lundi après-midi pour tourner *Laurier* en Chambre. J'expliquai à Louis-Georges Carrier, mon réalisateur, que pour des raisons familiales obscures, je souhaitais quitter le plateau en début d'après-midi vendredi. Bon prince, il accepta gentiment d'organiser le tournage en conséquence et de me libérer. Je partis donc avec la comédienne Pauline Martin, qui était du voyage et tournait aussi à Londres.

À Mirabel, Pauline, avec un regard candide, me dit : « Est-ce qu'il faut un passeport pour aller à Londres ? » Abasourdi, je lui expliquai notre situation d'isolement, que nous n'étions pas dans l'Europe, ni dans les États-Unis, que le Commonwealth n'existait plus et qu'enfin, oui, il fallait un passeport pour aller partout.

Pauline téléphona à Montréal et demanda à son conjoint de venir lui porter son passeport à Mirabel, ce qu'il fit avec empressement, il n'avait pas le choix. Nous étions sauvés. À la sécurité, on a regardé assez rapidement nos papiers et nous nous sommes envolés. Les règles n'étaient pas aussi strictes qu'aujourd'hui.

À Londres, l'officier de l'immigration regarda Pauline et lui dit très poliment : « Madame, votre passeport est périmé. » Stupeur, effroi ! Pauline me regarda, toujours candide, et me dit : « Je l'savais pas ! » J'expliquai à l'officier que nous venions voir une parente malade, que nous n'étions en Angleterre que pour 48 heures, juré, craché !

On remit à Pauline un sauf-conduit qui lui permit d'entrer en Angleterre pour 48 heures. Nous étions sauvés. Nous avons fait notre tournage puis on nous a mis dans un Concorde pour un retour rapide par New York.

L'événement était majeur, un tour de Concorde ! Mais 15 minutes après le décollage, on nous annonça qu'une défaillance technique nous obligeait à retourner à Londres. Repas chinois, vin français et hop ! On nous déposa dans un autre Concorde qui nous amena enfin à New York. Le tout fut évidemment plus long qu'un vol régulier, mais encore une fois, nous étions sauvés.

À New York, à une heure de vol de Montréal, en transit, nous avons dû nous présenter à un officier d'immigration jeune, blond, et désagréablement hautain. Il a regardé Pauline comme si elle était une espionne soviétique et lui a dit : « Votre passeport est périmé. » Pauline m'a regardé avec candeur, mais cette fois, complètement terrifiée, elle n'a pas dit un mot.

J'ai tenté d'expliquer à l'officier que si nous étions entrés en Angleterre, nous pouvions sortir rapidement des États-Unis. Il m'a demandé de me taire, mais j'ai continué en lui rappelant que nous étions en transit et qu'en somme... Le ton est monté, il m'a insulté, et au moment où j'allais lui mettre une taloche sur son beau visage de bébé « Gerber », sa patronne, une officière portant galons et grand sourire, lui a demandé de se calmer et, comme l'aurait fait la Fée des étoiles, nous a gentiment invités à nous diriger vers notre avion. Nous étions définitivement sauvés.

Ma chère Pauline, il s'en est fallu de peu que tu ne doives m'apporter quelques oranges dans une prison new-yorkaise.

Le lundi après-midi j'étais à Ottawa, à l'heure sur le plateau de *Laurier,* devant Louis-Georges qui me regarda bizarrement et m'apostropha : « Veux-tu bien me dire d'où tu viens ? » Je lui répondis alors le plus simplement du monde : « De Londres ». Il marqua un temps de stupeur, puis se laissa tomber au sol devant l'équipe, feignant l'évanouissement, non pas sans murmurer distinctement « mon ta... »

Allons Wilfrid, ne vous vexez pas, si vous aviez vécu dans mon siècle, vous aussi vous auriez été pas mal « jet-set », et vous seriez sans doute allé un peu plus loin dans votre tendre amitié pour madame Lavergne. À ce sujet d'ailleurs, il m'est bien difficile de terminer cette scène sans une gentille anecdote.

Le fils du couple Lavergne, Armand, est devenu un homme politique important qui a fait sa marque à l'Assemblée législative de Québec, comme on appelait l'Assemblée nationale dans le temps. Les relations intimes que sa mère avait eues avec sir Wilfrid ont beaucoup fait jaser, bien qu'il ait toujours été connu que rien d'incorrect (selon l'époque) ne s'est produit entre les deux amis. Cependant, le fils Lavergne ressemblait énormément à Laurier. Pour cette raison, il fut souvent la cible préférée de ses ennemis, et le sujet de propos grivois de certains de ses proches. Un jour, excédé mais gardant tout de même son calme, Lavergne, homme d'esprit, aurait déclaré publiquement à peu près ceci : « Que mon père soit monsieur Lavergne ou monsieur Laurier ne change rien pour moi ; ce sont deux hommes pour lesquels j'ai une égale admiration. »

La série *Laurier* n'a jamais été reprise, ni présentée à ARTV, ni enregistrée sur cassette ou DVD. Qui a honte de quoi ? Avons-nous à ce point été si mauvais et si inintéressants ? Honte, honte.

SCÈNE III

IL A TOUTES LES QUALITÉS QUE LES FRANÇAIS VOUDRAIENT AVOIR

CYRANO DE BERGERAC

La pièce *Cyrano de Bergerac*, d'Edmond Rostand, réalisée par Jean Faucher, a été présentée à la télévision de Radio-Canada en 1985.

« Un baiser, mais à tout prendre, qu'est-ce ?
Un serment fait d'un peu plus près, une promesse
Plus précise, un aveu qui veut se confirmer,
Un point rose qu'on met sur l'i du verbe aimer ;
C'est un secret qui prend la bouche pour oreille,
Un instant d'infini qui fait un bruit d'abeille,
Une communion ayant un goût de fleur,
Une façon d'un peu se respirer le cœur,
Et d'un peu se goûter, au bord des lèvres, l'âme ! »
- Cyrano, Acte III, Scène X

Cette délicate description du baiser fait partie du discours amoureux que Cyrano invente, lors de la scène du balcon, dans l'ombre, pour toucher le cœur de celle qu'il aime, alors que c'est le beau Christian qui ira recueillir le baiser de Roxane. C'est sans doute le texte le plus délicat et le plus tendre que j'aie eu à apprendre et à dire.

« Moi, c'est moralement que j'ai mes élégances. »
- Cyrano

Tout a commencé le jour où Edmond Rostand, l'auteur, assis au frais près d'une fontaine, vit un jeune homme qui mirait sa mélancolie dans l'eau. Le jeune Amédé confia à l'auteur qu'il aimait une jeune fille sans savoir comment l'aborder, ni quels termes inventer pour lui plaire. Rostand, touché, lui donna alors quelques conseils, lui suggéra quelques mots, quelques expressions, et le jeune amoureux, fier de ses nouvelles armes s'en alla trouver sa belle, et on raconte qu'il a été très bien accueilli.

Cet événement fut à l'origine de la scène du balcon, où Cyrano mettra des mots d'amour dans la bouche de Christian, dont l'esprit n'égale en rien la grâce des traits.

« Je ne m'attife pas ainsi qu'un freluquet,
Mais je suis plus soigné si je suis moins coquet. »
- Cyrano

Jamais je n'aurais cru avoir un jour le bonheur de chausser les bottes de ce fabuleux personnage, celui dont les comédiens, francophones ou autres, rêvent le plus. La pièce, qui exige une distribution monstre, est en alexandrins et se divise en cinq actes qui ouvrent sur cinq décors différents très élaborés ; elle est très coûteuse à monter et donc boudée, en dépit de toutes les chances de succès qu'elle recèle.

Il fallait la Société Radio-Canada de l'époque des grands spectacles de télévision et le réalisateur Jean Faucher pour se lancer dans l'aventure, que j'ai vécue comme un rêve.

Le vrai nez

Le vrai Cyrano, qui n'était pas de Bergerac, a vécu à Paris au début du XVIIe siècle, au temps des mousquetaires et du cardinal Mazarin, le très détesté ministre de la régente Anne d'Autriche dont le fils, Louis Dieudonné, le futur Louis XIV, était encore

Coquelin cadet, Rosemonde Rostand, Coquelin aîné (qui interpréta Cyrano), Edmond Rostand et Sarah Bernhardt dans le jardin de la villa Etchegorria, à Cambo-les Bains, en 1900.

bien jeune. Certains nobles tentèrent de s'emparer du pouvoir à l'occasion d'une fronde qui marqua profondément le futur roi. Dans cette époque trouble, Cyrano, grand contestataire à l'esprit vif, amoureux de la science, des livres et de la poésie, a fait cavalier seul. Il fit jouer des pièces de théâtre et publia un livre résolument avant-gardiste, *États et empires de la Lune*.

Pour les Français, la fin du XIXe siècle fut aussi une période trouble, empoisonnée par les suites de la guerre de 1870 et l'affaire Dreyfus.

L'écrivain et dramaturge Edmond Rostand raviva l'esprit de Cyrano en gratifiant cette fin de siècle d'une bouffée d'oxygène, et donna naissance au plus beau personnage de la dramaturgie française, Cyrano de Bergerac.

« Mais on ne se bat pas dans l'espoir du succès,
non, non c'est bien plus beau lorsque c'est inutile. »

- Cyrano

« À la fin de l'envoi, je touche. »
- Cyrano

Le rôle de Cyrano à lui seul comporte 1400 vers. Les alexandrins de Rostand sont bien écrits et relativement faciles à apprendre ; ils ne comportent pas les inversions et autres difficultés du vers racinien ou même cornélien. J'ai dû consacrer plus de 300 heures à l'étude du rôle, à raison de sessions de cinq à six heures par jour, dans le silence, bien entendu, sur un divan ou sur mon lit. Cette fois, il n'était pas question que je tente d'apprendre en public. Je ne pouvais tolérer personne entre le rôle et moi.

Il nous a fallu deux bons mois de répétition, dont 60 heures consacrées uniquement à la mise en place du combat, duquel j'ai toujours été assez fier. Des membres de l'équipe olympique canadienne d'escrime l'ont vu et m'en ont dit beaucoup de bien. Après tout, il faut garder en mémoire que le grand escrimeur Cyrano s'est battu contre 100 et qu'il a été… médaillé d'or aux Jeux olympiques de 1628.

Le premier soir

COQUELIN
dans le rôle de Cyrano de Bergerac.

Dans la longue liste des œuvres d'Edmond Rostand, outre *Cyrano,* il faut considérer *Chantecler* et surtout *L'aiglon,* créée par l'unique Sarah Bernhardt en 1900.

C'est Constant Coquelin, dit Coquelin aîné, qui le premier jouera le rôle de Cyrano, dont il garde encore aujourd'hui la paternité et que les acteurs saluent avec une certaine modestie quand ils osent aborder le personnage. Rostand, nous le verrons, ne s'attendait pas à un grand succès, et après le triomphe de Coquelin, rassuré et ravi, il lui a dit : « C'est à l'âme de Cyrano que je voulais dédier ce poème. Mais puisqu'elle a passé en vous, Coquelin, c'est à vous que je le dédie. » Quelle foi et quel respect pour le métier d'acteur !

Mais avant le succès de Coquelin, tout n'était pas gagné pour Rostand. Après ses soirées de répétition sur la scène du Théâtre de la Porte Saint-Martin, fin décembre 1897, l'auteur avait la certitude de se diriger tout droit vers *un four, un four noir,* comme on dit dans le métier quand le spectacle est une catastrophe. Puis, le soir de la première, on assista à un incroyable triomphe qui fit bondir les Parisiens et les sortit de leur torpeur.

Après chacun des cinq actes, il y eut des dizaines de rappels. Rostand fut fait Chevalier de la Légion d'honneur par le ministre Cochery sur la scène, devant le rideau, après le quatrième acte. La représentation fut interrompue à plusieurs moments par des acclamations, et à la fin de la pièce, après que Cyrano ait prononcé, avant de mourir, « mon panache », une clameur de joie accompagna le rideau final qu'on releva plus de 40 fois, jusqu'à deux heures du matin.

L'allégresse du public s'est alors communiquée aux boulevards, et cette flambée d'enthousiasme s'est propagée dans la nuit et a enfiévré le Tout-Paris. Quelle première !

Quand j'étais jeune, j'ai connu de grands soirs de première, mais plus « nordiquement » modestes que celui de *Cyrano.* Un dramaturge capable d'enfiévrer tout Montréal, un soir d'hiver par 20 degrés sous zéro, ça n'existe malheureusement pas, et ce n'est pas faute de talent.

Un acteur soupe

Après avoir mis son costume à sécher, quitté son maquillage et déposé sa serviette sur ses bâtons de fard devant son miroir, l'acteur fait la bise à l'habilleuse, souhaite la bonne nuit au concierge et se précipite dans la nuit, en ligne droite, vers son resto préféré. C'est en général un endroit chaleureux où il y a des photos d'acteurs aux murs, des nappes blanches, des voix fortes et des rires réconfortants.

L'acteur va se joindre à d'autres acteurs venus d'autres spectacles, ils vont parler de l'assistance, des événements drôles ou paniquants de la soirée, se débarrasser de leur stress et de la personnalité insistante de leur personnage. Rostand connaissait bien l'attachement de l'acteur au bistro, sa bouffe et son pinard. S'il a situé le premier acte de *Cyrano* dans un théâtre, l'Hôtel de Bourgogne, il installe le deuxième acte dans La Rôtisserie des Poètes, où le rôtisseur-pâtissier Ragueneau surveille ses fours qui rougeoient.

Nous tous, dans les années 1950, poètes, peintres, musiciens, comédiens, avions notre Ragueneau qui nous hébergeait pendant des soirées et des nuits de dissertations et de palabres. Il s'appelait Pédro et occupait les trois planchers d'une grande maison de la rue Sherbrooke, près de la rue De Bleury. À cette époque, c'était le quartier des artistes, avec La Hutte, une grande taverne avec ses trois salles et ses grosses bouteilles de bière. Il fallait aussi se faire voir de temps en temps à La Bodega, tout près, rue De Bleury, où on discutait politique autour de pichets de sangria.

Pédro, lui, était notre sauveur, le souriant grand manitou de notre oasis de liberté. Évidemment, tout le monde y avait son ardoise, les peintres payaient avec des toiles, et nous, comédiens, lors de soirées de poésies, récitions les dernières trouvailles de nos amis poètes. Cher Pédro, en plus de ne jamais le payer, nous poussions par moments l'audace jusqu'à lui emprunter dix dollars pour nous rendre jusqu'au prochain cachet.

Un jour, Pédro a ouvert une grande boîte au coin De Maisonneuve et Mackay, dans l'Ouest. Je suis allé le saluer quelquefois, mais notre époque de « La Bohème » était bien derrière nous. Ça ne m'étonnerait pas que Charles Aznavour, qui vivait à Montréal à peu près à cette période, se soit inspiré de nos turbulentes nuits de jeunes idéalistes pour composer sa célèbre chanson.

Des Ragueneau il y en a eu plusieurs, si je songe au couple Bouilleux du restaurant Chez son Père, où nous avons appris à manger. Pendant des années ils nous ont fait crédit et servi comme si nous étions les rois et les reines qui avaient déjà mangé à leur table.

Que dire aussi de Da Giuseppe, rue Notre-Dame, où, avec mon ami le comédien Jean-Louis Millette, j'ai découvert la simplicité des pâtes huile et ail, avec tout un délicieux chapitre de la meilleure cuisine italienne, à l'époque où les pâtes, à Montréal, c'était celles de certains restaurants de la rue Sainte-Catherine présentant en vitrine des spaghettis qui traînaient dans l'eau chaude pendant des heures, sous l'œil inquiet des passants.

Un des jeunes serveurs de Da Giuseppe, que j'appelle encore *fratello,* m'a une nuit poursuivi dans la rue, à ma sortie du restaurant, pour me mettre dans la main sans rien dire quelques gros billets. Je m'étais encore foutu dans une passe financière difficile, il l'avait deviné et me sauvait la vie. Il est depuis des années l'heureux propriétaire du très fréquenté et très bon restaurant Le Latini.

Enfin, le restaurant Rugantino, près de la Place des Arts, a connu des soirs de grandes fêtes. Nous formions souvent des tables de 20 comédiens et comédiennes venus de différents théâtres. Puis, les nuits sont devenues calmes, chacun s'est retiré dans sa campagne et de temps en temps on réserve une table pour deux ou quatre à l'incontournable Express.

Cyrano et Kleenex

Ce titre a l'air de manquer totalement de goût, pourtant c'est bien cette analogie qu'un chercheur très sérieux d'une quelconque agence de publicité a présentée à son client, la compagnie Kleenex, en vue de la réalisation d'un message publicitaire au milieu des années 1970. Quelle belle invention, le mouchoir de papier ! Il permet de tenir à distance les humeurs les plus indésirables. Il sert à toutes les sauces – c'est le cas de le dire – et en plus il est biodégradable ! Il consomme moins de forêts que le papier journal et, par moments, il rend de meilleurs services.

J'ai attendu 20 ans avant de me commettre dans le monde de la publicité. J'attendais d'être connu, d'avoir un peu de crédibilité, et surtout de me débarrasser du snobisme qui servait de panache à trop de comédiens et comédiennes qui jouaient aux incorruptibles et évitaient de se « prostituer ». Je n'ai connu cette attitude qu'à Montréal. Mes amis comédiens de Londres, Paris et Toronto ont toujours considéré comme un honneur – et une source importante de revenus – de se mettre au service d'un quelconque produit ou d'une cause valable.

Une dame qui n'était pas d'accord avec mes activités publicitaires m'a un jour lancé : « Tu fais des commerciaux, tu n'as pas besoin de ça pour vivre. » Autant dire à un jeune joueur de hockey : « Tu gagnes six millions, tu n'as pas besoin de ça pour vivre, contente-toi de 150 000 dollars. »

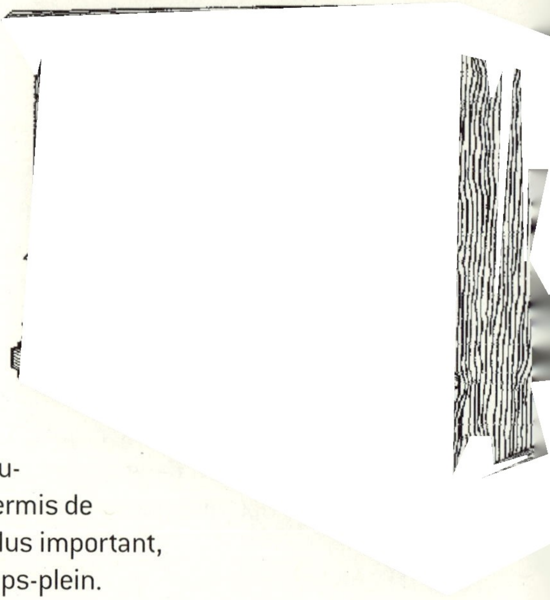

Ma participation au monde de la publicité n'a rien changé à l'artiste que j'ai toujours été. Après 25 années de travail, elle m'a permis de m'offrir une petite maison de campagne et, le plus important, de me consacrer par moments au théâtre à temps-plein.

Le message de Kleenex fut le premier que j'ai enregistré sur film pour la télévision. Je jouais Christian dans le message en français et, comme j'étais escrimeur, on m'avait demandé de chorégraphier le très court combat que Cyrano ébauchait, et ce, pour les messages en français et en anglais. Le merveilleux comédien John Colicos était venu d'Hollywood pour redevenir Cyrano dans le message en anglais – il l'avait déjà joué au festival de Stratford. Quand au Cyrano francophone, c'était nul autre que notre cher Jean Coutu, qui se vengeait de n'avoir jamais pu le jouer à la télévision de Radio-Canada. Celle-ci avait en effet refusé, quelques années plus tôt, de payer à Jean le cachet qu'il demandait, salaire tout à fait justifié étant donné l'importance du rôle.

Pendant le tournage de cet amusant message publicitaire à Toronto, j'étais loin de me douter qu'un jour j'aurais le grand bonheur d'arborer le célèbre nez.

SCÈNE IV

DE LA GUERRE AVEC DIEU À LA GUERRE AVEC L'HOMME

ANTONIO SALIERI

La pièce *Amadeus*, de sir Peter Shaffer, traduite et mise en scène par Olivier Reichenbach, a été présentée au Théâtre du Nouveau Monde à l'hiver 1983-1984, et ultérieurement au Théâtre du Trident à Québec et au Centre national des Arts à Ottawa.

Aimeriez-vous déguster un peu de *crema di mascarpone* ? C'est un délice tout à fait divin, mais ça m'étonnerait qu'Antonio nous en laisse ne serait-ce que quelques cuillerées au fond de la coupe. Cher Antonio ! Pendant toute une soirée, il trouvait le moyen de se rebeller contre Dieu, de maudire son sort et de planifier la mort de Mozart tout en se gavant de ce merveilleux dessert de son Italie natale.

Si je m'en remets encore une fois à la filiation de mes personnages maudits, je dirais que le Tartuffe de Molière et l'Iago de l'*Othello* de Shakespeare m'ont conduit directement au terrible et malheureux Antonio Salieri, de la pièce *Amadeus* de sir Peter Shaffer. Plusieurs ont sans doute vu le film ou entendu sa trame sonore, ou vu l'une des 75 représentations à Montréal, Québec et Ottawa de la production théâtrale à laquelle j'ai participé ou, plus récemment, la version de la Compagnie Jean-Duceppe.

Quand le directeur artistique du TNM, Olivier Reichenbach, m'a offert le rôle de Salieri, c'est comme s'il avait mis dans ma main droite le bâton de chef de l'orchestre philharmonique de Vienne pour un concert de trois heures.

Je n'ai jamais si bien compris l'expression que me répétait le très aimable comédien Jean Dalmain : « Sur scène il faut mouiller sa chemise. » C'est son mentor, le grand Louis Jouvet, qui lui avait donné cette règle de jeu. Dans *Amadeus,* je mouillais deux chemises pour un seul cachet. Qu'est-ce que vous en pensez, monsieur Jouvet ?

Le rôle comportait trois heures de scène tous les soirs, avec un entracte qui me permettait de changer de chemise et de laisser mon ami Aubert Pallascio me frictionner le haut du corps à l'alcool, comme on fait avec les grands malades pour les ramener à la vie. Aubert jouait dans cette production,

> Anna Maria Pertl, l'épouse de Leopold Mozart, a donné naissance à un garçon le 27 janvier 1756. L'enfant s'appelait Johann Chrysostomus Wolfgang Gottlieb, en son équivalent latinisé, Amadeus. C'était un beau garçon de taille moyenne, avec une tête un peu grosse et de très beaux yeux.

nous partagions la même loge, et grâce à ses bons soins, je pouvais me rendre au bout de la représentation et participer avec aigreur à l'anéantissement de mon redouté rival.

Dans la pièce, Antonio Salieri, fils d'une Italie englobée en bonne partie dans l'empire austro-hongrois, fait un pacte avec Dieu et s'engage pour la vie à être son serviteur, en échange d'une brillante carrière de musicien et de compositeur.

Cet obscur musicien italien fait donc lentement mais magnifiquement sa place à Vienne, au point de devenir le grand responsable de la musique à la cour des Habsbourg – à cette époque, au milieu du XVIIIe siècle, pour les nobles comme pour les grands bourgeois autrichiens, toute bonne musique se devait d'être italienne. Dieu, en mettant au monde Amadeus, celui qu'il va gratifier au-delà de tout, trompe donc Salieri qui s'écrie : « *Dio ingiusto,* tu es mon *nemico eterno**. »

À l'arrivée au firmament de l'Europe de la musique d'Amadeus Mozart, ce jeune prodige, Salieri doit faire face à sa propre médiocrité. Pour lui, il n'y a qu'une issue : faire disparaître son rival – c'est en tout cas la thèse de sir Peter Shaffer. C'était aussi celle du grand poète russe Pouchkine, qui, au XIXe siècle, a écrit une pièce sur le sujet.

On a tout dit, tout écrit à propos de Mozart, on a tellement analysé ses œuvres, disséqué chaque instant de sa fabuleuse et misérable vie, qu'il serait très prétentieux de ma part d'insister ici. Comme des centaines de millions d'humains, j'aurai rempli mon existence de la grande joie que procure la musique de ce délicieux enfant de Salzbourg.

Près d'Antonio et de Wolfgang à Vienne

Quand je me remémore tous ces précieux souvenirs de la production d'*Amadeus,* il m'est impossible de ne pas évoquer cette belle ville de Vienne que j'ai eu le bonheur de visiter à quelques reprises, ainsi que ce petit pays, l'Autriche, dont les habitants m'ont toujours semblé un peu distants, comme égarés dans leur glorieux passé.

* Dieu injuste tu es mon ennemi pour l'éternité.

S'en prendre à Dieu, au destin et à tout ce qui respire,
n'est-ce pas avouer sa propre médiocrité ?

Vienne est une ville impériale qui semble très nostalgique de sa gloire passée. Ses palais et ses bâtiments somptueux en témoignent et offrent un cadre approprié aux arts en général, mais l'art culinaire y est de dimensions impériales et royales. À table, un gourmet autrichien ne connaît pas de frontières. En cuisine, le chevreuil est le mets le plus apprécié et le plus populaire. On peut encore s'en régaler dans certains bons restaurants. C'est ce que je fis d'ailleurs, au pays de Mozart, où je décidai de ne rien négliger pour retrouver, en quelques jours, un peu de la splendeur de l'époque d'Antonio et de Wolfgang.

Un somptueux repas de venaison dans le vieux Vienne, une chambre princière à l'hôtel Imperial, à deux pas de la célèbre maison d'opéra, oui, tout cela tombait bien. J'ai pu assister à *La flûte enchantée* comme si Mozart dirigeait l'orchestre.

Puis, ce furent des symphonies de Haydn à l'unique Musikverein, salle de concert de l'orchestre philharmonique de Vienne – au centre de laquelle trône l'orchestre – à l'acoustique incomparable, dont les murs sont recouverts de boiseries d'une multitude d'essences.

Ensuite, un arrêt obligatoire s'imposait pour prendre un bon café au célèbre hôtel Sacher, dans la plus pure tradition viennoise. Les Turcs n'ont jamais pris Vienne, grâce au Noble Chevalier, le prince Eugène, mais ils y sont très présents à travers la prédilection des Autrichiens pour les cafés spécialisés.

Pour couronner le tout, un 24 décembre, ma femme et moi avons obtenu deux billets pour le très couru souper de Noël du château de Schwartzenberg : une table exceptionnelle avec six ou sept services. Nous nous sommes retrouvés catapultés par miracle au XVIIIe siècle, entourés de chandeliers, d'argenterie, de perruques et de gants blancs. Les Viennois nous regardaient du coin de l'œil ; ils croyaient sans doute que nous étions des intrus États-Uniens, mais quand ils se rendirent compte que nous parlions français, puis que je leur dis mon nom au complet, Rodolphe-Albert, ils devinrent tout gentils. N'était-ce pas le nom le plus célèbre de toute la dynastie des Habsbourg ?

Au sortir du château, il tombait une petite neige légère et joyeuse, comme dans un film en couleurs des années 1950. Dans ce décor féerique, une fanfare de trompettes provenant d'un petit balcon sur la façade de l'église Karlskirche (Saint-Charles), sur la place du même nom, annonça la messe de minuit.

Nous nous sommes mêlés à la foule à l'intérieur du temple. Avec l'orgue, la musique orchestrale et les chants en latin qui me rappelaient mon enfance, l'effet était réussi, je pleurais doucement, me sentant tout près d'Antonio et de Wolfgang.

SCÈNE IV

L'assassin et l'« assassiné » sont de connivence

Je ne sais pas si Antonio a bien vécu dans ma peau, mais moi j'ai eu un réel plaisir à vivre les grandes émotions de ce personnage complexe aux humeurs changeantes et à la farouche détermination. Dans un même instant, il pouvait avoir 16 ans, puis se retrouver à l'âge mur, devenir vieillard et retourner à 30 ans.

De la soumission totale à un Dieu indifférent à l'euphorie de la découverte de la géniale musique de Mozart jusqu'à une rébellion hargneuse, Salieri offre au comédien toute la gamme des états d'âme qu'il peut souhaiter représenter sur scène.

Ce qui ajoutait au plaisir de jouer Salieri, c'était la présence de la musique de Mozart tout au long du spectacle. Encore aujourd'hui, près de 25 ans plus tard, quand tout à coup j'entends certains morceaux qui faisaient partie du spectacle, mon cœur ne fait qu'un bond et je redeviens Salieri pour quelques instants, prêt à faire, à propos des quelques accords entendus, un commentaire très élogieux ou terriblement désobligeant.

C'est le très joyeux et excellent comédien Hubert Gagnon qui jouait Mozart, personnage capricieux et agité qui tente, adulte, de vivre une enfance dont il a été privé.

On nous avait prévenus que les comédiens qui, à Paris, à New York et ailleurs, avaient joué les rôles de Salieri et de Mozart ne s'étaient pas très bien entendus et que cela pourrait bien nous arriver. Mais Hubert et moi avions toujours été de bons copains et je ne voyais aucune raison pour qu'un malaise quelconque vienne nuire à notre bonne entente. J'avais raison et nous eûmes beaucoup de plaisir ensemble sur scène et en coulisses. Presque tous les soirs, nous faisions durer le plaisir en nous retrouvant à table tous les deux pour profiter de copieux soupers bien mérités après ces trois heures de scène.

Nous étions dans une forme extraordinaire, et je ne suis pas près d'oublier ce soir où, après avoir englouti chacun notre steak, la serveuse nous a demandé quel serait notre choix de dessert. Après une légère hésitation, nous sommes tombés d'accord pour dire à la jeune femme abasourdie : « Un autre steak s'il vous plaît ».

Le 6 décembre 1791, les amis de Mozart se réunirent pour ses obsèques. Antonio Salieri était présent. Lorsque le convoi quitta l'église, le temps était si mauvais qu'aucun d'eux n'eut le courage d'aller au cimetière. Il n'y eut pour l'escorter que les croque-morts et un petit chien.

Crema di mascarpone

**Tout en écoutant un quintette de Mozart,
dégustez lentement un petit bol de cette fabuleuse
crema di mascarpone, que vous aurez concoctée
en en anticipant le plaisir.**

3 œufs
200 g de sucre
200 g de mascarpone
Un petit verre de rhum

Séparer le blanc du jaune des œufs,
puis mélanger les jaunes avec le sucre dans un saladier.
Ajouter le mascarpone et fouetter énergiquement. Parfumer avec le rhum.
Battre les blancs d'œufs en neige ferme et les mélanger au mascarpone
en soulevant doucement. Répartir la *crema* dans des coupes à dessert,
et laisser prendre au réfrigérateur pendant quelques heures.
Ce n'est évidemment pas un dessert minceur.

Antonio vous souhaite une angélique dégustation !

ALCESTE

La pièce *Le misanthrope*, de Molière, mise en scène par Albert Millaire, a été présentée au Théâtre populaire du Québec, à Montréal et en tournée en 1986 et 1987.

La comédie musicale *Il est une saison*, de Marcel Dubé et Claude Léveillé, mise en scène par Louis-Georges Carrier, a été présentée au Théâtre de La Marjolaine en 1965.

La pièce *Célimène et le cardinal*, de Jacques Rampal, mise en scène par Michèle Magny, a été présentée au Café de la Place et en tournée en 1993 et 1994, et à Télé-Québec en 1995.

Voici un personnage que j'ai eu le bonheur de jouer trois fois : Alceste dans *Le misanthrope* de notre ami Molière, Alceste-Alexandre dans *Il est une saison*, une adaptation en comédie musicale par Marcel Dubé et Claude Léveillé de la pièce de Molière, et enfin Alceste cardinal, de la pièce *Célimène et le cardinal* de Jacques Rampal.

Molière et les hypocrites

Avec sa pièce *Tartuffe*, Molière s'attaque de front à l'hypocrisie en faisant de son personnage principal un faux dévot qui, sous le couvert de la religion, se permet les pires infamies. Tartuffe, c'est l'hypocrisie faite homme.

Don Juan, lui, en plus d'être un jeune noble beau, riche, pervers, violeur, tueur et cynique, après avoir essuyé les remontrances de son père, annonce à son valet Sganarelle qu'il va désormais feindre le repentir et prétendre se soumettre aux exigences de la religion. Il pourra ainsi, en toute impunité, se vautrer avec encore plus d'ardeur dans ses orgies. En expliquant avec fierté son nouveau projet à Sganarelle, Don Juan donne la recette de l'hypocrisie.

Quant à Alceste, au bout de l'exaspération, il vocifère, devant l'inconséquence des rapports humains :

« J'entre en une humeur noire, en un chagrin profond
Quand je vois vivre entre eux les hommes comme ils font ;
Je ne trouve partout que lâche flatterie,
Qu'injustice, intérêt, trahison, fourberie ;
Je n'y puis plus tenir, j'enrage, et mon dessein
Est de rompre en visière à tout le genre humain. »

Alceste dit donc 300 ans plus tôt ce que les jeunes contestataires de 1968 hurlaient : « *Stop the world I want to get out !* »

Enfin… Alceste c'est non seulement le personnage principal du *Misanthrope* de Molière, mais aussi de toute l'œuvre de ce dernier. C'est le troisième personnage de ma trilogie de l'hypocrisie, que je jouerai après Tartuffe et Don Juan.

À ma suggestion, la direction du défunt Théâtre populaire du Québec accepta que je mette en scène *Le misanthrope* et que je joue Alceste avec une distribution entièrement composée d'anciens élèves du Conservatoire d'art dramatique du Québec, qui célébrait ses 35 ans d'existence. L'excellente et très jolie Louise Turcot était ma délicieuse Célimène, comme elle avait été, dans *Cyrano,* la délicate et bien-aimée Roxane.

Le Théâtre populaire du Québec était un théâtre de tournée et c'est pourquoi nous n'avons donné que dix représentations à Montréal, mais nous avons par contre réussi à donner une quarantaine de représentations en région, même si, dans les années 1980, le répertoire classique commençait à perdre beaucoup d'adeptes. Molière a encore une fois eu raison et ce fut une tournée électrisante, où nous avons été comblés par l'accueil chaleureux de nos publics.

Alceste le « soixante-huitard »

Si beaucoup de jeunes comédiens de ma génération rêvaient de jouer un jour l'irrésistible Hamlet de Shakespeare, tous cependant s'accrochaient au Misanthrope de Molière comme au phare indispensable à tout jeune comédien. Alceste a l'expérience des hommes et de la vie, en cela c'est un adulte, mais il est aussi un brin existentialiste car il est tenté de rejeter un monde qui lui apparaît faux et impossible à changer. C'est sans aucun doute ce qui attire les jeunes comédiens vers cet intransigeant mais aussi très sympathique personnage.

Pendant mes études au Conservatoire, mon professeur d'interprétation, monsieur Jan Doat, me demanda un jour quelle scène j'avais l'intention de travailler dans les semaines qui allaient suivre. Je lui répondis : « *Le misanthrope* ». « Bon c'est bien, dit-il, mais quelle scène ? » Je lui dis : « Tout le rôle ». Suffoqué, il accepta, et c'est ainsi que pendant deux mois, en mobilisant tous les élèves de la classe pour me donner la réplique, j'ai pu travailler à fond tout *Le misanthrope*.

Je pense que c'est l'exercice sur lequel s'est appuyée toute ma carrière de comédien, bien que je n'aie joué le rôle d'Alceste que 27 ans plus tard.

« Je veux que l'on soit homme, et qu'en toute rencontre
Le fond de notre cœur dans nos discours se montre. »
- Alceste

« Ah ! traîtresse,
mon faible est
étrange pour vous !
Vous me trompez
sans doute avec
des mots si doux.
Mais il n'importe,
il faut suivre ma
destinée. »

- Alceste

Une leçon de jeu

Nous naissons de mauvaise humeur parce que l'atterrissage en ce monde est un passage obligé assez désagréable à subir. Puis, les choses s'arrangent, notre visage passe au sourire, et tout petit enfant, nous nous mettons naturellement à jouer. Nous n'avons besoin de personne pour nous montrer à *faire comme si...* Nous allons donc jouer à *faire comme si* on était un autre que soi-même. *Faire comme si...* c'est la démarche la plus simple et la seule indispensable au métier de comédien ; faire comme si j'étais un pompier, une vendeuse de magasin, un docteur, Maman... ou Papa.

Or pour devenir comédien, il faut étrangement réapprendre ce petit jeu. En classe d'interprétation, l'apprenti comédien présente des scènes intenses de 10 à 20 minutes extraites de pièces majeures des plus grands dramaturges. Il apprend le texte, puis il joue la scène devant sa classe et son professeur. Il reçoit un commentaire, des directives, des suggestions, et ainsi de suite pendant quelques semaines. Puis il change de scène, d'auteur, de genre.

C'est ainsi qu'en deux ou trois années de formation, il améliore non seulement son jeu, mais ses connaissances de la littérature dramatique et un peu de la psychologie de notre chère humanité.

Au feu !

Chez les Grecs et les Romains, le théâtre se jouait en plein air. En France, la représentation théâtrale a repris vie sur le parvis des églises. Aux XIVe et XVe siècles, les bateleurs montaient leurs tréteaux sur les places publiques, selon les caprices de la température. Puis, un jour, on s'est mis à construire des théâtres, des endroits fermés et sombres éclairés par des centaines de bougies. Il ne fallait qu'une personne qui s'approche de trop près avec sa perruque pour que tout s'enflamme. Combien de théâtres ont brûlé, surtout dans les grandes villes comme Paris, Londres, et même Montréal ? Mon oncle, le pompier Albert Rollet, a assisté, impuissant, dans les années 1930, à la mort de dizaines d'enfants massés dans un cinéma. Même après l'avènement de l'électricité, pour des raisons diverses, on a assisté à de terribles hécatombes qui ont marqué les gens de théâtre.

Combien de fois nous a-t-on répété qu'en cas d'incendie il faut tout faire pour éviter la panique et surtout, qu'en cas d'incendie grave, le public a toujours 20 minutes pour évacuer une salle de spectacle ?

La tournée du *Misanthrope* nous a réservé un moment fort au chapitre de la panique. Je pense à ce « Au feu ! » retentissant lancé pendant que nous étions tous sur scène à Joliette, dans la grande salle de l'ancien collège. Il ne suffit que d'un « Au feu ! » – à la blague ou justifié – pour que le jeu soit terminé et que le miracle disparaisse. Le murmure dans la salle a grossi et une certaine panique s'est emparée des comédiens. Je suis alors descendu à l'avant-scène, et j'ai demandé que personne ne bouge et qu'on identifie d'abord l'origine du début d'incendie – quelques secondes s'étaient à peine écoulées que déjà plusieurs personnes étaient debout, prêtes à se précipiter vers les sorties d'urgence. Pour éviter la panique, j'ai dit très fort et un peu machinalement que si c'était grave nous avions 20 minutes pour évacuer la salle (j'avais bien appris ma leçon). Puis, quelqu'un trouva l'origine ; c'était la gélatine d'un réflecteur au balcon qui flambait. J'ai crié : « Ne bougez pas ce n'est pas grave » et un technicien a étouffé la flamme. Sur scène, les comédiens, paralysés, n'avaient pas bougé.

J'ai invité les gens à reprendre leur place. Le tout s'était passé en à peine deux minutes, mais la tension était grande. J'ai attendu d'obtenir un silence complet… un long moment. Puis, je suis revenu à Louise, nous nous sommes regardés et nous avons enchaîné là où nous étions rendus. Il me semble qu'il y a eu des applaudissements.

Jean-Baptiste Poquelin à l'honneur

Poquelin, c'est le nom de Molière, retenons-le bien.

Lors de nos premières tournées, dans les années 1950, mes collègues comédiens et moi jouions surtout dans les collèges classiques, qui étaient les seuls à posséder des salles de théâtre convenables. Certaines villes, par contre, n'avaient à offrir que de modestes salles de cinéma avec quelques projecteurs et des scènes incroyablement mal équipées. Nous nous arrangions quand même pour donner joyeusement nos modestes spectacles, tant attendus par « la crème » de la société locale.

Un jour, un animateur enthousiaste, qui avait invité une troupe de Montréal à jouer *Les femmes savantes* de Molière dans son cinéma, monta sur scène avant le spectacle pour dire un mot de bienvenue et annonça fièrement à son public : « Ce soir vous allez voir une pièce écrite par monsieur Jean-Baptiste Péloquin. » Molière n'avait jamais été aussi québécois.

Pour ajouter à la joie qui l'habitait d'avoir du théâtre dans son cinéma, il avait fait inscrire sur la marquise de l'entrée, en noir sur fond blanc : « Ce soir, les femmes savantes en personne ».

Les petits bonheurs de La Marjolaine

Avant de jouer l'Alceste de Molière, j'ai joué un Misanthrope très agréable et un peu en dehors du temps, un été, dans une comédie musicale au Théâtre de La Marjolaine. *Il est une saison,* de Marcel Dubé, une adaptation de la pièce de Molière mise en musique par Claude Léveillé, avait été mise en scène par Louis-Georges Carrier. Mon personnage s'appelait Alexandre et, cette fois, ma Célimène c'était Andrée Lachapelle. C'est dans cette production que j'ai eu le bonheur de créer le poème *Soir d'hiver,* de Nelligan, que Léveillé avait mis en musique : « Ah ! comme la neige a neigé ! »

Ma chère Andrée.
J'ai été son mari, son frère,
son amant, son psy,
et son confesseur,
ce que j'ai pu entendre alors...

Quelle fabuleuse brochette: avec Caroline Carel, Jean Brousseau, Jean Perraud, Andrée Lachapelle, Huguette Oligny, Jean Besré, Marie-Josée Longchamps et Richard Martin.

Un mauvais tour à mon ami Jean Besré

Ce fut un été fort agréable. Tous les comédiens et comédiennes demeuraient avec leur famille à l'ombre du théâtre. Nous nous amusions beaucoup et l'atmosphère était à la blague et aux petits tours malins que nous nous jouions les uns les autres.

Un soir, avant le spectacle, je réunis la distribution, annonçai à mes camarades qu'un de mes amis, comédien marocain, était dans la salle, et leur demandai de faire en son honneur quelques petites révérences, au salut final, à la manière des comédiens marocains. Tous furent d'accord. Je leur enseignai donc deux ou trois salamalecs insensés, et leur demandai de les faire au troisième salut. Ils répétèrent consciencieusement mon petit ballet.

En fait, tout le monde était dans le coup sauf Jean Besré, à qui je voulais jouer un tour. Nous avons donc donné le spectacle et, à la fin, avons fait deux saluts. Puis, au troisième, le mot d'ordre était de laisser Jean s'avancer seul. C'est ce qu'il fit. Puis il commença à faire les ridicules salamalecs. Comme le public, qui ne comprenait rien, riait de bon cœur, Jean se retourna et vit l'ampleur du désastre.

Il me l'a bien fait payer par la suite et m'a gratifié de tours plus que pendables.

Le Misanthrope de Jacques Rampal... un cardinal

Célimène et le cardinal, du Parisien Jacques Rampal, est l'une des belles productions du Café de la Place, sous la direction artistique d'Henri Barras, qui a récemment été victime d'un autre invincible cancer et à qui je rends hommage. L'atmosphère intimiste du café, au début des années 1990, était parfaite pour l'intense dialogue de ces deux personnages exceptionnels.

Pour bien comprendre *Célimène et le cardinal,* il faut connaître l'histoire du *Misanthrope* de Molière. Alceste y est dégoûté de la fausseté des rapports humains, il condamne sans appel l'hypocrisie de ses semblables et leur manque de probité. Par contre, il s'expose aux blessures les plus douloureuses qu'inflige la frivolité des relations humaines en avouant son amour à une jeune veuve assoiffée de liberté, la belle et très coquette Célimène.

Elle n'écoutera pas la déclaration d'amour d'Alceste, et surtout refusera de le suivre loin de toute société en lui disant : « La solitude effraie une âme de 20 ans. »

Un beau moment avec ma belle Andrée

C'est Andrée Lachapelle qui m'a fait découvrir *Célimène et le cardinal,* pièce qui venait d'être créée à Paris. Un texte magnifique, entièrement écrit en alexandrins, comme *Le misanthrope,* et une intrigue sublime. L'action se passe 20 ans après la fin de la pièce de Molière. Célimène a fait un riche et heureux mariage et elle est mère de famille. Alceste, lui, aidé de sa solitude et de son idéalisme, est devenu prêtre, et comme c'est un garçon intelligent et sérieux, il a vite gravi les échelons pour en arriver à revêtir la pourpre cardinalice.

Cependant, le petit démon de l'amour est toujours en lui ; il n'a pas oublié Célimène et il veut la revoir. C'est à cette rencontre on ne peut plus cocasse et amusante qu'on assiste dans la pièce de Rampal. Avec un bonheur chaque fois renouvelé, nous l'avons jouée à la Place des Arts et en tournée. Puis on en a fait un téléthéâtre que Télé-Québec a diffusé, nous permettant d'ajouter 100 000 personnes à notre fidèle public de théâtre.

« Vanité des vanités, dit l'Ecclésiaste,
vanité des vanités, tout est vanité. »

Madame l'habilleuse, on y va

Je suis tout à fait convaincu que l'habit ne fait pas le moine, parce que sous la bure la plus austère et dans le capuchon le plus modeste peut se cacher un crétin prêt à sacrifier le premier venu à son avantage. Une des principales exigences de l'art dramatique est que l'acteur se présente totalement dépouillé devant son personnage et qu'il fasse l'effort de l'aborder de l'intérieur, sans artifices.

Il faut admettre cependant qu'après plusieurs semaines de répétition, quand tout à coup il est invité à un premier essayage de costume, il se passe un phénomène d'identification au personnage qui complète agréablement ses efforts de recherche. Je sais que ça peut paraître factice, mais c'est vrai. Que ce soit le très étudié t-shirt de Marlon Brando dans *Un tramway nommé désir*, la robe de Cate Blanchett dans Elisabeth, ou ma super tenue de cardinal, l'enveloppe extérieure du personnage donne le ton et oblige obligatoirement l'acteur à se comporter comme Kowalski, Elisabeth 1re ou un prince de l'Église.

La sensation de pouvoir qui s'emparait de moi quand, dans ma loge, l'habilleuse m'aidait à compléter cette très élaborée tenue de cardinal était fascinante. J'ai pensé à tous les véritables princes de l'Église qui s'accrochent encore à cette mise en scène et à tout ce que les religions ont emprunté au théâtre pour frapper l'imagination et émouvoir le bon peuple.

Avant, on se costumait seulement au théâtre, pour un carnaval ou pour la procession de la Saint-Jean-Baptiste, mais aujourd'hui le costume est dans la rue. Partout on rivalise de créativité, même le *look* des rockers, qui semblent être les individus les plus débraillés du monde, est le résultat d'une savante recherche. Tout le monde serait-il en quête de son personnage ?

La chaise de Molière le bien-aimé

Après Shakespeare, Molière est sans conteste l'auteur le plus joué dans le monde. Même de nos jours, malgré la triste moue des inconditionnels d'un théâtre de création autochtone, il reste à la tête de la constellation de ceux et celles qui ont tenté de mettre sur scène les petites misères et les grandes victoires de l'Homme.

Entre autres pièces de Molière, j'ai mis en scène trois différentes productions du *Malade imaginaire,* et ironie du sort, toujours en anglais ; à London en Ontario, à Dallas au Texas, et enfin sur la grande scène principale du festival de Stratford en Ontario.

Avec son *Malade imaginaire,* Molière, comme Mozart dans ses opéras, refuse les modèles mythiques de l'Antiquité pour entrer dans les maisons modestes et bourgeoises et représenter la vie des boudoirs, des cuisines, et des chambres à coucher.

Argan, le personnage central, le malade, est un père tyrannique, hypocondriaque et donc hyperégocentrique, qui terrorise son entourage et gâche la vie de tous les membres de sa famille – une situation certainement tragique, mais à laquelle, grâce au génie de Molière, la devise *Castigat ridendo mores* (on corrige les mœurs par le rire) s'applique plus que jamais. Je n'évoque donc en rien ici le rire pour le rire de certains amuseurs.

Sur scène, dans sa chaise de malade, Molière, auteur-acteur, ne fit rire que pendant les quatre premières représentations de sa pièce. Il y fit ses dernières mimiques, partagé entre la douleur physique, qui eut raison de lui, et sa joie de jouer.

La chaise du *Malade imaginaire* est toujours exposée à la Comédie-Française, à Paris, et les gens de théâtre de partout à travers le monde, comme les croyants qui se rendent avec ferveur et respect à La Mecque ou au Vatican, lui rendent visite. Chacun son prophète.

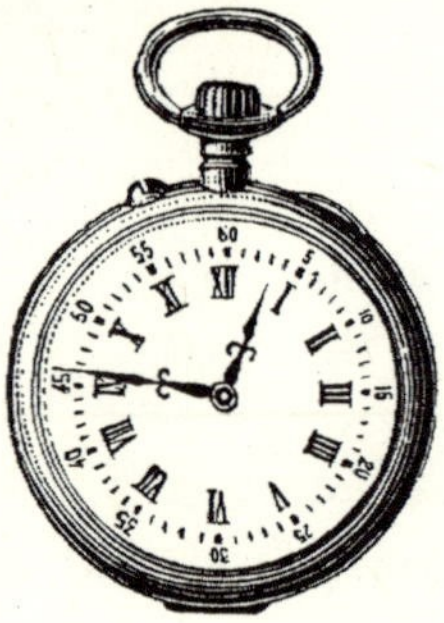

SCÈNE V

LES GRANDS SOIRS DU THÉÂTRE DU BOIS DE COULONGE

SHERLOCK HOLMES

La pièce *Élémentaire mon cher Watson*, de Charles Marovitz, mise en scène par François Tassé, a été présentée au Théâtre du Bois de Coulonge en 1988.

Ce grand excentrique cocaïnomane connu mondialement fêtait ses 100 ans d'existence en 1988. J'entends bien « d'existence » en tant que personnage de fiction car, tout comme Maria Chapdelaine et Évangéline, jamais il ne fut un être de chair et de sang. C'est sans doute le plus célèbre personnage de la littérature britannique.

Comme Cyrano, pour les Français, il représente sans aucun doute un certain idéal pour les fils de la fière Albion ; grand, mince, célibataire, élégant et quelque peu misogyne (sa gouvernante, madame Hudson, en sait quelque chose), il a de l'esprit, il est supérieurement intelligent et il le sait. Il pratique la boxe et l'escrime et joue du violon.

Quand un metteur en scène vous offre d'interpréter un personnage que la nature et la vie ont tant avantagé, vous dites merci, vous gonflez le torse, et vous vous autorisez à avoir, pendant quelques instants, une haute opinion de vous-même. Après, et ce n'est pas si facile que ça en a l'air, il ne reste qu'à le jouer.

Pour fêter les 100 ans du glorieux personnage de sir Arthur Conan Doyle, Charles Marovitz écrivit une pièce où le docteur Watson, fidèle compagnon de Holmes, prenait sa revanche sur son bourreau qui, pendant des années, l'avait impitoyablement écrasé sous ses trop fréquents : « Élémentaire, mon cher Watson ». Cette pièce fut mise à l'affiche du Théâtre du Bois de Coulonge.

Mon ami François Tassé en assurait la mise en scène, j'allais y retrouver ma belle Marie-Christine Perreault, et surtout, pour la première fois, j'allais jouer avec le comédien Luc Durand. Nous avions débuté ensemble, et jamais le métier ne nous avait réunis.

Luc a été avec bonheur, pendant des années, à la télévision jeunesse de Radio-Canada, le Gobelet du très célèbre duo Sol et Gobelet.

Entre Sillery et les plaines d'Abraham

Le parc du Bois-de-Coulonge, l'un des plus beaux jardins du Québec, est situé face au fleuve, à l'extrémité est de l'arrondissement Sillery à Québec. Un terrible drame le fit connaître de tous les Québécois le 21 février 1966, lorsqu'un incendie y détruisit la résidence du lieutenant-gouverneur du Québec, entraînant la mort de Son Excellence monsieur Paul Comtois.

À la fin des années 1970, le comédien Jean-Marie Lemieux et Rachel Lortie, sa consœur de Conservatoire et épouse, décidèrent d'y installer, sous la tente, un théâtre, pour présenter l'été des spectacles de qualité des répertoires international et québécois. C'est dans ce cadre que, par un été particulièrement torride, j'endossai les très classiques et très épais vêtements de tweed anglais de notre sympathique Sherlock.

Jouer ce genre de pièce, même si la chaleur nous faisait perdre quelques kilos tous les soirs, fut pour Luc et moi une partie de plaisir. Nous nagions en pleine bande dessinée, entraînant le public dans une foule de rebondissements plus inattendus et cocasses les uns que les autres.

La revanche de Watson n'eut évidemment jamais lieu. Comme à l'habitude, Sherlock Holmes, grâce à son incomparable force de déduction, se retrouvait libéré et vainqueur dans les toutes dernières minutes du spectacle, à la grande surprise et satisfaction du public.

Sir Arthur Conan Doyle. Les inconditionnels du grand Sherlock Holmes savent qu'il a un père spirituel. En effet, sir Arthur Conan Doyle n'a jamais caché son admiration pour un de ses professeurs, un réputé chirurgien du nom de Joe Bell, qui serait à l'origine de la fameuse « méthode déductive ». Même Scotland Yard aurait eu recours à l'esprit analytique du docteur Bell dans certaines affaires criminelles*.

* Ceux que le sujet intéresse peuvent consulter le livre *L'homme qui était Sherlock Holmes*, de Ely M. Liebov, publié aux éditions Baker Street.

TOPAZE

La pièce *Topaze*, de Marcel Pagnol, mise en scène par Albert Millaire, a été présentée au Théâtre du Bois de Coulonge en 1989.

« Est bien pris qui croyait prendre » dirons-nous du fonctionnaire municipal véreux de *Topaze* qui a tenté de mettre à profit la candeur et l'ingénuité apparentes d'un petit professeur d'école pour réussir un coup d'argent frauduleux.

Patricia Nolin et Aubert Pallascio avaient très gentiment accepté de m'accompagner dans ce qui allait être ma première rencontre avec Marcel Pagnol, qui connut la gloire dès 1928 avec la parution de cette pièce. Pagnol, qui avait été instituteur, connaissait bien le milieu où il fait évoluer son personnage.

L'action de la pièce se déroule comme suit : après avoir été licencié, le professeur Topaze devient un prête-nom pour un conseiller municipal qui fait acheter par la ville une foule d'objets, comme des balayeuses automatiques pour nettoyer les rues. Topaze deviendra riche, changera de personnalité et avouera qu'il n'est plus un honnête homme. Il conclura : « Pour gagner de l'argent, il faut bien le prendre à quelqu'un. »

C'est encore au Théâtre du Bois de Coulonge que j'eus le bonheur de jouer *Topaze,* entouré d'une petite classe d'enfants joyeux et tapageurs que j'avais choisis à la suite d'auditions qui avaient fait grand bruit dans la ville de Québec : des centaines d'enfants, en plein été, avaient ardemment souhaité venir s'asseoir sur les bancs de mon école.

Je n'avais pas choisi mes 12 jeunes comédiens parce qu'ils étaient les meilleurs, mais plutôt parce qu'ils formaient un groupe disparate, coloré et drôle. Ils sont longtemps restés copains et j'ai su qu'ils se réunissaient parfois pour faire la fête.

Le Théâtre du Bois de Coulonge fut une belle entreprise. Une génération après Paul Hébert, le regretté Jean-Marie Lemieux rêvait lui aussi d'installer une sorte de Stratford québécois au parc du Bois-de-Coulonge, et il y arriva presque pendant tous ces étés où, sous la tente, il monta Shakespeare, Molière, Pagnol et plusieurs autres grands noms du répertoire.

J'y avais retrouvé mon ami François Tassé, que j'avais perdu de vue depuis quelques années. Nous nous échangions les rôles et les mises en scène, en tentant de présenter au public une dramaturgie qui respectait son intelligence et lui permettait d'accéder à de beaux et grands textes.

Comme homme de théâtre, c'est le but que je m'étais toujours fixé : faire un théâtre populaire, c'est-à-dire donner accès aux meilleurs textes au plus grand nombre. Le Théâtre du Bois de Coulonge était subventionné, ce qui facilitait la chose. En comparaison, au Théâtre d'été du Manoir St-Castin, avec Catherine Bégin, Maryse Pelletier et nos collaborateurs, nous n'avions reçu aucune aide financière pour jouer le répertoire souhaité, et nos efforts avaient été infructueux.

J'avais vu *Topaze* au Théâtre-Club au début des années 1960, avec Gilles Pelletier. Gilles était magnifique et je m'étais alors promis d'aborder le personnage dans un avenir lointain.

Le temps était venu. Trente ans plus tard, c'était mon tour de faire appel à Marcel Pagnol, ce phénoménal dramaturge et écrivain qui a observé son monde avec des yeux amoureux et créé des personnages universels qui respirent la Méditerranée, le soleil et l'aïoli.

Le Théâtre du Bois de Coulonge n'a pas survécu aux tracasseries du métier et à la façon assez fantaisiste dont on l'avait malheureusement géré depuis sa fondation. C'est dommage, l'idée était bonne, le lieu rêvé, et la politique artistique absolument idéale. Jean-Marie aurait sans doute pu lui faire traverser la tourmente mais il nous a quittés prématurément, et quelques années plus tard, les projecteurs se sont éteints.

Je revois souvent, lors de mes escapades à Québec, le gros Charles, de son nom de famille Goulet, l'indispensable gérant de salle du Théâtre du Bois de Coulonge qui connaissait tout de ce théâtre et en avait vu toutes les productions. Chaque fois notre nostalgie est grande. Quel beau ratage !

Comme disait Nietzsche : « Sans la musique, la vie serait une erreur »

Mon ami Pierre Potvin est un excellent comédien doublé d'un musicien inspiré. Comme il aime bien jongler avec les notes et les portées musicales, je l'ai

Plus que jamais, la scène resplendit comme un réconfortant soleil quand on y fait revivre les personnages du dramaturge Marcel Pagnol, et la réflexion du philosophe Schopenhauer arrive très à propos : « Ne pas se rendre au théâtre, c'est comme faire sa toilette sans miroir. »

invité non seulement à faire partie de la distribution de *Topaze,* mais aussi à nous proposer quelques petites chansons de son cru que ma petite classe s'est fait un devoir de chanter à son prof, Topaze, et à notre cher public indirectement.

La musique ajoute tellement à une représentation théâtrale ! Aussi souvent que les budgets de production me l'ont permis, j'ai travaillé en musique. J'ai aussi vécu avec la musique, en véritable mélomane, et là, sans avoir à me soumettre à des prévisions budgétaires, tout simplement en m'abonnant aux différents festins musicaux dont nous a gratifié notre radio depuis 50 ans. Quel exploit ce fut pour le patron de CKVL, monsieur Tietelman, de démarrer, à la fin des années 1950, un réseau de diffusion continue de musique classique ! Celui-ci a fait mon bonheur pendant de nombreuses années. Puis, arrivèrent les réseaux FM de Radio-Canada et de la CBC qui, avec des présentateurs de premier plan comme les Ginette Bellavance et Edgar Fruitier, ont poursuivi, pendant des années, notre initiation à l'art musical en nous comblant avec les plus belles pièces musicales, jusqu'au jour où la direction de notre radio publique nous a frustrés de notre patrimoine en nous imposant une programmation dite *au goût du jour.* Quelle platitude !

J'ai déjà fait état que j'avais été le fils d'une maman veuve. Ceci ne m'a pas privé de quatre frères nés d'un premier mariage de notre père. Mais je n'ai pas vraiment vécu avec eux puisqu'ils étaient beaucoup plus vieux que moi.

Antoine, l'aîné, qui travaillait à la taverne de mon grand-père – qui quand j'étais jeune existait toujours sur la *Main* – est rapidement devenu mon papa-week-end. Il était joyeux, assez cultivé, fumait de grands cigares – ce que j'adorais – et, pour mon plus grand bonheur, il aimait la musique. J'ai encore ses grands 78 tours de l'opéra *Faust,* de Gounod. À neuf ans, je faisais tourner sans arrêt la scène de la chapelle où Méphisto chante à Marguerite : « Marguerite, tu es maudite ». C'était à l'époque mon moment d'érotisme.

Le centre de notre vie musicale fut pendant des années la diffusion, à la radio, du Metropolitan Opera, les samedis après-midi. Je crois même que nous étions à l'écoute lors de la première émission.

Antoine m'emmenait aussi au chalet du mont Royal entendre de merveilleux artistes, comme Rose Bampton, avec au pupitre son mari Wilfrid Pelletier, le ténor Richard Verreau et combien d'autres imposants artistes de l'époque.

Quelle n'a pas été ma joie le jour où j'ai invité mon gentil Antoine à la Place des Arts, à la première de l'opéra *Manon,* de Massenet, que j'avais mis en scène pour ce qui était à l'époque l'Opéra du Québec. Antoine était le fil conducteur qui m'avait mené, de son poste de radio branché sur le Metropolitan Opera, à mon stage de mise en scène d'opéra à Londres et à mes premières mises en scène d'opéra.

J'adore les chanteurs. Ce sont des gens généreux, enjoués et totalement disponibles. Même les plus célèbres ne sont que candeur et dépouillement à l'approche de leurs personnages et des situations dramatiques dans lesquelles ces derniers se débattent.

Pour eux et avec eux, j'ai eu la grande joie de diriger des opéras, des comédies musicales et une foule de spectacles de chant d'inspirations diverses où, à quelques reprises, je me suis même amusé à pousser la chansonnette, ce que je n'ai par contre malheureusement pas pu faire lorsque je me suis retrouvé sous la baguette du grand Charles Dutoit, à l'Orchestre symphonique de Montréal.

Tout au long de ma carrière, il y a aussi eu ces grandioses rendez-vous avec une vingtaine d'orchestres symphoniques et de réputés chefs connus mondialement, ou œuvrant tout simplement chez nous, dans les régions, avec courage, abnégation et talent.

Comme récitant, interprète d'immenses personnages allant d'Œdipe roi à Peer Gynt, en passant par l'Henry V de Shakespeare, que de fois me suis-je retrouvé sur scène près du chef, face au public, avec derrière moi des centaines de musiciens et de choristes dont la fougue musicale m'enveloppait et me portait à des sommets d'une émotion bouleversante qu'il ne me restait plus qu'à transmettre au public ?

Depuis quelques années, de magnifiques musiciens et musiciennes ont occupé en moi avec chaleur des espaces autrefois réservés à des personnages qui, aujourd'hui, se font plus discrets et à des mises en scène qui maintenant ne m'obsèdent plus.

Ma carrière se poursuit gentiment en musique, jalonnée par moments de charmantes rencontres, dans les salles de répétition ou sur scène, avec de jeunes artistes dont l'enthousiasme, la générosité et le talent font battre mon cœur au rythme de mes 20 ans.

Mon cardiologue, le docteur Roger Gagnon, appelle ça de l'arythmie, et il me fait prendre des pilules. Quand il a le dos tourné, je me sers un verre de chablis et je bois à sa santé, à la vôtre et, que voulez-vous, à la mienne, puisque ça continue...

QUATRIÈME ENTRACTE

Le début des années 1990 marqua la réalisation d'un grand rêve : jouer au festival de Stratford. Ma participation dura quatre saisons.

Quand j'ai accepté l'offre de Stratford, trois directeurs artistiques du festival m'avaient déjà fait miroiter, pendant quelques années, les joies incontestables d'un séjour important au sein de la réputée institution. J'ai toujours cru en cette troupe exceptionnelle, et lorsqu'en 1990 l'offre de David William, son nouveau directeur artistique, s'est présentée, je n'ai pas hésité.

Monsieur William m'a gardé dans sa troupe pendant les quatre années de son mandat. En 1990, 1991 et 1993, j'y étais surtout à titre de metteur en scène, mais en 1992, on m'invita à faire partie de la compagnie à titre de comédien.

L'année où j'ai joué, c'était comme si je recommençais à zéro ; une nouvelle langue – et non la moindre, celle de Shakespeare –, des cours de diction, de voix et de mouvement.

Je jouais deux pièces sept à huit fois par semaine, dans deux théâtres différents. Quel bonheur comme comédien ou metteur en scène de n'avoir à penser qu'à la représentation ou à la session de répétition !

Avant mon escapade à Stratford, j'avais participé à deux saisons du Théâtre du Bois de Coulonge à Québec. Dans mon milieu, certaines personnes ont cru que j'avais quitté Montréal et emménagé à Québec. Que dire de mes quatre saisons à Stratford ? On était tout à fait convaincu que j'avais élu domicile en Ontario.

Quand je suis revenu de Québec, de Stratford et de mes différentes prestations torontoises, le téléphone ne sonnait plus. En plus, en dix ans, le milieu avait changé. Pour travailler, pour que son nom apparaisse sur les listes de distribution, en somme pour répondre aux nouvelles exigences du métier, un comédien devait désormais prendre un agent. J'ai eu la grande chance d'être accepté par Hélène Mailloux, de l'agence Premier Rôle.

Pour compléter le tableau, dans le milieu de la production où des jeunes commençaient à prendre le pouvoir, on me demandait de plus en plus mon nom… mauvais présage et dur coup pour l'orgueil. Mais mon public était toujours là, et le grand rêveur au rire très sonore qui m'y ramena fut Jean-Bernard Hébert, le directeur artistique et général de Profusion. Il m'offrit trois belles saisons de théâtre d'été, suivies d'autant de longues tournées.

Puis, tout s'est remis lentement en marche pour une cinquième décennie. Le cinéma s'est aussi souvenu de moi et j'ai même eu le bonheur d'aller tourner à Paris.

[Cinquième acte]

SCÈNE I

Joyeux comme un chef cuisinier, gai comme un pinson

Chef Pierre Lapierre ♦ Beauregard

SCÈNE II

Le retour à la vie

Le professeur Sérébriakov ♦ Tyndare ♦ Œdipe

SCÈNE III

Une seule perruque pour deux vieux juifs new-yorkais

Monsieur Greene ♦ Jacob Berger

JOYEUX COMME UN CHEF CUISINIER, GAI COMME UN PINSON

CHEF PIERRE LAPIERRE

La série *Road to Avonlea* a été présentée pendant sept saisons à la télévision de la CBC Toronto dans les années 1990. Les cinq premiers épisodes ont été traduits en français et présentés à la télévision de Radio-Canada sous le titre *Les Contes d'Avonlea*.

Au début des années 1990, Michèle, ma femme, et moi, avons décidé d'aller faire un voyage sur la côte ouest des États-Unis, et surtout de visiter San Francisco, qui nous fascinait. Quelle ville originale magnifiquement située ! La qualité de vie de ses habitants est unique au monde. Nous en avons profité pour pousser une pointe vers le sud et j'ai repris la route du Big Sur, le long de la côte du Pacifique, que j'avais découverte, jeune, en voiture de sport, les cheveux au vent.

À Santa Barbara, nous avons reçu un coup de fil de ma fille Catherine qui nous saluait et m'invitait à rappeler un bureau de casting de Toronto ; on m'offrait un rôle très intéressant dans la série *Road to Avonlea,* produite par Sullivan Productions.

C'est ainsi que je me suis retrouvé avec le tablier et la toque d'un chef cuisinier très sympathique, jovial et bon vivant, francophone de surcroît, Pierre Lapierre de Trois-Rivières, officiant dans la modeste cuisine du petit hôtel d'Avonlea, à l'Île-du-Prince-Édouard.

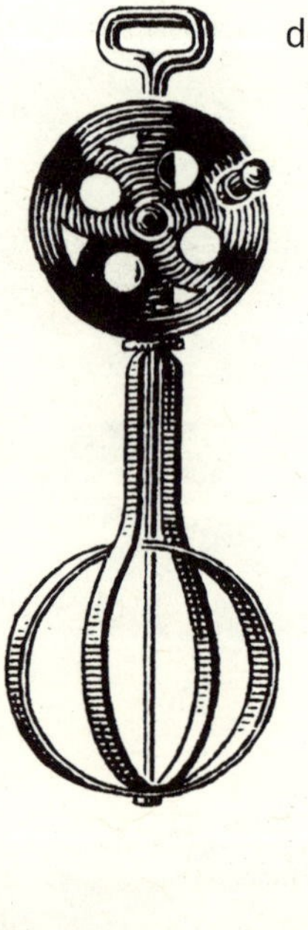

C'est un personnage que j'ai joué avec bonheur car j'ai une grande admiration pour les chefs cuisiniers. J'adore cuisiner et tout ce qui fait partie du monde de la bouffe. Aussi, le fait que Pierre soit francophone me permettait de colorer mon anglais d'un accent français bien à moi qui m'évitait les pièges du lieu commun.

Le sympathique chef Pierre Lapierre entouré des jeunes des *Contes d'Avonlea.* Dans l'ordre habituel, on retrouve Gema Zamprogna, Zachary Bennett, Michael Mahonen et Sarah Polley. Je salue bien amicalement Sarah Polley, comédienne et metteure en scène, qui fait une belle carrière au cinéma.

Le tournage de cette série était hollywoodien, Disney la coproduisait et rien n'était laissé au hasard. Nous tournions sur pellicule de 35 millimètres, et sur le plateau, en plus des acteurs, 85 personnes, techniciens et autres, circulaient en silence, à leur affaire, en vue d'une ultime prise.

Moi qui n'avais jamais fait de service militaire, j'étais terrorisé par le sérieux et la discipline de ce tournage, généralement entre les mains d'un premier assistant gueulard à la poigne de fer. Mais les résultats étaient excellents.

L'action de la série tournait autour de quatre adolescents, deux garçons et deux filles et leurs familles, et la plupart de mes scènes se passaient avec les jeunes.

On ne m'avait offert au départ qu'une seule émission dans la troisième saison, mais quelle ne fut pas ma surprise, en arrivant sur le plateau le premier jour de tournage, de découvrir qu'on m'avait construit un décor. Le chef Lapierre avait sa cuisine et quelle cuisine ! Tout à fait à la mode des années 1920, où se situait l'action de la série. J'étais tellement heureux. J'ai dit aux jeunes : « Mes enfants, si les producteurs ont investi tant d'argent dans cette cuisine, c'est que vous allez me revoir bientôt. » J'ai fait partie de la série pendant cinq saisons, on m'ajoutait des épisodes d'année en année.

Un jour, mon personnage fut le centre d'intérêt d'un épisode dans lequel on découvrait que le chef Lapierre avait une mère écossaise du nom de McAphee. L'interprète du rôle nous arriva de New York, c'était la très célèbre comédienne Maureen Stapleton, qui faisait les beaux jours de Broadway depuis plus d'un demi-siècle et qui eut beaucoup de potins à me raconter sur le *showbiz* new-yorkais. Pour finir d'émoustiller la midinette que j'étais devenu, Faye Dunaway faisait aussi partie de cette distribution. Elle était charmante mais plutôt avare de ses souvenirs, et très préoccupée par son *look !*

Comme j'adore faire à manger et que j'ai passé une partie de ma vie dans mes cuisines, le chef Lapierre était un personnage tout désigné pour moi. J'ai eu des scènes magnifiques où je donnais des leçons de gastronomie aux jeunes, des scènes de panique, dans ma grande cuisine, et des scènes cocasses, où je me retrouvais aux prises avec le directeur de l'hôtel dans la salle à manger, en présence de clients terrorisés par le caractère bouillant du chef.

Une des séquences les plus drôles que j'ai eu à tourner fut celle où je refusais au patron de l'hôtel, joué par mon ami le comédien Ian Clark, de cuisiner le plat national des Écossais, le haggis, une panse de brebis farcie. Pour le chef Lapierre, c'était de la nourriture de barbares. Sa mère était bien une McAphee, mais lui était de Trois-Rivières et préférait sans doute la tourtière de bœuf et de porc.

BEAUREGARD

Le film *J'en suis* a été réalisé en 1996 par Claude Fournier et présenté l'année suivante.

Jusqu'au début des années 1960, un festival de jeune théâtre canadien presque amateur, le Dominion Drama Festival, réunissait pour une compétition finale les spectacles en anglais et en français qui s'étaient hissés en première place dans les différentes grandes villes de la Confédération.

Le public assistait pendant une semaine aux représentations des différentes troupes participantes, un juge en faisait la critique après le spectacle chaque soir et nommait un gagnant qui ferait le voyage à la finale nationale. Un jour, je fus ce juge et me fis beaucoup d'ennemis. Mais avant d'avoir accès à cette noble fonction tant détestée, comme tout maniaque de théâtre, soit j'ai suivi le festival, soit j'y ai participé.

Un jour j'y ai vu un spectacle époustouflant qui a remporté tous les honneurs, à Montréal et au niveau national. C'était *Les insolites*, de Jacques Languirand. Jacques marquait là avec brio ses débuts de dramaturge, ajoutant un autre volet à l'ensemble de ses nombreuses et riches activités.

Une très belle jeune comédienne, dont la présence s'imposait, faisait partie de la distribution des *Insolites.* Monique Champagne était une grande fille qui bougeait comme une liane dans sa robe fourreau d'une couleur assez vive, si je me souviens bien. Je n'ai pas suivi sa carrière de comédienne, mais un jour je l'ai retrouvée sur un plateau de cinéma ; elle avait choisi de faire carrière comme script-girl. Elle en devint une de premier plan et fut réclamée par de très importants cinéastes d'ici et d'ailleurs.

Une fenêtre ouverte sur l'inconnu

Un jour, après avoir assisté aux fantaisies créatrices de tout un chacun, le goût vint à Monique Champagne de faire « son » film. C'était son tour, et pourquoi pas ? Le film avait pour titre *La fenêtre,* et elle me proposa un rôle aux côtés de la très jolie Anne Létourneau, fille de Monique Lepage et Jacques Létourneau.

Je trouvais le scénario de Monique un peu hermétique et le cachet était mince, mais j'avais trois belles scènes avec Anne, au début du film, au milieu et à la fin. Quant au personnage – oh ! surprise– c'était un couturier gai très *in* et très à la mode.

J'hésitais quelque peu quand ma femme me dit: « Vas-y, amuse-toi, tu n'as rien à perdre, fais-toi voir un peu, on ne sait jamais. » Elle allait avoir raison, mais au lendemain de sa première projection, *La fenêtre* n'eut aucun avenir. Ce fut une première et presque une dernière. J'ai eu beaucoup de peine pour Monique et Anne. Quel dur métier, quel coup de dés chaque fois !

Quelques années plus tard, Marie-Josée Raymond, la productrice, conjointe et collaboratrice du cinéaste Claude Fournier, m'apprit que Claude désirait que je joue dans son prochain film, *J'en suis.* « Tu sais, me dit-elle, il a tellement aimé ce que tu as fait dans *La fenêtre* qu'il t'a écrit un beau rôle. » Voilà ! *La fenêtre* m'avait porté chance, et j'allais cette fois non pas jouer un couturier, mais un antiquaire, et la surprise... lui aussi gai, décidément...

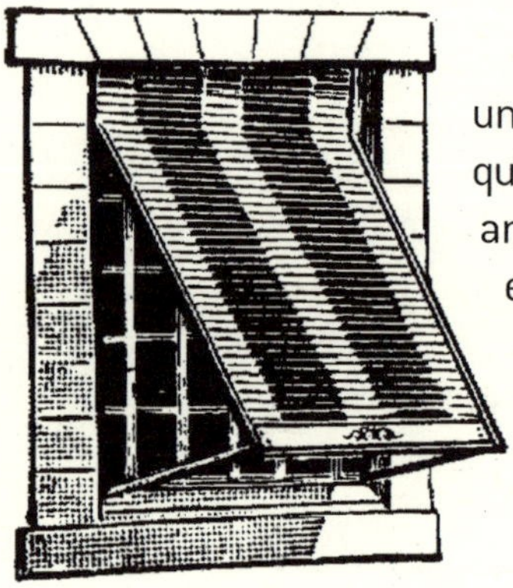

Quel plaisir j'ai eu à jouer dans ce film, et surtout à composer un personnage qui pas un instant ne devait tomber dans la caricature, qui était plausible et humain même lorsqu'il prenait son bain avec son amant, le dangereusement déchaîné Normand Lévesque avec qui j'ai eu bien du mal à garder mon sérieux. Là où je l'ai carrément perdu, mon sérieux, ce fut dans la scène du dîner au restaurant, où je fais la cour à Roy Dupuis en lui prenant les doigts. Les prises furent nombreuses et nos fous rires désespérants ; au diable le budget de production, car il nous a fallu pas mal de pellicule.

J'ai adoré tourner *J'en suis,* un petit film gentil, drôle et sans prétention qui a fait plus que son million d'entrées, qui est présenté régulièrement à la télévision et qu'on peut louer dans les clubs vidéo. Dans la rue, les gens m'en ont parlé, souvent des jeunes. J'ai ainsi eu accès à un public nouveau avec une œuvre facile d'approche, ce qui fait aussi partie de mon métier, et je ne vais tout de même pas me plaindre parce que pour une fois on ne m'a pas classé dans la catégorie grand-classique-intouchable-qui-parle-pointu...

Une délicieuse surprise

Sur notre plateau, outre le très talentueux Roy Dupuis que j'adore, le jeune humoriste Patrick Huard en était à ses premières séquences cinématographiques. Il semble bien qu'il y ait pris goût, si on en juge par ses nombreux succès sur nos écrans, surtout depuis *Bon Cop, Bad Cop,* où il partageait la vedette avec mon ami Colm Feore, le Hamlet de mes années stratfordiennes.

Je te fais un petit massage mon Roy…
C'est bon?

Je dois avouer qu'un certain jour de tournage, j'ai rapidement oublié la présence de Roy et de Patrick au profit d'une irrésistible jeune Parisienne que Claude Fournier avait invitée à jouer un joli *cameo* dans le film, la merveilleuse Arielle Dombasle.

Je n'avais pas de scène avec elle, mais nous nous sommes retrouvés au maquillage, où nous avons pu causer allègrement. Je dois dire que mon très coquet Beauregard exigeait une bonne couche de fard et une pluie de coups de crayons, alors que la jolie Arielle flamboyait au naturel comme une poupée de porcelaine.

Ce jour-là, l'excitation sur le plateau était à son comble et j'ai trouvé que mon Beauregard était devenu pas mal hétéro...

Un suicide entre deux avions

Quelques années plus tôt, Marie-Josée Raymond, la productrice de *J'en suis,* avait coproduit avec France 2, je crois, une nouvelle version du célèbre roman *Jalna,* où elle m'avait invité à jouer un beau personnage qui était des deux premiers épisodes. Le tournage se faisait principalement près de Paris, au château de Ferrière, et un peu au Québec.

Quels moments uniques sur le plateau avec la merveilleuse Danielle Darrieux, dont je jouais un des fils ! Quelle présence ! Quel jeu ! Quelle beauté ! Quelle carrière ! Je la revois assise sur un petit divan, me faisant gentiment répéter mon texte.

Je me suis toujours acharné à apprendre mes textes de cinéma chez moi la veille des tournages, tellement les répétitions sont brèves et la technique complexe. Un matin, je surpris madame Darrieux avec un petit bout de scénario, en train d'apprendre son texte. Pour la taquiner, je lui dis : « Ah ! Ah ! on n'a pas fait son petit devoir à la maison ? » Et elle me répondit : « Mon petit, j'ai toujours appris mes textes sur le plateau. Chez moi... c'est chez moi. » J'avais trouvé la méthode assez exceptionnelle quand on songe à la quantité de textes qu'elle a dû apprendre dans sa carrière.

Sur ce plateau, j'ai également fait la connaissance d'un autre beau comédien dont je jouais le frère, Philippe Laudenbach. Nous nous voyons à Paris à l'occasion, et c'est toujours un plaisir immense de renouer avec cet artiste dont la délicatesse et l'amabilité rappellent tellement son illustre oncle Pierre Fresnay.

Ce tournage commença pour moi par un voyage éclair à Paris, pour tourner mon suicide, que j'exécutais avec un grand fusil, debout dans une chaloupe au milieu d'un étang. Le plan ne durait pas plus d'une minute.

Avant mon départ, j'ai dit aux copains : « Je m'en vais à Paris 48 heures pour me suicider. » À mon retour, j'ai adapté mon explication : « Je reviens de Paris où je me suis tiré une balle. » Sacré cinéma !

SCÈNE I

Pose obligatoire…
L'an 2000 ou y a-t-il un médecin dans la salle?

Il y a toujours un médecin dans la salle, c'est à croire que les disciples d'Hippocrate adorent la représentation scénique. Molière les a pourtant tellement maltraités… Peut-être viennent-ils simplement voir si leur réputation s'est améliorée ?

En ce qui me concerne, j'ai eu plus de chance avec les médecins que notre ami Molière, et loin de moi la tentation de mettre en doute leur science salvatrice.

Ceux et celles qui m'ont souhaité la « bonne année » au réveillon de l'an 2000 n'ont pas eu la joie de voir leurs vœux exaucés et toute la sincérité de leurs embrassades s'est évaporée dans le sourire un peu crispé d'un spécialiste qui tentait de se cacher derrière son très étroit endoscope. J'étais dans son cabinet grâce au flair de ma généraliste, la docteure Monique Bachand, qu'une douleur persistante dans les environs du sternum avait inquiétée.

Comme il était content, mon spécialiste, d'avoir découvert cette grosse tumeur, je le comprends et j'applaudissais sa victoire, j'avais même envie de lui dire : « Docteur, pourquoi ne me le chantez-vous pas ? » Il m'a dit : « Il faut opérer. » J'ai demandé : « C'est si grave ? » Il a conclu : « Mais oui, mon vieux, c'est un cancer, un cancer de l'œsophage. »

Le mot, le fameux mot était lâché : « cancer ». La Terre s'arrêtait de tourner, je respirais à peine. Il fallait que ça passe ou que ça casse, je n'avais pas le choix, et si je voulais en sortir je devais être positif, d'attaque et confiant. C'est ce que j'ai fait. J'ai demandé le nom d'un chirurgien, on m'a dirigé vers le docteur Richard Ratelle qui allait me sauver la vie.

J'ai fermé mon agenda, dit au revoir à quelques producteurs et avec ma femme et ma fille Catherine, je me suis dirigé vers le bloc opératoire. Avant, il y a eu « radio, chimio, repas liquides, faiblesses, perte de poids » et, de malaise en malaise, je suis arrivé à la date fatidique du 25 juillet 2000.

À la suite de la chirurgie, lorsque je me suis réveillé aux soins intensifs, j'ai entendu quelqu'un dire : « Le Concorde est tombé ». J'avais bien de la chance de n'avoir pas été dans le Concorde.

Voilà, à partir de ce moment, il y a eu ma vie d'avant et ma vie d'après.

Je n'ai plus le même corps, je n'ai plus la même énergie et je ne peux plus prétendre à des prouesses physiques époustouflantes, mais je suis toujours vivant, je peux faire mon métier et avoir des matins ensoleillés.

Dans ma vie d'après, je m'efforce de dire à ceux et celles qui veulent bien l'entendre, à l'occasion d'entretiens ou de conversations privées, qu'il y a toujours de l'espoir, et que le mot « cancer » ne veut pas toujours dire « mort ».

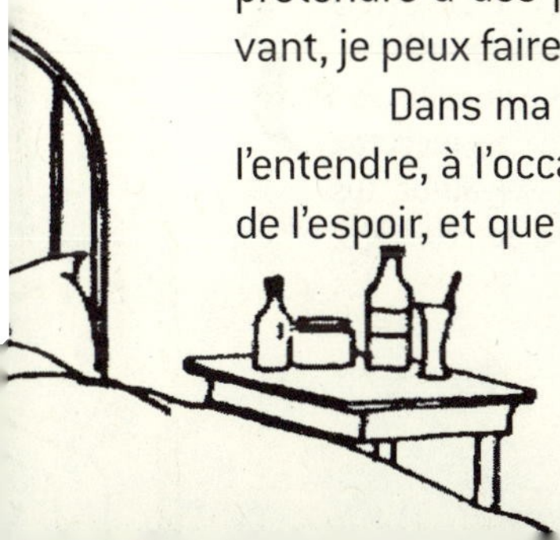

SCÈNE II

LE RETOUR À LA VIE

Le professeur Sérébriakov

La pièce *Vania*, de Howard Barker (d'après Tchekhov), mise en scène par Serge Denoncourt, a été présentée à l'Espace Go par le Théâtre de l'Opsis en 2001.

J'emprunte ce « retour à la vie » au poème symphonique *Lélio* du très romantique compositeur français Hector Berlioz, dont je suis un amant inconditionnel.

Lélio c'est Berlioz lui-même, qui est sur scène avec l'orchestre, et qui se remémore les grands thèmes de la *Symphonie fantastique*. Comme s'il émergeait d'une vague énorme, Lélio, après avoir sombré dans les abysses et ressenti le désespoir d'Hamlet, respire à nouveau et revient à la vie. J'étais encore relativement jeune quand, à titre de récitant, j'ai joué cette œuvre à Montréal et aux États-Unis avec des chefs merveilleux, les regrettés Thomas Schippers et Jean Martinon. Je me souviens bien alors avoir donné libre cours à toute la douleur, le lyrisme et la joie que j'étais en mesure d'exprimer.

J'étais cependant bien loin de savoir à quoi pouvait ressembler un véritable retour à la vie. Il fallait attendre l'an 2000 et le cancer. « Cancer », mot définitif, mot qui vous laisse bouche bée, les bras ballants et les yeux absents.

En entendant ce mot, on repasse sa vie en quelques instants, on vieillit de 1000 ans, comme dit Jacques Brel, et on ne pense qu'à la mort, sans savoir exactement à quoi on pense.

La pièce *Vania* a été écrite par l'auteur britannique Howard Barker, d'après la pièce *Oncle Vania* de Tchekhov. Dans *Vania*, les personnages de Tchekhov se révoltent contre leur auteur parce qu'ils désirent exister par eux-mêmes. Le professeur Sérébriakov, même s'il est un personnage antipathique exigeant trop des autres qui ruine la vie du vaillant Vania, devenait ma bouée de sauvetage à laquelle je m'accrochais afin de pouvoir, comme Lélio, me dresser au-dessus de la vague et retrouver si possible ma vitesse de croisière.

Mais non, comme je l'écrivais plus haut, ce n'est pas toujours l'ultime rendez-vous, et en se disant qu'il y a toujours de l'espoir et en faisant confiance à la médecine et à la science, il arrive beaucoup plus souvent qu'on ne le croit qu'une glorieuse guérison ouvre la voie à de belles années de sursis. C'est ce qui m'est fort heureusement arrivé, et le professeur Sérébriakov fut le premier personnage de ma vie d'après à se pointer le nez pour me sortir de ma convalescence, m'inviter à re-chausser mes cothurnes et à remonter en scène.

« En scène » n'est pas le bon terme cette fois car pour le spectacle dont j'allais faire partie, le metteur en scène avait décidé que l'action se déroulerait dans les bancs du théâtre et que ce serait le public qui s'installerait sur scène.

Le génial et illuminé Serge Denoncourt, cofondateur du Théâtre de l'Opsis, était le maître d'œuvre de cette production. Je ne lui ai jamais dit, mais en cachette, je ne l'appelais pas mon metteur en scène mais mon metteur en bancs.

Je n'ai jamais assez dit à mon grand fou de Serge tout le trac, la panique et la joie dont il m'a gratifié quand il m'a offert le rôle. Je ne savais pas si un jour je re-jouerais au théâtre ou même si j'allais poursuivre l'exercice de mon métier. L'offre du Théâtre de l'Opsis, dirigé par Luce Pelletier, de participer au dernier spectacle de son cycle Tchekhov m'emballait et surtout, me permettait enfin de travailler avec Denoncourt, dont j'ai toujours admiré l'invention et la modernité, ainsi que son grand respect pour les comédiens.

Une gentille employée du Théâtre de l'Opsis m'appela pour m'inviter à la pre-mière lecture de la pièce avec toute la troupe. Après m'avoir indiqué le jour et l'heure, elle me dit : « Ce sera à la salle A de la Place des Arts, vous savez où elle est ? »

Je n'ai pas pu retenir un grand rire, quelle question ! « Oui, mademoiselle, lui dis-je, je l'ai inaugurée en 68. » Y retourner dans ma vie d'après devenait une deuxième inauguration.

Ce soir-là, et à toutes les autres répétitions, je me suis pointé au moins une demi-heure à l'avance pour être bien sûr de ne pas manquer mes amis Catherine Bégin, Denis Bernard, Paul Savoie et Geneviève Lagacé, dont la présence m'était devenue si précieuse, peut-être indispensable. Après un grand trou noir d'un an et demi, un personnage tellement souhaité et ardemment désiré quittait sa brochure pour m'attendre en salle de répétition. J'arrive professeur Sérébriakov !

En plus de toutes les joies que m'a apportées cette première production de ma vie d'après, l'Académie du théâtre me décerna le trophée du meilleur acteur de soutien. Ce fut un bien beau retour à la vie.

Le syndrome de la comédienne enceinte

Ma convalescence d'un an tirait à sa fin quand je me suis engagé dans les répétitions de *Vania.* Je n'étais pas très vaillant mais j'avais assez d'énergie pour faire mon métier, et Hélène Mailloux, mon agente, s'empressait de dire à qui voulait bien l'entendre que j'étais passablement en forme et prêt à reprendre du service là où on m'inviterait à le faire, mais c'était sans compter avec ce que nous qualifions, dans le métier, de « syndrome de la comédienne enceinte »...

Lorsqu'une excellente comédienne, assez en demande – appelons-la Martine pour les besoins de cet exemple – prend la décision très personnelle d'avoir un enfant, pendant les derniers mois de sa grossesse, elle doit s'isoler et refuser quelques propositions de rôles. On voit sa photo dans les journaux, on célèbre Martine qui est enceinte.

Pendant les quelques mois qui suivent, les producteurs qui pensent à elle se font dire par leurs assistants : « Non, pas Martine, elle est enceinte. » Puis ça continue comme ça pendant un an, deux ans ; non, pas Martine, elle est enceinte. Même lorsque l'enfant de Martine est en âge d'aller à l'école, il se trouve toujours un vigilant assistant pour dire à son producteur : « Ça ne sert à rien d'appeler Martine, elle est enceinte. »

Cinq ans après ma convalescence, alors que mon agente tentait de suggérer mon nom pour un rôle quelconque, on lui a servi la réponse classique : « Millaire ? Il n'est pas malade lui ? »

Je trouve cela amusant ; ce n'est pas la maladie qui tue...

TYNDARE

La pièce *Oreste*, d'Euripide, mise en scène par Luce Pelletier, a été présentée à l'Espace Go par le Théâtre de l'Opsis en 2002, et à Chypre en 2003.
La pièce *Oreste : The Reality Show*, mise en scène par Serge Denoncourt, a été présentée à l'Espace Go par le Théâtre de l'Opsis en 2003.

Un coup de gueule de sept minutes

Après son cycle Tchekhov, le Théâtre de l'Opsis entra dans son cycle Oreste. J'avais eu mon tour en jouant l'*Oreste* d'Eschyle quand j'étais jeune, et même si mon souhait était de rejouer à l'Opsis, il fallait laisser sa place à la jeunesse et confirmer ma présence à la première de l'*Oreste* d'Euripide, qui ouvrait le cycle. Mais c'était négliger les astuces de la directrice Luce Pelletier, qui faisait la mise en scène de ce spectacle. Câline à souhait, elle me dit au téléphone : « Veux-tu être mon Tyndare ? » à peu près comme on dit à son idole masculine préférée : « Veux-tu être mon Valentin ? »

Tyndare est l'oncle d'Oreste. Il est en désaccord total avec le crime de son neveu, qui vient tout juste de tuer sa mère – c'est peu de chose – et, dans une scène d'environ sept minutes, il crache sa colère et son dépit. C'est une très belle scène... mais sept minutes... « Albert, t'es sûr que tu ne veux pas être mon Tyndare ? » J'ai cédé, et j'ai bien fait.

Les rôles écrasants que j'avais joués tout au long de ma carrière ne m'avaient pas souvent laissé le loisir de m'asseoir près des metteurs en scène et d'observer le travail de recherche de mes camarades. Quand on est debout avec la troupe, on n'a pas du tout la même perception que lorsqu'on est devant.

J'ai observé les jeunes. Qu'est-ce qui avait changé depuis mon temps ? Mes petits-fils aînés étaient à peine plus jeunes que les comédiens et comédiennes avec qui j'allais jouer. Qu'est-ce qu'il y avait de différent ? Presque rien, la démarche était toujours la même.

J'arrivais à penser que quels que soient les moyens auxquels on a recours, quand on est doué, on arrive toujours à un bon résultat dans ce sacré métier qu'on nomme art dramatique. Les méthodes s'oublient, les gourous passent, les cérébraux sèchent, et la merveilleuse présence scénique va droit au cœur du spectateur.

Le jeu c'est le jeu, comme au hockey, aux échecs ou en amour. Il y en a qui savent jouer, d'autres qui n'apprendront jamais.

Puis sont arrivés les soirs de représentation où, avant mes « sept minutes » je m'envoyais un trac assez inusité, et après mes sept minutes, j'en mettais 30 à me remettre de l'impact de la scène, en attendant les saluts de la fin.

J'ai profité plus que jamais de ces bizarres instants d'apesanteur où, entre deux pendrillons, les comédiens attendent leur tour, flottant entre la lumière de la scène et la noirceur des coulisses comme dans une sorte de capsule spatiale, quelque part entre le monde réel et celui, fantastique et totalement imaginé, de la représentation scénique qui les attend.

Cette attente en coulisses est peut-être le grand moment de l'acteur, le reste, l'entrée en scène, n'est qu'un saut dans le vide avec la folle certitude d'être rattrapé en vol.

L'année suivante, Serge Denoncourt entraîna la même distribution dans *Oreste : The Reality Show* avec Anne Dorval qui créa, comme elle en est capable, un personnage d'animatrice de télévision époustouflant. L'exercice consistait à jouer ce *show* sur un plateau de téléréalité avec le texte d'Euripide que nous avions utilisé dans notre première version, l'année précédente. Le résultat a été magique et il est très dommage que l'Opsis n'ait pas eu les moyens d'en poursuivre les représentations à Montréal et en tournée.

Mes sept minutes, que je reprenais avec bonheur et frénésie, m'ont encore valu, de la part de mes pairs, un trophée pour le meilleur rôle de soutien.

Dans les petits pots… n'est-ce pas Luce ?

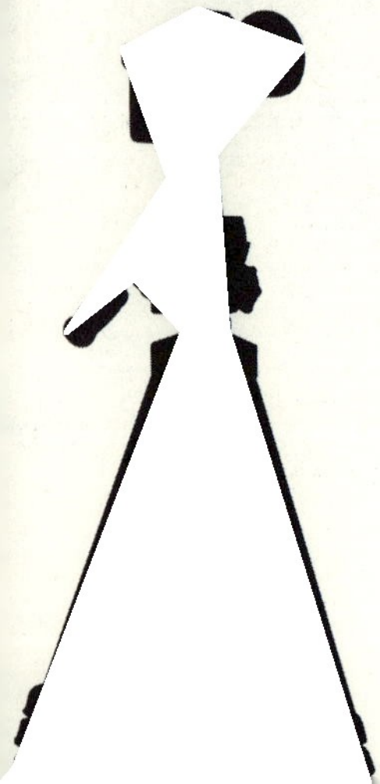

Le même Tyndare avec le même texte dans l'évocation
tout à fait moderne d'un *Reality Show*.

ŒDIPE

La pièce *Œdipe à Colone*, de Sophocle, traduite par Marie Cardinal et mise en scène par Jean-Pierre Ronfard, a été présentée au Théâtre Espace Go et au Théâtre du Trident en 2004 et 2005.

Voilà que je commençais à me faire une raison, que sans hargne et sans tristesse je me résignais à dire adieu aux grands premiers rôles pour souhaiter la bienvenue, comme je venais de le faire à l'Opsis, à des personnages plus modestes, plus âgés, moins exigeants mais qui allaient permettre au septuagénaire que j'allais devenir de rester actif et utile à son métier. Mais la vie est bonne et recèle souvent des surprises du genre : « Tu ne t'y attendais pas, hein ? »

Ginette Noiseux, l'exubérante et explosive directrice du Théâtre Espace Go, s'associa au Théâtre du Trident de Québec, invita le metteur en scène Jean-Pierre Ronfard, sortit de ses tiroirs la belle traduction française d'*Œdipe à Colone*, de Sophocle, que la romancière Marie Cardinal avait faite quelques années auparavant, et m'offrit de jouer le rôle-titre. J'étais comme un coq en pâte ; les premiers rôles étaient de retour.

Quand j'étais étudiant au Conservatoire, j'avais un certain sens de l'urgence. Il me semblait primordial de profiter au maximum de ces quelques années d'étude pour avoir accès aux plus importants personnages du répertoire mondial. L'Œdipe roi de Sophocle en était un auquel je désirais me mesurer, même si je ressentais une crainte énorme d'approcher ce monument de la dramaturgie universelle.

Pour avoir une idée de la dimension du personnage, il faut se rappeler brièvement son incroyable parcours de vie. Abandonné enfant sur une montagne par son père, Laïos, roi de Thèbes, Œdipe est recueilli par des bergers – son père avait été prévenu par un oracle que ce fils le tuerait et que par la suite il épouserait sa mère. Des années plus tard, sur une route déserte, à la suite d'une dispute, Œdipe tue celui qui l'affronte. C'est Laïos, son père. Puis, il débarrasse Thèbes du Sphinx et est couronné roi. Il épouse la veuve de Laïos – sans savoir qu'elle est sa mère –, dont il aura quatre enfants.

Après avoir découvert la vérité sur sa naissance, son parricide et son inceste, Œdipe se crève les yeux et erre pendant des années sur les routes, guidé par sa fille Antigone, puis meurt à Colone.

Pendant mes études au Conservatoire, je n'ai pas su résister à l'envie de présenter la dernière scène d'Œdipe roi – celle où, après avoir tout découvert, il se crève les yeux –, dans mon cours d'interprétation. J'ai dû crier très fort... toujours est-il qu'après ma prestation, au moment du commentaire critique, j'ai affronté un long silence de la part de notre maître, monsieur Doat. Il m'a regardé avec une sorte de compassion et m'a dit : « Il faut vieillir, mon petit...Vous comprenez, c'est le summum de la souffrance humaine... Il faut vieillir... » J'ai compris et ai remis Œdipe roi à plus tard.

Il n'y eut pas de « plus tard » car l'occasion ne me fut jamais offerte d'interpréter Œdipe roi. C'est mon ami Jean-François Casabonne qui eut le bonheur de le jouer un jour, et je suis certain qu'il était magnifique. Mon prix de consolation fut l'Œdipe de la seconde pièce de Sophocle sur le sujet, *Œdipe à Colone.*

Le Jean-Pierre du début et celui de la fin

Jean-Pierre Ronfard venait d'arriver à Montréal quand le TNM lui confia la mise en scène de la deuxième pièce de l'*Orestie* d'Eschyle, *Les choéphores,* Je fus son Oreste.

Jean-Pierre était un érudit qui connaissait à fond la tragédie grecque, ce qui ne l'empêchait nullement d'être un homme moderne, inventif, provocateur, essayiste, en somme un homme libre. Je me souviens d'avoir vécu une expérience unique avec lui. « Sois près du sol, me disait-il, ne sois pas un mythe, vis, prends racine, sois près de la terre... »

Pendant nos carrières, nous avons suivi deux chemins non pas opposés mais différents. Quarante ans plus tard, nous nous sommes retrouvés ensemble face à l'aveugle Œdipe, sorte d'itinérant de l'Antiquité qui ajoutait à sa douleur quelque peu assouvie des années de souffrance et de vieillissement. Quant à Jean-Pierre et moi, notre longue séparation nous apportait compréhension mutuelle et sérénité.

Je n'avais plus besoin de crier ni de quêter une fausse intériorité, Jean-Pierre m'a dit : « Sois près du sol... » et ainsi de suite, comme la première fois. Il avait raison d'insister.

Dès le début des répétitions, je me suis bandé les yeux et j'ai pris la main de ma fille Antigone, interprétée par Nathalie Gascon. J'ai gardé mon bandeau durant toutes les répétitions et toutes les représentations. Je voulais que mon corps apprenne à vivre sans ses yeux, qu'il devienne vulnérable et aux aguets.

Quelques jours après la première, il a bien fallu que je retire mon bandeau pour faire face à une terrible réalité : la mort de Jean-Pierre, qu'on nous arrachait comme on écartèle un chêne centenaire. Les comédiens sont devenus orphelins. Le milieu artistique perdait un phare.

Le soir de la mort de celui qui, depuis des mois, nous dirigeait avec ardeur dans les méandres de la tragédie, nous avons joué. C'est ce qu'il aurait souhaité. Et sous mon bandeau, seul dans le noir, je n'avais que mes larmes pour me guider à travers ma peine et mon désarroi.

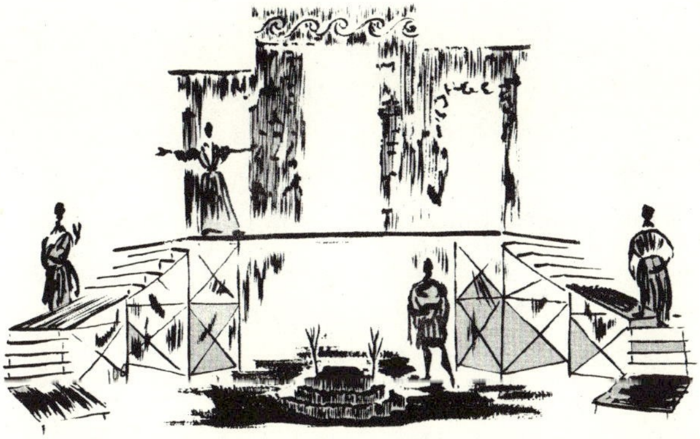

Souvenirs heureux de mon premier *Oreste* avec Jean-Pierre. Le comédien masqué debout, c'est Jean-Louis Millette.

SCÈNE III

UNE SEULE PERRUQUE POUR DEUX VIEUX JUIFS NEW-YORKAIS

MONSIEUR GREENE

La pièce *Visites à monsieur Greene*, de Jeff Baron, traduite par Michel Tremblay, mise en scène par Jacques Rossi et produite par Profusion, a été présentée en tournée pancanadienne en 2006 et 2007, ainsi qu'au Théâtre de Rougemont à l'été 2007.

Voilà donc, environ 300 pages plus tard, le 50e anniversaire de ma vie professionnelle, toutes ces années d'une carrière sans hésitation, sans failles, faite d'agréables surprises et de bonheurs de toutes sortes... Je n'avais toujours pas de cheveux blancs et notre grande artiste du « poil », la perruquière Rachel Tremblay, dut me fabriquer une énième crinière blanche, dont les 84 ans de mon personnage s'accommodèrent bien. J'ai, avec ceux de ma génération, vécu dans un calme relatif, sans guerres locales, sans hécatombes funestes ou bouleversements sociaux assez importants pour nous faire émigrer au bout du monde. Non, c'est nous qui sommes restés le bout du monde, terre promise et prometteuse qu'une bonne partie de l'humanité reluque avec convoitise.

Quand je pense aux millions de gens de ma génération dont l'enfance a été meurtrie par la botte nazie. Ensuite, libérés à l'adolescence par les Russes, ils ont été affamés et dépouillés de leur personnalité par le terrible oppresseur bolchevique comme prix de consolation. Je ne voudrais pas jouer les joyeux idéalistes, mais je crois raisonnablement que nous avons eu de la chance sur les bords du Saint-Laurent.

Pour célébrer ces 50 années de bonheur, je suis parti à la conquête de notre vaste territoire à l'occasion d'une tournée pancanadienne. Le signal du départ en fut donné par nul autre que le très actif Jean-Bernard Hébert, grand organisateur de théâtre d'été et réputé casse-cou de la tournée sous quelque ciel que ce soit, beau temps, mauvais temps. L'occasion fut la mise en œuvre d'une pièce écrite par le New-Yorkais Jeff Baron, qui nous a fait l'honneur de sa visite quand nous avons planté notre décor au Théâtre français de Toronto.

La pièce s'intitulait *Visites à Monsieur Greene* et fut mise en scène par Jacques Rossi, avec qui j'avais joué la très amusante

Avec Louis-Olivier Mauffette. Le soleil luit pour tout le monde. Monsieur l'orthodoxe, le sage, supporte d'une âme égale les coups de l'adversité.

Mandragore, de Jean-Pierre Ronfard, quelques années plus tôt, toujours avec le producteur Jean-Bernard Hébert.

J'ai alors fait la connaissance d'un jeune comédien extrêmement gentil, beau et talentueux, Louis-Olivier Mauffette, petit neveu de l'autre Mauffette, le poète du *Cabaret du soir qui penche,* l'oiseau de nuit... *The night bird*...

Comme *Visites à monsieur Greene* est une pièce à deux personnages, et considérant les milliers de kilomètres que nous allions parcourir ensemble pendant une année entière, la bonne entente entre nous s'imposait. Mais je suis devenu un peu râleur et redresseur de torts, avec mes critiques trop nombreuses des jeunes, et mes exigences de savant *Big Brother,* comme si je n'avais pas été moi-même un jour un gouffre d'ignorance. Louis-Olivier a clos le débat un soir en me lançant : « Écoute Albert, je ne suis pas de ta génération, je ne sais peut-être pas ce que tu sais mais je sais autre chose. » Ça m'a cloué le bec.

L'action de la pièce se déroule comme suit : après s'être rendu coupable d'une conduite automobile dangereuse dans New York, un jeune homme se voit imposer par un juge ce qu'on appelle chez nous des travaux communautaires. Il devra, une fois par semaine, rendre visite au vieux monsieur Greene qui vient de perdre son épouse et qui vit seul. Dans les six scènes qui suivent, les deux personnages, qui n'étaient au départ pas du tout faits pour se rencontrer, vont tenter de s'entendre. Mais il faut dire que le vieux ne fait pas beaucoup d'efforts.

Le plus terrible et à la fois le plus touchant dans cette histoire, c'est que monsieur Greene, orthodoxe aveugle et buté, a une fille qu'il a rayée de sa vie parce qu'elle a épousé un goy, un non-juif, et qu'il considère qu'elle n'est plus digne du milieu juif et de sa famille. Comme la jeune femme a respecté le bannissement de son père, ils ne se sont pas vus depuis de nombreuses années. Trop de familles se retrouvent dans cette situation tragique et la vivent en silence. Trop d'enfants et trop de parents sont injustement rejetés.

Hors Québec, le monde est vaste

J'ai fait plusieurs tournées au Québec, au moins 25 sinon plus, et elles m'ont permis, au cours des années, d'être un témoin privilégié de la fabuleuse évolution des régions.

Avant les années 1980, les tournées desservaient également les régions francophones du nord de l'Ontario et, à l'est, du Nouveau-Brunswick et de l'Acadie. Pour des raisons que j'ignore, mais qui ont sûrement à voir avec le partage des subventions et les politiques autonomistes du Québec, ces régions sont devenues des territoires qu'on a bizarrement qualifiés de « hors Québec ». Ces publics francophones isolés ont donc dû apprendre à se passer de nous. Par la suite, j'ai toujours été plus ou moins amusé et inquiet de constater que pour bon nombre de mes concitoyens, le monde entier était devenu « hors Québec ».

Encore *on the road,* Grand-papa ?

Pour *Visites à monsieur Greene,* le nombre de représentations au Québec fut assez honorable. J'avais l'impression de marcher sur mes acquis. Nos affiches publicitaires, montrant un comédien âgé dont on ne parlait plus beaucoup et un jeune débutant dont on ne parlait pas encore assez, n'étaient pas aussi accrocheuses que celles des très incontournables humoristes, mais les spectacles de tournée de Jean-Bernard Hébert ont bonne réputation. Et puis, je suis fier d'avoir encore mon public, qui était partout au rendez-vous et qui, pour mes 50 ans de métier, m'a fait la fête dans presque chaque ville. Après les représentations, on me comblait : cadeaux, petits discours, hommages tendres, embrassades. Seule la direction de la salle Hector-Charland, à l'Assomption – construite à l'endroit même où j'avais fait mes débuts – n'a pas jugé bon de souligner l'événement. Ça m'a fait une peine immense, surtout que nous y donnions notre première représentation.

J'ai toujours sur un mur la photo encadrée de deux majestueux caribous dans un paysage enneigé. On me l'a offerte à Fermont, ville surnommée le « mur », où je retournais pour la troisième fois. Fermont est entièrement construit dans deux longs édifices placés en V qui font face au nord. J'y ai toujours l'impression qu'après dix minutes de marche en raquettes on arrive au pôle Nord.

Puis, nous avons visité quatre chaleureuses communautés francophones canadiennes avec chacune leur personnalité. La première fut celle de Vancouver, où on trouve surtout ce que j'appellerais des Québécois déplacés, joyeux, très citadins et débrouillards. Nous y donnions quatre représentations mais notre décor ne nous a ni précédé ni suivi, laissé par erreur dans un camion au milieu d'un parc de stationnement, à 1500 kilomètres de la côte Ouest. Nous n'avions rien, ni décor, ni costumes, ni accessoires. Même nos mallettes de maquillage manquaient à l'appel. Qu'à cela ne tienne, *The show must go on,* surtout quand on vient de traverser le continent.

En quelques heures, la garde-robe, la liste d'accessoires et un ameublement convenable étaient mis à notre disposition par une troupe anglophone de Vancouver. Notre plan d'éclairage et notre bande sonore nous sont arrivés par

Internet et un semblant de décor en rideaux a été érigé. Nous avons ainsi pu donner nos quatre représentations. Je l'ai toujours su, le théâtre c'est simple : un bon texte, de bons acteurs et un peu d'éclairage.

Puis, nous sommes allés visiter les communautés francophones d'Edmonton, de Saint-Boniface et de Toronto. J'ai remarqué qu'il y avait des différences sensibles entre ces communautés situées à des milliers de kilomètres l'une de l'autre, totalement isolées dans la masse *Canadian,* et de toute évidence quelque peu abandonnées par un Québec retranché sur lui-même et jouant de son intermittente menace séparatiste.

Les 50 000 Franco-Manitobains, dont plus de 30 000 demeurent à Saint-Boniface, s'accommodent très bien de cet isolement et forment une communauté active, joyeuse, fière de ses racines et très bien organisée. Après tout, ne sont-ils pas, après Riel et les Métis, les fondateurs du Manitoba actuel ?

Leur scène principale c'est celle du Cercle Molière, la plus vieille compagnie de théâtre francophone au Canada. Nous y avons joué pendant un mois dans une petite église transformée en théâtre que je n'avais pas encore visitée – des années auparavant, peut-être 30, à l'invitation de la direction du Cercle, j'avais sauté dans un avion pour aller animer une soirée bénéfice au profit de la troupe. Cette fois-ci, j'y étais pour jouer et rencontrer enfin le chaleureux public de Saint-Boniface.

L'été suivant, Jean-Bernard Hébert prit le risque de nous confier la saison d'été dans son grand Théâtre de Rougemont. Je dis « le risque » car *Visites à monsieur Greene,* n'était pas du « théâtre d'été » comme on l'entend généralement.

Nous avons joué pendant quelques semaines devant quelques spectateurs, puis ils se firent plus nombreux au guichet, et à la fin de l'été, la salle était remplie. Je buvais du petit-lait : la qualité l'emportait sur la facilité.

JACOB BERGER

La pièce *Réveillez-vous et chantez* de Clifford Odets, traduite par Fanny Britt et mise en scène par Luce Pelletier, a été présentée au théâtre Prospero par le Théâtre de l'Opsis en 2009.

Jacob Berger est lui aussi un juif new-yorkais, mais c'est tout ce qui le rapproche de monsieur Greene. Jacob est très âgé, barbier à la retraite, communiste, agnostique et « suicidé ». Voilà ce que j'avais comme données avant de me lancer dans l'étude du texte. Sur une étagère, bien posée sur un crâne de stérifoam, la perruque de monsieur Greene me regardait avec des envies de remettre ça. Pourquoi pas ?

Et voilà que je tenais la perruque de service aux cheveux blancs qui allait me sauver dans ma vieillesse en me permettant d'avoir sous elle l'âge de mon âge.

Le Théâtre de l'Opsis était alors dans son cycle états-unien. Après avoir présenté plusieurs dramaturges de la jeune génération du sud, la directrice, Luce Pelletier, braquait les réflecteurs sur la dramaturgie qui fut sans doute la plus politiquement engagée aux États-Unis.

Jacob est un personnage très attachant qui évolue, au milieu des années 1930, dans la pièce *Réveillez-vous et chantez* de Clifford Odets, l'un des fondateurs du Group Theatre, troupe de gauche dont sont également membres Lee Strasberg, qu'on retrouvera plus tard à l'Actors Studio, et Harold Clurman, qui écrira un livre important sur les activités de la troupe.

J'ai été très heureux de revenir sur cette importante période du théâtre américain que je connaissais passablement bien pour avoir lu, dans le temps, le livre de Clurman sur le sujet. Ces gens de théâtre furent en quelque sorte les précurseurs du célèbre Actors Studio, où on retrouva également Elia Kazan. Pour ce qui est du sort réservé aux socialistes comme Odets, la mise en place d'une chasse aux sorcières freina l'ardeur des idées marxistes et mena à la paranoïa du maccarthysme, la Peur rouge, dans les années 1950.

D'excellents comédiens firent leurs classes à l'Actors Studio. James Dean, Marlon Brando et même Marilyn Monroe, entre autres, auraient assisté aux cours. Quand on y regarde de plus près, il est facile de déceler dans cette nouvelle démarche du théâtre états-unien toute l'importante influence des grands maîtres des théâtres français et russe du XXe siècle – et même plus tôt avec Antoine –, dont les Copeau, Stanislavski, Dachenko et les quatre membres du Cartel, les metteurs en scène Gaston Baty, Charles Dullin, Louis Jouvet et Georges Pitoëff, précurseurs battants du théâtre européen moderne. Mon mentor, Jan Doat, avait été l'élève de Dullin, voilà d'où vient ma formation.

Cette filiation entre les inventeurs du théâtre réaliste moderne est fascinante. Quand j'étais jeune comédien, il était impératif pour moi de partir à la recherche des livres qui pouvaient m'éclairer sur cette période très contemporaine de l'histoire de mon métier. Malheureusement, les titres les plus importants ne faisaient pas toujours partie des bibliothèques un peu sommaires mises à notre disposition dans les années 1950.

Avec Henri Chassé. Jacob est fou de Caruso. Caruso n'était pas communiste – dommage – mais il chantait bien quand même.

Du Moyen Âge à Google

Dans les années 1950, il n'était pas facile de mettre la main sur ce genre de littérature très spécialisée, surtout à une époque où, chez nous, l'écrit devait vaillamment se mesurer aux grandes qualités littéraires de l'*Almanach du peuple,* seul livre que possédaient la plupart des familles modestes.

Un jour, déçu d'avoir à rendre à la bibliothèque Saint-Sulpice un livre auquel je tenais beaucoup, je me suis assis dans la noble enceinte et je l'ai copié à la main, en y ajoutant, en plus, à l'encre de Chine, les dessins des illustrations. Ma volonté d'apprendre et de connaître était d'une telle puissance...

Quand je pense aux imprimantes, à la numérisation et à toutes les voies rapides qui nous donnent aujourd'hui accès à tout le savoir, j'ai peine à croire que la technologie a autant évolué en si peu de temps.

Notre grande découverte, quand nous étions étudiants, a été le 45 tours. Nous avons vraiment cru que la science s'arrêterait là, c'était trop beau. Mais c'était sans compter sur une autre fantastique machine qu'un professeur au sourire énigmatique posa un matin sur son bureau en nous invitant tous, avec fierté, à venir pour la première fois de notre vie enregistrer nos voix. C'était la Webster, avec son fil métallique, ancêtre du ruban « quart-de-pouce ». On appuyait sur *record* et on parlait dans le petit micro, puis on appuyait sur *rewind,* puis sur *play* et voilà ! J'ai entendu ma voix. Je l'ai trouvé bien grave pour l'adolescent que j'étais, ça m'a surpris.

Quand plus tard, à CKAC, dans les locaux qui dataient de la première mise en ondes du « poste », comme on disait, j'enregistrais mes premiers radioromans, les techniciens utilisaient depuis longtemps le ruban quart-de-pouce, qu'on pouvait couper et coller à volonté pour faire du montage, mais dans l'ombre, au fond du studio, trônaient encore les vieilles tables tournantes témoins des premières années d'enregistrement, où l'on gravait les voix sur de grands disques 78 tours. Si vers la fin de l'émission un interprète avait le malheur de bafouiller – ô désespoir – il fallait recommencer au début. Au niveau de la diction, les fins d'émissions devaient sûrement être exagérément bien articulées. Ah ! le progrès....

Grand-papa, ange marxiste

Quand le très attachant Jacob énonce quelques principes marxistes glanés au hasard de ses lectures, tentant d'orienter la pensée de son petit-fils vers un avenir meilleur et des prises de position radicales, il est progressiste, et c'est avec passion qu'il doit tenir son discours. J'avais l'obligation tous les soirs de me remettre dans le contexte des années 1930. Je devais faire abstraction de ce que je savais de l'avenir du communisme pour bien exprimer la passion qui anime le personnage.

Pour moi, les comédiens et les metteurs en scène font trop souvent l'erreur, surtout au théâtre, de ne pas remettre les idées, les textes et les situations dans leur contexte. Ils risquent ainsi d'amoindrir ou de carrément tromper une œuvre du passé sous le prétentieux prétexte d'en faire une relecture. Qu'ils veuillent apporter un nouvel éclairage, je veux bien, mais il faut respecter le message de l'auteur.

Jacob possède une modeste police d'assurance vie. Pour aider son petit-fils à s'en sortir et à se diriger vers la connaissance et la liberté, il feint un accident et se laisse tomber dans le vide. Les anges juifs n'ont pas d'ailes et Jacob ira vers le martyr avec la certitude d'avoir, lui, vieil homme fatigué, impuissant et devenu inutile, passé le flambeau à la jeunesse, à la force, à la vie.

À un moment de la pièce, le jeune garçon pleure de désespoir et Jacob, pour le consoler, le prend dans ses bras. C'était tous les soirs un moment où tout s'arrêtait pour moi. J'avais un jeune corps fébrile dans mes bras, celui du comédien François Arnaud. Je sentais sa force, sa soif de vivre à travers ses larmes, je ne savais plus si c'était un jeune acteur que je tenais dans mes bras ou un de mes petits-fils du même âge que je tentais de consoler. Je sortais de cette scène heureux car je sentais que j'avais encore beaucoup d'énergie à partager.

ÉPILOGUE

« Je ne connais pas de sensualité immatérielle plus délicieuse qu'un acteur qui joue bien. » Il y a des années que je suis tombé sur cette citation du grand poète romantique britannique Lord Byron, mais je l'ai toujours gardée à ma vue, la relisant et la recopiant avec l'espoir de pouvoir un jour l'inscrire en lettres d'or au fronton du temple de l'art dramatique.

Y croire

La vie artistique de Montréal est sans conteste une des plus riches et des plus variées d'Amérique du Nord. Aux institutions bien établies, qu'elles appartiennent à la majorité francophone ou aux anglophones, s'ajoute une multitude d'événements artistiques inspirés par la précieuse diversité culturelle qui caractérise la ville. Trop de Québécois de Québec et de certaines régions ne comprennent pas cela et c'est désolant. Parmi les nombreuses traditions artistiques que nous avons conservées à Montréal, ou qu'une immigration aux talents multiples nous a offertes en cadeau, il y a le Théâtre Yiddish.

Dès 1956, Dora Wasserman faisait jouer des pièces en yiddish à Montréal. Née en Ukraine, elle venait d'une Europe centrale dévastée par la guerre, où la grande tradition du théâtre yiddish se perdait dans le chaos général.

Dora, qui avait une solide formation de comédienne et de metteure en scène, acquise auprès de grands maîtres russes, passa le flambeau à sa fille Bryna, qui aujourd'hui dirige le Festival international du théâtre yiddish de Montréal.

À New York, 30 ans avant les premiers spectacles montréalais de Dora Wasserman, un autre acteur juif, Maurice Schwartz, venu lui aussi d'Ukraine, a fondé, sur la deuxième avenue, le Yiddish Art Theatre. Il s'est fait connaître au cinéma dans les années 1940 et 1950 aux côtés, entre autres, de Rita Hayworth et Charles Laughton.

Avec son théâtre yiddish, Schwartz prit la route et fit des tournées nord-américaines qui, évidemment, l'amenèrent à Montréal, où un vaste public l'attendait. C'est lors de son passage, à l'hiver 1955-1956, que j'eus l'immense privilège de me retrouver sur scène à ses côtés

La compagnie de Maurice Schwartz donnait ses représentations au Monument-National. Quelques confrères et moi, turbulents apprentis acteurs occupant les combles de la noble institution où se trouvait le Conservatoire, avons donc littéralement été réquisitionnés pour remplir les rôles muets du spectacle. Mes cheveux pâles et mon air quelque peu germanique me valurent un beau costume de soldat prussien et une chanson à apprendre en allemand, dont je me souviens encore un peu, et à laquelle je n'ai jamais rien compris.

Nous étions dans notre première année de Conservatoire. Notre ferveur était grande et notre obsédant souci d'atteindre l'indispensable vérité du jeu scénique nous hantait jour et nuit. J'observais le jeu de Maurice Schwartz et j'avais l'impression d'être en face de Stanislavski lui-même. Partagé entre l'admiration et la terreur, je faisais de Schwartz mon modèle ; je serais comme cet acteur.

Dans une scène assez longue où nous nous retrouvions tous les deux à l'avant-scène, devant le rideau, pendant qu'on changeait le décor derrière, monsieur Schwartz y allait d'un long monologue qui m'apparaissait extrêmement dramatique et triste, si j'en juge par la réaction du public. À chaque représentation, la salle du Monument-National était pleine, et chaque fois que nous nous présentions tous deux pour ce fameux monologue, les mouchoirs sortaient, des centaines de mouchoirs qui s'agitaient dans le noir, cherchant à atténuer le déluge de larmes et la longue plainte d'une douleur lointaine.

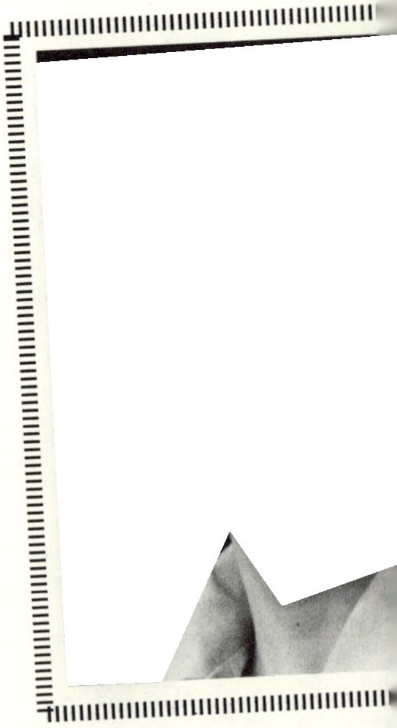

À chaque spectacle, un millier de juifs montréalais pleuraient les déboires d'une famille ashkenazi que la pièce racontait, et qui se déroulaient tout au long du XIXe siècle. Cette interminable saga se jouait devant de grandes toiles peintes en trompe-l'œil qui tombaient les unes après les autres, créant les majestueux ou misérables lieux nécessaires à l'action.

Un soir où nous étions sur scène, que je me tenais bien droit, les mains dans le dos, j'ai senti derrière moi, tout près, un grand rideau qui tombait normalement – rien de bien dérangeant. Monsieur Schwartz, sur son élan, poursuivait son monologue et transportait son public en pleurs dans les fabuleuses sphères de la représentation théâtrale.

Mais tout à coup, il se tourna légèrement vers moi et murmura rapidement quelque chose en anglais, puis, avec aplomb, il reprit son texte en yiddish. Je m'inquiétai mais n'en laissai rien paraître. Puis, une nouvelle fois, à travers ses sanglots, il me murmura, la tête légèrement tournée de mon côté : « *Watch that curtain !* » À travers son texte, tout en continuant son monologue, il me répéta la chose encore deux ou trois fois : « *Watch that curtain !* » Peut-être voulait-il éviter que je fasse bouger le rideau ou craignait-il tout simplement que je reçoive ce dernier sur le crâne ?

Ses intentions, si bonnes étaient-elles, n'avaient cependant pas beaucoup d'importance. Ce qui occupait mon esprit à ce moment-là, c'était que ce comédien, en faisant pleurer une salle entière, avait pu, à plusieurs reprises, sortir de son personnage pour m'adresser la parole à propos d'une banalité.

J'ai passé une très mauvaise nuit ; mes jeunes convictions et la foi que j'avais dans le métier qui m'attendait avaient été fortement ébranlées. Le matin suivant, dès mon arrivée au Conservatoire, j'ai demandé à être reçu chez monsieur Doat, notre directeur. Tendu, exaspéré et nerveux, j'ai fait le récit de l'incident, ou plutôt de l'événement qui risquait de changer ma vie. Monsieur Doat m'a écouté.

Je me souviens lui avoir dit que si ce métier était aussi faux, je refusais de m'y préparer d'avantage ; que je ne comprenais pas qu'un artiste comme Schwartz puisse faire une chose pareille, à son âge et avec son expérience, que si quelqu'un devait y croire totalement, c'était bien lui !

Monsieur Doat m'a regardé, et il m'a dit : « Laissez monsieur Schwartz à son théâtre, à son rôle et à son public. Vous, mon cher Albert, à votre âge, tout ce qu'on vous demande c'est d'y croire. »

À votre âge... Y avait-il un âge pour cesser d'y croire ? Tout cela faisait partie d'un futur lointain et incertain. Le défi était trop beau. J'ai choisi d'y croire ; à quel point, pendant combien de temps ? J'imagine que je dois y croire encore, car le plaisir d'être en scène est tellement grand !

Il doit y avoir encore en moi une petite flamme. Et qui dit petite flamme dit chaleur et lumière, donc une présence, et le métier de comédien n'est-il pas fait que de cela : la présence ?

Mes amours de personnages, je vous garde dans mes bras.

Quelle belle idée j'ai eu de choisir ce métier !

La commedia non è finita.

CRÉDITS

Malgré de nombreuses tentatives, nous ne sommes pas parvenus à joindre tous les ayants droit des documents reproduits. Toute personne possédant des renseignements supplémentaires à ce sujet est priée de communiquer avec Les Éditions de L'Homme à l'adresse électronique : edhomme@groupehomme.com.

PREMIER ACTE

p. 13 : © Albert Millaire.
p. 17 : © Albert Millaire.
p. 21 : © Albert Millaire.
p. 22 : g ; © Albert Millaire.
d ; © Stratford Shakespeare festival.
p. 24 : © André Le Coz.
p. 31-32 : © Albert Millaire.
p. 33 : © Droits réservés.
p. 34 : © Albert Millaire.
p. 39 : © Albert Millaire.
p. 45 : © Albert Millaire.
p. 47 : © André Le Coz.
p. 49 : © Radio-Canada.
p. 59 : © Albert Millaire.
p. 61 : © Albert Millaire.
p. 62 : © Droits réservés.
p. 67-68 : © Albert Millaire.
p. 71 : © Albert Millaire.
p. 73 : © Albert Millaire.
p. 75 : © Albert Millaire.
p. 79 : © Albert Millaire.
p. 81 : © Albert Millaire.
p. 83 : © Albert Millaire.
p. 89 : © Albert Millaire.

DEUXIÈME ACTE

p. 95 : Famous Players Collection, PA119689. © Archives nationales du Canada.
p. 97 : © Droits réservés.
p. 99 : © Albert Millaire.
p. 101-102 : © Albert Millaire.
p. 103 : © Albert Millaire.
p. 109 : © Albert Millaire.
p. 110 : © Henri Paul.
p. 113 : © Albert Millaire.
p. 115 : © Albert Millaire.
p. 119 : © Les Grands Ballets canadiens.
p. 121 : © Albert Millaire.
p. 122 : © Albert Millaire.
p. 125 : © Albert Millaire.
p. 127 : © Albert Millaire.
p. 131 : © Albert Millaire.
p. 133 : © Albert Millaire.
p. 135 : © André Le Coz.
p. 139 : © André Le Coz.
p. 140 : © Droits réservés.
p. 141 : © André Le Coz.
p. 143 : *La Presse*, lundi 1er mai 1967, © *La Presse*.
p. 145 : © Albert Millaire.
p. 147 : © André Le Coz.
p. 149 : © André Le Coz.
p. 153 : © André Le Coz.
p. 156 : © André Le Coz.
p. 157 : © Albert Millaire.
p. 159 : © André Le Coz.
p. 163 : © André Le Coz.
p. 167 : © André Le Coz.

TROISIÈME ACTE

p. 173 : © André Le Coz.
p. 175 : © André Le Coz.
p. 177 : © André Le Coz.
p. 179 : © André Le Coz.
p. 183 : © Albert Millaire.
p. 185 : © Albert Millaire.
p. 186 : *Télépresse*, semaine du 24 au 31 octobre 1970. © *La Presse*.
p. 189 : © Albert Millaire.
p. 193 : © Albert Millaire.
p. 199 : © André Le Coz.
p. 200-201 : © Albert Millaire.
p. 203 : © André Le Coz.
p. 205 : © André Le Coz.
p. 207 : © André Le Coz.
p. 211-213 : © Pierre Gaudard.
p. 215 : © André Le Coz.
p. 217 : © André Le Coz.
p. 217 : © Pierre Gaudard.

QUATRIÈME ACTE

p. 229 : © André Le Coz.
p. 234 : © Albert Millaire.
p. 235 : © André Le Coz.
p. 237 : © André Le Coz.
p. 239-242 : © André Le Coz.
p. 247 : © André Le Coz.
p. 250 : © André Le Coz.
p. 257 : © Albert Millaire.
p. 263-264 : © André Panneton.
p. 266 : © André Le Coz.
p. 267 : © André Panneton.
p. 269 : © Albert Millaire.
p. 249 : © Albert Millaire.
p. 273 : © Albert Millaire.
p. 274 : © Droits réservés.
p. 277 : © Léopold Rousseau.
p. 280 : © Stratford Shakespeare festival.

CINQUIÈME ACTE

p. 285 : © Albert Millaire.
p. 289 : Tiré du film de Claude Fournier *J'en suis.* © Attila Dory.
p. 293 : © Maxim Côté.
p. 297 : © Maxim Côté.
p. 299 : © Maxim Côté.
p. 301 : © Yves Renaud.
p. 303 : © Albert Millaire.
p. 305 : © Étienne Morin.
p. 309 : © Suzane O'Neill.
p. 311 : © Suzane O'Neill.
p. 314 : © Henri Paul.

TABLE DES MATIÈRES

Lever de rideau 7

PREMIER ACTE 10
SCÈNE I Les gentils personnages des débuts 12
L'Homme 12
Le Provincial 16
Lucentio 19
Vladimir 30
Polyeucte 38
John 44
SCÈNE II Trois années d'aventures en Nouvelle-France 48
Le courrier du roy 48
SCÈNE III Trois jeunes premiers au Théâtre-Club 58
Bassanio 58
Sir Ronald 65
Monsieur F. 70
SCÈNE IV Miller, Millaire et le studio 40 77
Kergentzef 77
Le Premier Comédien 80
SCÈNE V Dans les bras d'Yvette Brind'Amour 82
Stanislas 82
Mesa 87

Premier entracte 90

DEUXIÈME ACTE 92
SCÈNE I Les troublants personnages de l'Orphéum 94
Fabrizzi 98
Eilif 102
Gildor 108
Le Preacher 111
Lorenzaccio 120
SCÈNE II Le premier grand Montréalais 123
Pierre Le Moyne d'Iberville 123

SCÈNE III **Les années 1960 s'emballent** ... 130
Rodrigue ... 130
Falcon ... 134
Hamlet ... 138
Le *Player King* ... 144
Tartuffe ... 146
Malvolio ... 152
Sauvageau ... 158
Figaro ... 162

Deuxième entracte
USA and Toronto, Here I come ! ... 168

TROISIÈME ACTE ... 170
SCÈNE I **Il y a des choses qui ne se font pas** ... 172
Lovborg ... 172
SCÈNE II **Et il était en moi, malgré moi** ... 176
Iago ... 176
SCÈNE III **Et si on jouait en anglais ?** ... 184
Riel ... 184
SCÈNE IV **Un automne à Québec** ... 191
Higgins ... 191
SCÈNE V **Un retour en musique au TNM** ... 198
Le Major ... 198
Le Coureur de fond # 116 ... 202
SCÈNE VI **Un antihéros drôle et sympathique** ... 206
Edgar Allan, détective ... 206
SCÈNE VII **Quelques fantômes du Café de la Place** ... 209
Monsieur De Chavigny ... 209
Monsieur l'Acteur et sa céleste bicyclette ... 214
L'Ours ... 220

Troisième entracte ... 224

QUATRIÈME ACTE 226
SCÈNE I **Les étés du Manoir St-Castin** 228
Le Coq 228
SCÈNE II **Un homme sans histoire qui fait l'histoire** 236
Sir Wilfrid Laurier 236
SCÈNE III **Il a toutes les qualités que les Français voudraient avoir** 246
Cyrano de Bergerac 246
SCÈNE IV **De la guerre avec Dieu à la guerre avec l'Homme** 255
Antonio Salieri 255
Alceste 261
SCÈNE V **Les grands soirs du Théâtre du Bois de Coulonge** 272
Sherlock Holmes 272
Topaze 275

Quatrième entracte 280

CINQUIÈME ACTE 282
SCÈNE I **Joyeux comme un chef cuisinier, gai comme un pinson** 284
Chef Pierre Lapierre 284
Beauregard 287
SCÈNE II **Le retour à la vie** 292
Le professeur Sérébriakov 292
Tyndare 296
Œdipe 300
SCÈNE III **Une seule perruque pour deux vieux juifs new-yorkais** 304
Monsieur Greene 304
Jacob Berger 308

Épilogue 313
Crédits 316